영재고 준비하는
아이는
이렇게 공부합니다

영재고 준비하는
아이는 이렇게 공부합니다

초판 1쇄 발행 2024년 4월 5일
초판 2쇄 발행 2024년 6월 5일

지은이 | 하우영
펴낸이 | 김승기
펴낸곳 | ㈜생능출판사 / **주소** | 경기도 파주시 광인사길 143
브랜드 | 생능북스
출판사 등록일 | 2005년 1월 21일 / **신고번호** | 제406-2005-000002호
대표전화 | (031) 955-0761 / **팩스** | (031) 955-0768
홈페이지 | www.booksr.co.kr

책임편집 | 최동진
편집 | 신성민, 이종무
교정·교열 | 안종군
본문·표지디자인 | 상:想 company
영업 | 최복락, 김민수, 심수경, 차종필, 송성환, 최태웅, 김민정
마케팅 | 백수정, 명하나

ISBN 979-11-92932-58-3 (03370)
값 19,800원

과학고 출신 교사와 영재학교 제자들이 알려주는 공부법과 필수 전략

영재고 준비하는 아이는 이렇게 공부합니다

하우영 지음

생능북스

하우영 선생님을 만나지 못했더라면 지금 저의 모습은 어땠을까요?

제 인생의 전환점이 된 사건을 꼽아 보라면 단연코 초등학교 4학년 때 하 선생님을 만난 것이라고 답할 것입니다. 별다른 취미 없이 책 읽는 것만을 좋아했던 저는 하 선생님을 만나면서 과학과 발명의 즐거움을 알게 되었습니다. 하 선생님의 과학 수업은 일반적인 강의식이 아니라 학생들이 스스로 답을 찾아 나갈 수 있게 인도해 주시는 방식이었습니다. 특히, 발명 동아리 수업은 각 학생들이 부원들에게 설명해 줄 내용을 집에서 공부해 온 후 서로 가르쳐 주는 방식으로 진행했기 때문에 서로 배우면서 성장하는 기회가 되었습니다.

또한 하 선생님께서는 저에게 많은 기회를 제공해 주셨습니다. 선생님을 통해 접하게 된 다양한 발명대회, 창의력대회는 저에게 새로운 길을 열어 주셨을 뿐 아니라 더 넓은 시야를 가질 수 있게 해 주셨습니다. 대회를 준비하는 과정에서도 저의 의견을 최대한 존중해 주셨습니다.

저는 이 글을 한국과학영재학교에서 작성하고 있습니다. 하 선생님이 아니었다면 꿈도 꾸지 못했을 것입니다. 작년 이맘때쯤 저는 이 학교에 적합하지 않은 것 같아 지원을 주저하고 있었습니다. 그때 하 선생님께서 저에게 꼭 합격할 것이라고, 지원해 보자고 자신감을 불어넣어 주셔서 결단을 내릴 수 있었습니다. 제가 선생님과 활동하는 동안 있었던 일들을 꼼꼼하게 챙겨 주셔서 입시를 쉽게 준비할 수 있었습니다. 하 선생님과 함께했던 여러 가지 경험이 한국과학영재학교에 합격할 수 있는 비법이 됐습니다. 그 어떤 선생님이 학생에게 이 정도의 열정을 가지고 가르쳐 주실 수 있을까요? 저는 오직 하 선생님뿐이라고 생각합니다. 하 선생님을 만난 것은 제 인생에서 가장 큰 행운입니다.

- 한국과학영재학교 1학년 장희운(Little Newton 3기)

"말하는 대로 된다" 하우영 선생님이 제 아이들에게 항상 하시던 말씀입니다. 하 선생님과 7년을 함께한 학부모로서 이 책을 강력하게 추천합니다. 하 선생님은 제 아이들의 꿈을 발견해 주시고 각자의 영재성을 발휘하게 해 주셨습니다.

하 선생님을 만난 것은 무지개초등학교 리틀 뉴턴 과학 발명 동아리였습니다. 그때의 인연으로 지금까지 선생님과 발명 동아리 활동을 해 오고 있습니다. 발명도 낯설고, 과학고, 영재고도 낯선 학생들에게 꿈을 꾸게 하고 동기 부여를 해 주신 참 멋진 선생님입니다. 처음 발명 아이디어를 생각해 보라고 하셨을 때 막막해하던 딸의 모습이 생각납니다. 보잘 것 없던 아이디어에 대한 진지한 피드백과 정서적 지원은 아이가 성장하고 발전할 수 있는 원동력이 됐습니다.

선생님과 함께한 박쥐 조사, 남강·영천강·경호강의 민물고기 탐사는 색다른 경험이었고 선생님을 믿고 내보낸 세계학생창의력올림피아드대회는 아이의 자존감이 한 뼘 더 성장할 수 있는 기회였습니다. 그 밖에도 한국학생창의력올림픽, 대한민국학생발명전시회, 대한민국학생창의력챔피언대회 등 하 선생님과 함께한 시간들은 소중했습니다. 언제나 현재에 머물지 않고 도전하는 하 선생님과 함께 성장하는 리틀 뉴턴! 어제보다 내일이 더 궁금한 선생님, 선생님의 과거, 현재, 미래에 박수를 보냅니다. 제 아이들을 리틀 뉴턴에서 활동하게 한 것은 제 인생 최고의 선택이었습니다. 이 책을 통해 전국의 많은 아이들이 간접적으로나마 하 선생님의 노하우를 전수받기를 바랍니다.

- 이혜진(한국과학영재학교 장희운(Little Newton 3기),
대곡중학교 장진(Little Newton 4기)의 어머니)

많은 부모가 저에게 다음과 같이 묻습니다.

"제 자녀가 영재일까요?"

"어느 학원에 보내야 과학고나 영재학교에 합격시킬 수 있나요?"

왜 묻는 것일까요?

'영재라면 모든 것을 스스로 알아서 다 잘할 것'이라는 믿음, '특정 학원에는 일반인이 모르는 비법이 있을 것'이라는 믿음 때문이 아닐까요?

저는 저의 실제 경험을 통해 이는 잘못된 믿음이며 성장 과정에서 얼마든지 바뀔 수 있다고 말씀드려왔습니다.

어떻게 그것이 가능하냐고요? 그 해답은 하 선생님이 집필하신 이 책에서 찾을 수 있습니다. 이 책이 여러분의 자녀 교육에 등대가 되어 줄 것이라고 확신합니다.

이 책은 전국의 각종 대회를 휩쓸고 각 분야에서 영재성을 발휘하게 하는 하 선생님과 리틀 뉴턴 아이들의 마법과 같은 비법, 꿈을 키우는 방법과 잠재력을 발견하는 방법이 담겨 있기 때문입니다. 영재학교를 준비하는 학생뿐 아니라 전국의 모든 학생이 읽어야 하는 책입니다.

- 정성오(전 부산과학고 교장, 영재교육진흥원 원장)

평범했던 하우영 선생님은 어떻게 영재교육원에 합격하고 과학고등학교를 졸업할 수 있었을까요?

　다른 반과 다를 것이 없는 학급, 평범한 교실에서 수십 명의 아이들이 어떻게 영재교육원에 합격하고 영재학교에 입학할 수 있었을까요?

　매일 아침 7시 EBS 사무실에 가장 먼저 출근하는 하우영 선생님!

　매주 금요일 저녁마다 자신을 기다리는 초·중·고등학생들을 위해 5시간이 걸리는 일산-진주 고속도로를 이동하시는 하우영 선생님!

'도대체 무엇을 위해서 그렇게 할까?',

'어떻게 하면 아이들과 그렇게 좋은 성과를 낼 수 있을까?'

저는 그 이유가 너무 궁금했습니다.

그 궁금증을 이 책을 통해 해결할 수 있었습니다.

　이 책은 하 선생님의 과제 집착력, 학생들을 향한 사랑, 학창 시절부터 경험해 온 각종 영재교육의 시간들이 모두 집약돼 있습니다.

　하 선생님은 이 책을 통해 '영재는 타고난 것이 아니라 누구나 가지고 있는 잠재력에 어떤 노력을 기울이느냐에 따라 발현되는 것'이라고 말하고 있습니다. 또한 이 책은 모든 학생이 자신만의 재능과 잠재력을 발견하고 키워 나가기 위한 실천적인 방법을 제시하고 있습니다.

　이 책에 제시된 하 선생님의 노하우를 자신의 분야에서 전문가로 성장하는 소중한 기회로 삼기 바랍니다.

　　　　　- 고범석(박사, EBS 한국교육방송공사 디지털인재교육부 부장)

Contents

제1장

평범한 아이가 영재가 되는 공식,
10가지만 준비하자!

공부는 재능이라는 착각,
평범했던 아이들은
어떻게 영재가 됐을까?

저는 평범한 학생이었지만, 과학 발명 동아리 활동과 다양한 대회 및 행사 참가를 통해 영재로 성장할 수 있었습니다. 저의 이 경험을 바탕으로 여러분에게 중요한 메시지를 전하고자 합니다. 처음부터 평범한 아이는 없습니다. 많은 부모가 현재의 성적으로 자녀를 판단하곤 합니다. 하지만 자녀를 섣부르게 판단하면 안 됩니다. 아이가 현재 스스로 공부를 하지 않는다고 실망하지 마세요. 이 책을 통해 여러분도 영재가 될 수 있다는 희망을 가지길 바랍니다.

이 책을 통해 여러분은 아이가 영재로 성장하는 데 필요한 많은 방법을 알게 될 것입니다. 여러분의 자녀는 분명 영재가 될 가능성을 지니고 있습니다.

선생님과 '리틀 뉴턴'은
어떻게 영재학교와 과학고에 합격하게 됐나요?

제가 졸업한 초등학교는 경남에서 학생 수와 학급 수가 가장 많은 학교였습니다. 저는 어릴 때부터 수학, 과학을 좋아했던 평범한 학생이었습니다. 수학, 과학을 잘하지는 못했지만, 매달 28일경 동네 서점 앞에서 새로운 「과학동아」, 「NEWTON」이 오기만을 기다렸다가 책이 도착하면 얼른 가서 읽는 학생이었습니다. 제가 좋아하는 수학, 과학을 잘하고 싶은 생각이 굴뚝같아서 초등학교 입학 때부터 이와 관련된 행사, 대회는 무조건 참여했습니다. 교내 라디오 만들기 대회에 나가겠다며 밤늦게까지 브레드보드에 납땜을 하다가 손이 데이는가 하면 주말에 아버지와 고무 동력기를 만들어 동네에서 날리기 연습을 하기도 했습니다.

교내 자연 관찰 탐구 대회에 나가기 위해 어머니와 주변 산에 올라가 식물과 동물을 소재로 보고서를 쓰거나 탐구 실험 대회에 나가기 위해 서점에서 실험 책을 사서 읽기도 했습니다. 방학이면 아버지, 어머니, 여동생과 함께 서울 코엑스에서 열리는 과학 축전, 수학 축전을 관람하고 수학, 과학 관련 활동을 하는 우주 소년단(청소년 단체)에 가입해서 각종 수학, 과학 캠프에 참여했습니다.

이렇게 수학, 과학과 관련된 경험을 하다 보니 5학년 때부터 6학년 수학, 과학 동아리 형, 누나들과 함께 동아리 활동을 할 수 있었고 전국 각 초등학교마다 6학년 1명을 선발해 수여하는 '과학의 날 우수 과학 어린이'(과학기술부 장관상)도 수상하게 됐습니다.

과학의 날 우수 과학 어린이 상장(과학기술부 장관상)

　우리나라에서는 매년 과학의 날(4월 21일)에 과학적 탐구심과 창의성이 뛰어난 우수 과학 어린이 표창(과학기술정보통신부장관상)을 주고 있습니다.

　저뿐 아니라 '리틀 뉴턴(Little Newton)' 활동을 하면서 한국과학영재학교에 입학한 장슬기, 장희운 학생 모두 '과학의 날 우수 과학 어린이'(과학기술부 장관상)를 수상했습니다. 과학고나 영재학교를 준비하는 학생이라면 초등학교 5학년까지 관련 교과 점수, 수상 실적, 프로그램 이수와 관련한 증빙 자료를 미리 준비해야 합니다.

　각 학교에서 5학년 학생들을 대상으로 '심사위원회'에서 정한 선발 기준에 따라 선발 및 추천이 이뤄지므로 학생들이 다니고 있는 학교 홈페이지의 공지사항을 확인해 '전년도 정부 포상 우수 과학 어린이 선발 계획' 파일을 읽어 보는 것이 좋습니다. 담임 선생님께 5학년 학기 초에 미리 '심사 기준'이나 '준비 방법'에 대해 미리 질문하는 것도 좋습니다.

　중학교도 '과학 교육'에 특화된 학교를 찾아 진학하게 됐습니다. 부모님께서 저의 교육을 위해 중학교에서 3분 거리에 있는 집으로 이사해 주신 덕분에 저는 중학교 시절 방과 후나 주말, 방학 시간을 오롯이 과학실에서 보낼 수 있었습니다. 중학교에서도 과학 동아리 활동을 하면서 각종 과학 대회에 학교 대표로 나가 과학과 수학에 대한 열정을 인정받음으로써 전국에서 처음 도입된 '경상남도 영재교육원(영재교실)'에서 교육을 받을 수 있었습니다. 이런 행사나 대회 참여 경험은 시험 기간에 내신 공부를 할 때도 자신감과 자존감에 좋은 영향을 미쳐 전교 1등으로 졸업할 수 있었고 부산, 경남 지역을 대표하는 경남과학고에도 합격할 수 있었습니다.

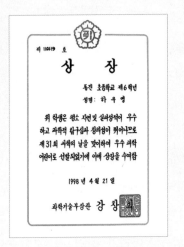

이처럼 평범했던 저 '하우영'은 '과학, 수학을 잘하고 싶고 더 공부하고 싶은' 욕구를 바탕으로 과학·수학 관련 행사나 대회에 적극적으로 참여하며 경험을 쌓았습니다. 결국 대한민국 최고의 영재학교였던 경남과학고의 영재로 성장했고 지금도 대한민국의 대표 과학 교사, 대한민국의 발명 교육 대상을 수상한 영재 교사로서 또 다른 영재들을 키우고 있습니다.

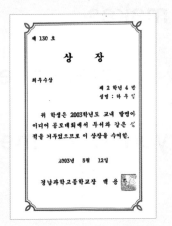

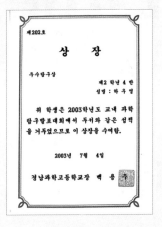

제가 운영하는 과학 발명 동아리 '리틀 뉴턴(Little Newton)'도 이와 똑같은 방식으로 아이들을 지도하고 있습니다. 이 동아리는 제가 교직 생활을 시작하면서 만들었습니다. '작은 차이가 큰 차이를 만드는 동아리'라는 의미(아래 그림 참고)를 가진 이 동아리는 학급의 아이들은 물론 학교와 지역의 과학 발명을 좋아하는 학생들은 누구나 가입할 수 있습니다.

교직 생활의 시작이자 첫 담임 교사가 되던 해, 저희 반에서 제가 만든 학급 동아리로 출발해 현재는 경남 지역의 초·중·고등학생, 대학생들이 연계된 과학 발명 동아리로 발전했습니다. 매주 온·오프라인 수업에는 50명 남짓한 학생들이 참여할 만큼 인기 있는 동아리가 됐습니다. 저희 동아리는 졸업생, 가족이 멘토가 돼 함께하는 동아리이기 때문에 서로 과학, 발명을 배우고 체험하는 장(場)이 됐습니다. 따라서 저희 동아리 수업에는 초등학생, 중학생, 고등학생, 대학생, 일반인 모두가 참여합니다.

Little makes
A **New** difference
to you **n** me
=&
Since 2015
Little Newton with Uyeong, Ha

영재고 준비하는 아이는 이렇게 공부합니다

평범했던 제가 영재로 성장했던 것처럼 동아리 아이들이 '작은' 경험들을 모아 결정적인 순간에 '큰 차이'를 만들 수 있도록 제 교직 생활을 바치기로 결심했습니다. 매일 아침 7시부터 모여 학교가 문을 닫는 밤 10시까지 방과 후, 방학, 공휴일 상관없이 다양한 프로젝트를 진행하고 있습니다. 꼭 과학, 발명을 좋아하지 않더라도 자신이 잘하고 싶은 분야에서 능력을 발휘할 수 있는 동아리로 소문이 나서 제 동아리에 가입하기 위해 서울에서 문의를 하기도 합니다.

특히, 매년 제가 맡은 학급에서는 절반 이상이 자신이 좋아하는 분야 - 수학, 과학, 정보 소프트웨어, 국어, 영어, 발명, 예체능 - 의 영재교육원에 합격해 꿈을 키우고 있습니다. 그리고 매년 한국과학영재학교 장영실 전형에는 저희 동아리에서 1명씩 합격하고 있습니다.

한국과학영재학교의 장영실 전형은 전국의 학생 중 수학 또는 과학의 특정 분야에서 우리나라 최고의 잠재력과 실력을 가진 학생을 20명 정도만 선발하는 제도입니다. 5학년 때 저희 반의 학생으로 만나 영재학교 1학년이 된 지금도 6년째 저와 함께 활동하고 있는 장슬기 학생의 2022년 합격을 시작으로 2023년에는 5학년 때 저희 동아리에 가입한 후 열심히 활동 중인 장희운 학생이 합격했습니다. 그리고 대한민국의 각 분야의 탁월한 성취를 이룬 인재와 영재들을 성과 증빙 서류로 평가 및 선발해 상을 수여하는 '대한민국인재상'에도 장나라 학생이 선발(2021년)되기도 했습니다.

한국과학영재학교 장영실 전형 FAQ(한국과학영재학교 누리집 발췌)

https://admission.ksa.hs.kr/

Q. 장영실 전형은 일반 전형과 무엇이 다른가요?

장영실 전형은 수학 또는 과학의 특정 분야에서 탁월한 탐구 역량 및 열정을 자기 주도적, 지속적으로 보여 온 학생을 선발합니다. 일반 전형의 2단계 창의적 문제 해결력 검사 대신 심층 구술 및 면접 평가를 통해 지원자의 역량 및 열정을 학생 기록물과 함께 종합적으로 평가합니다.

Q. 장영실 전형에 추천되는 학생은 일반 전형에 지원하는 학생과 어떤 점이 다릅니까?

일반 전형과 장영실 전형의 구조를 살펴보면 잘 이해하실 수 있습니다. 장영실 전형은 일반 전형과 달리, 창의적 문제 해결력 검사가 아니라 자신의 독창적이고 지속적인 탐구 분야가 있어서 해당 분야의 지식과 탐구 역량으로 평가받고자 하는 학생들을 위한 전형입니다. 따라서 장영실 전형은 수학 및 과학 일반에 고른 영재성과 잠재력을 갖고 있다기보다는 특기 탐구 분야에 몰입해 해당 분야의 우수한 탐구 역량을 보여 주는 학생을 위한 제도입니다.

Q. 장영실 전형에서 말하는 수학 또는 과학의 특정 분야는 구체적으로 어떤 것입니까?

장영실 전형 지원서의 특기 탐구 분야는 수학, 물리, 화학, 생물, 정보 분야 중 하나를 선택하도록 했습니다. 만약 위에 열거한 분야에 자신의 탐구 영역이 없다면 원서의 기타란에 자신의 탐구 영역을 명시하면 됩니다.

슬기, 희운, 나라가 처음부터 영재는 아니었습니다. 하지만 저와 함께하는 대회, 행사 및 각종 프로그램 활동에 어떤 학생들보다 적극적으로 참여했고 저의 진로 지도를 받아 경험을 쌓아 나가면서 자신의 대표 역량과 스토리를 만들었습니다.

이런 활동들은 영재학교나 대학교에 진학한 이후에도 계속됩니다. 아이들이 각자의 분야에서 차별성 있는 경험을 하고 능력을 발휘해서 지금 이 순간에도 '자신만의 성공 스토리'를 만들고 있습니다.

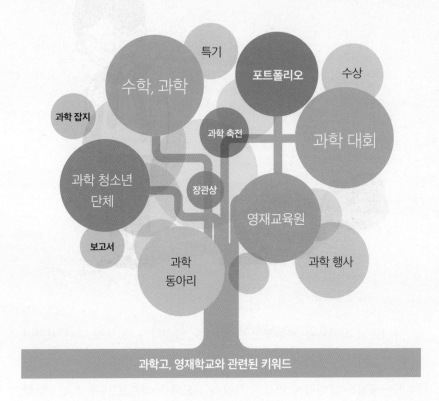

과학고, 영재학교와 관련된 키워드

처음부터 평범한 아이는 없습니다

"저는 영재가 아니에요(학생)."

"우리 아이는 지극히 평범해요(학부모)."

우리는 종종 아이들을 '평범'과 '특별'로 구분합니다. 하지만 이러한 구분

평범, 특별

은 아이들의 잠재력을 제한하는 관점일 수 있습니다. 공부에 대한 재능이 타고난 것이라는 생각은 많은 아이에게 해를 끼칠 수 있습니다. 실제로 모든 아이에게는 잠재력이 있으며 각자의 속도와 방식으로 배우고 성장합니다. '평범하다'라는 꼬리표는 아이들의 가능성을 제한하는 것으로, 학생들이 자신의 능력을 최대한 발휘하는 데 장애물이 될 수 있습니다.

학부모와 선생님들이 공부에 있어 아이들의 개별적인 흥미와 강점을 인식하고 이를 발전시키기 위한 지원을 하고 학생도 의지를 갖고 노력하면 자신의 재능을 발전시켜 꿈을 이룰 수 있습니다.

영재고 준비하는 아이는 이렇게 공부합니다

지금 성적으로 아이를 판단하지 마세요

"이번 시험을 망쳤어요. 공부에 자신이 없어요(학생)."
"과학고, 영재고요? 우리 아이 성적으로는 꿈도 못 꿔요(학부모)."

아이의 지금 성적은 현시점에서의 학업 성취도를 나타내지만, 아이의 전체적인 능력이나 잠재력을 완전히 반영하지는 못합니다.

심리학자 캐럴 드웨크의 연구에 따르면,[1] 성장 마인드셋은 실패를 성장과 학습의 기회로 삼아 장기적으로 더 높은 성취를 이룰 수 있습니다. 반면, 고정 마인드셋은 아이들의 학습 의욕과 창의력을 저하시킬 수 있습니다. 성장 마인드셋은 훈련과 긍정적 태도로 만들 수 있습니다.

과학 발명 동아리에서 만났던 학생 중에는 과학 분야에서 영재성을 지녔지만, 과학 개념의 암기는 하지 않아서 과학 시험 성적이 좋지 않은 학생이 여럿 있었습니다. 이런 학생들이 동아리 활동으로 경험을 쌓아 나가면서 과학 공부에 대한 동기 부여가 돼 '과학 탐구 대회'나 '발명 창의력 대회'에서 뛰어난 성적을 거뒀습니다. 지금까지의 성적보다 중요한 것은 아이가 좋아하는 과목을 배우는 과정을 즐기고 창의적으로 사고할 수 있는 경험을 제공하는 것이라는 사실을 알 수 있습니다. 자신이 좋아하는 공부에 대한 호기심과 지속적인 자기 계발 의지가 생길 수 있는 환경을 제공해야 합니다. 모든 학생은 시간이 지남에 따라 더 나은 성적을 얻을 수 있는 잠재력을 지니고 있습니다.

---

1) Dweck, C. 「Mindset: The New Psychology of Success」 2006

아이가 스스로 공부하지 않는다고 실망하지 마세요

아이가 스스로 공부하는 습관을 갖고 있지 않다면 이는 실망할 일이 아니라 다양한 방법으로 경험을 제공해 줄 수 있는 기회입니다. 각 아이는 독특한 학습 스타일을 갖고 있으며 이런 학습 스타일은 여러 가지 경험을 통해 발견할 수 있습니다. 부모와 선생님은 아이가 학습에 흥미를 느낄 수 있는 방법을 찾는 데 도움을 줄 수 있습니다.

이는 아이가 좋아하는 활동을 통해 학습을 연계시키거나 아이의 흥미를 끌 수 있는 교육 자료를 제공하는 것, 이 책에서 소개할 여러 가지 '경험 리스트'를 계획하는 것이 될 수 있습니다. 이렇게 공부와 관련된 다양한 경험을 하다 보면 자기 주도 학습 능력이 길러지고 아이가 자신에게 맞는 학습 방법을 찾고 스스로 설정한 학습 목표를 달성할 수 있습니다.

내 아이도 영재일까?

많은 학부모가 '내 아이도 영재일까?'라는 의문을 갖고 있다가 평범하다는 사실을 알고 낙담하곤 합니다. 그러나 최근 발표된 '제5차 영재교육진흥종합계획(2023~2027년)'은 이러한 생각에 도전장을 던집니다.

이 계획은 영재교육의 개념을 단순한 지적 능력의 우수성에서 벗어나 개인의 특성과 잠재력을 중시하는 방향으로 전환하고 있습니다. 더 이상 영재는 특별한 소수가 아닌, 각자의 고유한 재능과 가능성을 지닌 모든 아이를 포함하는 개념으로 확장되고 있습니다.

이 계획에 따라 교육부는 숨은 인재를 발굴하고 개별 학생의 특성에 따른 맞춤형 지원을 강화할 예정입니다. 이는 소프트웨어, 인공지능, 인문, 사회, 예술 등 다양한 영역에서 재능을 지닌 학생들에게 적합한 교육 기회를 제공함으로써 모든 아이가 자신만의 재능을 계발하고 빛낼 수 있도록 돕습니다. 이러한 정책적 노력은 일반 학생들에게도 자신의 재능과 잠재력을 탐색하고 계발할 수 있는 기회를 제공함으로써 '영재'라는 개념을 더욱 포용적이고 다양한 형태로 확장시킵니다.

따라서 자녀가 평범하다고 낙담하기보다는 이러한 교육 정책의 변화를 기회로 삼아 아이들이 자신의 재능을 발견하고 키워 나갈 수 있도록 격려하고 지원하는 것이 중요합니다. 모든 아이는 잠재된 영재이며 적절한 교육과 환경을 통해 잠재력을 발휘할 수 있습니다.

과제 집착력, 평범한 아이가 영재로 성장하기 위한 가장 중요한 힘!

평범한 아이가 자신만의 특기를 가진 아이로 성장하기 위한 핵심 요소 중 하나는 바로 '과제 집착력'입니다. 과제 집착력은 단순히 문제를 해결하는 능력을 넘어 아이들이 주어진 과제에 대해 깊이 몰입하고 해결책을 찾기 위해 끈기 있게 노력하는 태도를 말합니다.

제가 앞으로 다룰 내용은 아이들이 과제 집착력을 갖고 꿈을 향해 도전하게 만들 비법입니다. 부모님, 선생님, 아이들이 힘을 합해 아이의 흥미와 강점을 파악한 후 '경험 계획표'를 작성하고 개별화된 학습 경험을 하면서 주어진 과제에 집중하고 문제 해결을 위해 끈기 있게 노력하는 태도를 키울 수 있습니다. 이런 방식으로 아이들의 과제 집착력을 키우면 영재성을 발휘할 수 있는 기반을 마련할 수 있습니다.

우리가 그토록 책을 읽으라는 이유

평범한 아이가 영재가 되기 위해서는 조건이 하나 더 있습니다. 바로 책을 가까이해야 한다는 것입니다. 저는 독서광은 아니었습니다. 하지만 늘 서점에 가서 새로 나온 과학 분야 책의 목차를 보고 구입해서 집에 있는 책꽂이에 꽂아 뒀습니다. 아버지, 어머니와 동네 서점에 가는 것이 큰 행복이었습니다.

목차들을 기억해 뒀다가 필요할 때 찾아 읽는 식으로 독서를 했습니다. 창의력이 담긴 탐구 과정과 생각을 필요로 하는 대회에 나갈 때나, 과제를 해결할 때나, 중요한 면접을 준비할 때 이런 독서 방법이 큰 도움이 됐습니다. 특히 과학 잡지(「과학동아」, 「NEWTON」)는 매달 구입했습니다. 새로운 과학 잡지에는 최신 과학 개념과 트렌드들이 가득 담겨 있어서 가족, 동아리 친구들과 그 주제에 대해 이야기하며 제 것으로 만드는 습관을 들였습니다. 이런 습관은 '새로운 것을 빨리 받아들이려는 태도'와 관련이 있습니다.

누구나 책을 쓰고 출판하는 '출판의 시대'인 요즘, 온라인 콘텐츠만큼이나 최신의 정보와 트렌드를 담은 책들이 쏟아집니다. 온라인 서점에서 '청소년' 카테고리로 들어간 후 아이들이 관심 있는 '키워드'만 최신 순으로 검색해도 재미있는 독서 거리들이 많습니다. 전문가들이 '커뮤니케이터'라는 이름으로 아이들도 쉽게 이해할 수 있게 풀어놓은 눈높이에 딱 맞춘 책들도 많습니다. 이런 책의 내용은 아이들이 프로젝트 활동을 하거나 창의적인 아이디어를 도입할 때 씨앗이 됩니다.

제가 운영하는 학급이나 과학 발명 동아리 교실에는 늘 「과학동아」, 「수학동아」, 「어린이 과학동아」, 「어린이 수학동아」를 정기 구독하고 온라인 서점의 과학 도서 신간을 한 달에 한 번 구입해서 책꽂이에 비치해 뒀습니다. 매년 저와 저의 동아리 아이들이 각종 과학·발명·창의력 대회에서 우수한 성적을 거두는 씨앗은 모두 이런 '책'에서 시작된 아이디어를 발전시킨 것입니다. 학생들이 관심 있어 하는 분야의 책들을 곁에 두고 필요할 때 찾아 읽을 수 있게 하는 것이 평범한 아이가 영재가 될 준비라고 할 수 있습니다.

평범한 아이가 영재가 되기 위해 노력하면서 얻어지는 것들

이 책의 제목은 '영재고 준비하는 아이는 이렇게 공부합니다'이지만, 사실 이는 '모든 학생'이 자신만의 재능과 잠재력을 발견하고 키워 나가는 방법에 대한 이야기입니다. 우리는 종종 '영재'라고 하면 특별하고 비범한 능력을 타고난 아이들을 떠올립니다. 하지만 제가 말하는 '영재'는 그런 의미가 아닙니다. 교실 속에서 만나는 모든 학생이 자신만의 방식으로 각자의 잠재력을 발견하고 그것을 키워 나가는 과정 속에서 '영재'가 될 수 있습니다.

앞으로 제가 직접 경험한 이야기와 과학 발명 동아리 '리틀 뉴턴' 아이들의 사례를 통해 어떻게 하면 자신의 장점을 발견하고 그 장점을 살려 경험을 설계하며 전문성을 갖춘 영재로 성장할 수 있는지 구체적인 방법과 노하우를 공유하고자 합니다.

교육부의 제5차 영재교육진흥종합계획(2023~2027년)에서도 강조하는 것처럼 모든 학생은 자신만의 분야에서 재능과 잠재력을 꾸준히 탐색하고 계발할 수 있어야 합니다. 이 책은 그 잠재력을 발견하고 개인의 특성에 맞는 맞춤형 교육을 통해 각자의 꿈을 키워 나가는 데 도움을 줄 것입니다. 저의 이야기를 하나하나 따라 실행하다 보면 학생들이 자신의 강점과 관심사를 더 깊이 이해하게 될 것이고 이를 바탕으로 자신만의 길을 개척하는 방법을 배울 수 있습니다. 그리고 자신의 꿈과 관련된 다양한 기회를 잡고 자신의 분야에서 전문가로 성장할 수 있는지에 대한 실질적인 조언도 얻을 수 있을 것입니다.

충분한 잠재력을 가진 여러분! 영재가 될 준비가 됐나요?

"어떻게 하면 우리 아이가 영재가 될 수 있을까요?"

저는 이 질문에 답하기 위해

'평범한 아이가 영재가 되는 공식, 10가지'를 소개하려고 합니다.

이 책의 1장에서는 저의 소중한 경험과 노하우를 바탕으로

평범한 아이들도 영재로 성장할 수 있는

실질적인 방법을 알려드립니다.

제 1 장

평범한 아이가
영재가 되는 공식,
10가지만
준비하자!

"

어떻게 하면 우리 아이가 영재가 될 수 있을까요? 저는 이 질문에 답하기 위해 '평범한 아이가 영재가 되는 공식, 10가지'를 소개하려고 합니다. 이 책의 1장에서는 저의 소중한 경험과 노하우를 바탕으로 평범한 아이들도 영재로 성장할 수 있는 실질적인 방법들을 알려드립니다.

저는 전국의 과학·발명 대회와 창의력 대회에서 수상한 '리틀 뉴턴' 동아리 아이들을 지도하며 평범한 아이들을 영재로 키워 낸 비결을 몇 가지 찾을 수 있었습니다. 이 책에서는 그 비결을 10가지로 정리해 여러분께 공유합니다.

이 책은 단순한 이론이 아니라 쉽게 행동으로 옮길 수 있는 실질적인 행동 지침을 제시합니다. 꿈을 향해 나아가는 데 필요한 준비사항들을 담고 있으므로 이를 반복적으로 읽고, 오늘부터 가능한 한 빨리 실천해 보세요. 평범한 아이들도 분명 영재가 될 수 있습니다. 저의 글을 읽고 행동으로 옮긴다면 그 길을 함께 걸어갈 수 있을 것입니다.

"

'초등학교-중학교-고등학교' 경험 계획표를 만들어라

"초등학교, 중학교, 고등학교 때 무엇을 했나요?"

영재고, 과학고 입시를 앞두고 있거나 대학 입시를 앞둔 학생들에게 이와 같은 질문을 하면 대부분은 "학교 등수는 ○등이고 학원은 ○○을(를) 다녔다"라는 이야기를 합니다. 하지만 같은 나이의 전국 학생들이 40~45만 명이고 각 학교의 수가 중학교는 3,227개교, 고등학교는 2,487개교이므로 전교 10등까지만 해도 3만 명이 넘습니다. 상위 1%만 해도 4,000명이라면 전교 1등을 해도 쉽지 않은 숫자입니다.

따라서 한 분야에 차별성 있는 '나', '내 자녀'가 되려면 아무도 따라 하지 못할 가치 있는 경험을 만들어 주는 것이 더 효과적입니다. 전교 ○등, 내신 ○등급에 관심을 기울이는 만큼, 다른 학생들과 비교할 때의 공부만큼 '어떤 여러 가지 차별성 있는 경험을 했는지'도 중요합니다.

차별성 있는 경험을 위해서는 초등학교부터 고등학교까지의 다양한 경험을 장기적으로 계획하는 것이 중요합니다. 여기서 '경험'은 대회나 체험 행사, 영재교육원, 캠프와 같은 여러 가지 행사를 말합니다. 이런 경험들은 학생들이 자신의 능력을 발휘하거나 경험을 모아 정부 기관의 상을 수상하거나 고등학교, 대학교에 진학하는 자료를 정리할 때 도움을 줍니다. 경험 계획표를 만들면 다른 학생들보다 경쟁력을 가질 수 있고 큰 그림을 통해 주변의 목소리에 흔들리지 않고 꿈을 향해 나아갈 수 있습니다. 그리고 대학 입시에 직면했을 때도 스트레스를 덜 받고 자존감을 유지할 수 있습니다.

참여하는 활동과 경험을 선택할 때는 지속성을 고려하는 것이 매우 중요합니다. 여기 몇 가지 중요한 사항을 정리했습니다.

첫째, 경험의 지속 가능성!

1년, 2년보다는 4년, 5년! 경험은 최대한 꾸준히 이어 나가야 합니다. 결과는 중요하지 않습니다. 꾸준히 참여한 경험과 기록이 중요합니다. 특히, 대회인 경우 '교내', '시 단위', '도 단위', '전국 단위'로 분류하고 전국 단위, 도 단위에서 입상하지 못했을 때 교내, 시 단위라도 참여해서 '경험의 구멍'이 없도록 해야 합니다. 중 1 때 전국 대회에 나가고 중 2, 중 3 때는 대회에 참여하지 않는 학생보다 전국 실적이 없더라도 중 1, 중 2, 중 3 빠지지 않고 시 단위 대회라도 참여한 학생이 더 가치 있는 경험을 한 것입니다. 그리고 1년, 2년 참여하다 보면 경험들의 '난이도'도 구분됩니다. 예를 들어, ○○○ 대회는 시간이 한 달 정도 들어가고 △△△대회는 시간이 1주 정도 들어가는 것을 가늠할 수 있게 됩니다. 이런 경우, ○○○대회는 시간이 여유가 있는 초등학교 때, △△△대회는 고등학교 때 참여할 수 있습니다.

둘째, 개인, 팀, 동아리 활동 골고루!

학생과 학부모의 성향은 경험에서도 드러납니다. 내성적이고 혼자 공부하는 것을 좋아하는 학생들은 개인 위주의 경험이 대부분입니다. '어차피 내

	초 5	초 6	중 1	중 2	중 3	고 1	고 2
대회	대한민국학생발명전시회(전국, 개인)						
	전국학생발명품경진대회 (도 예선 → 전국, 개인)				–	–	–
		YIP청소년발명가프로그램(전국, 개인 또는 팀 3명)					
	대한민국학생창의력챔피언대회(도 예선 → 전국, 팀 6명)						
	한국학생창의력올림픽(전국, 팀 8명) / 한국학생AI코딩올림피아드(전국, 팀 4명)						
	발명창의력10종경기(전국, 개인)						
	전국창업발명경진대회(전국, 개인)						
	–	전국에너지환경탐구대회(전국, 동아리)					
	전국초중학생코딩프로젝트챌린지(전국, 팀 3명)					고교SW/AI 글로벌챌린지 (전국, 팀 3명)	
	전국초·중학생발명글짓기만화공모전(전국, 개인)				–	–	–
	청소년과학탐구대회/학생과학탐구올림픽(도 예선 → 전국)						
	과학동아리활동발표대회(팀 2명)						
	융합 과학 부문	탐구 토론 부문	융합 과학 부문	융합 과학 부문	탐구 토론 부문	–	고등학교 과학탐구 올림픽 (팀 2명)
	자연관찰캠프 (자연관찰대회)		과학실험한마당 (실험탐구대회)				
대회(도)	경남학생발명창의력대전 경남발명캐릭터디자인그리기대회						
체험(시)	진주발명교육센터 초등발명체험교실		진주교육발명교육센터 중등발명체험교실				
프로그램 부스 운영	어린이과학체험한마당		과학싹잔치/ 교육박람회			교육박람회	
기자단	특허청 청소년발명기자단						
	꿈나무푸른교실 환경기자단						
정부 기관 상/표창	우수과학 어린이 (과학기술 정보통신 부장관상)	–	–	–	발명의 날 기념식 표창 (장관상 이상)		대한민국 인재상 (교육부 장관상)
영재교육원	시도교육청 영재 교육원 (발명)	시도교육청 영재 교육원 (과학)	대학교 영재 교육원 (수학)	과학고 영재 교육원 (과학)	지식재산기반 차세대영재기업인교육원 (2년, 전국)		–

※ 경험계획표는 해당 학년에 꼭 지원하고 참가할 수 있는 경험을 정리해 둔 것이 아니라, A라는 학생이 매년 참가하려는 행사를 계획하고 정리하는 의미에서 기록해 둔 표입니다. 그리고 매년 대회나 행사 요강이 달라질 수 있으므로, 매년 학생 스스로 업데이트해야 합니다.

가 다할 거니까, 이건 나만 조용히 참가해야지', '저 친구는 경쟁자니까 나만 프로그램 부스를 운영해야지'와 같은 생각을 하기 쉽습니다. 하지만 특목고나 대학에 가기 위해 자기 소개서를 쓰거나 정부 주관 수상 실적을 정리하다 보면 후회하는 경우가 많습니다. 개인 활동은 집중력과 과제 집착력, 성실성을 보여 줄 수 있고 팀 활동은 협업 능력과 리더십을 보여 줄 수 있습니다. 또한 동아리 활동은 친구들과 의사소통하고 프로젝트 학습을 하는 과정을 부각할 수 있습니다. 꼭 실적을 위한 것이 아니라도 개인, 2명 팀 단위, 6명 팀 단위, 동아리 활동 단위 등 다양한 형태로 활동하다 보면 발표부터 협업 능력까지 골고루 성장하는 나의 모습을 느낄 수 있습니다. 따라서 '개인 단위', '팀 단위', '동아리 단위'의 활동을 골고루 하는 것이 중요합니다.

개인 단위: 대한민국학생발명전시회, 전국초·중학생발명글짓기만화공모전, 전국청소년과학탐구대회 융합 과학, 과학 토론

팀 단위: 대한민국학생창의력챔피언대회, YIP청소년발명가프로그램, 한국학생창의력올림픽

동아리 단위: 한국과학탐구올림픽 과학동아리활동 발표 대회, 전국에너지탐구대회, 환경동아리 활동 발표 대회, 어린이과학체험한마당

TIP

팀장으로 활동한 경험도 쌓아 둬야 합니다

팀장, 동아리 회장도 적극적으로 자원하기! 매번 팀장만 하는 것도 문제이지만, 늘 팀원으로만 참여하는 것은 더 문제! 이왕 참여할 활동이라면 팀장, 동아리 회장도 적극적으로 자원해 보세요.

영재고 준비하는 아이는 이렇게 공부합니다

셋째, 공식적인 경험인지 확인!

초등학교부터 고등학교까지 한정된 시간을 가치 있는 경험으로 채우려면 그 경험의 가치를 구별할 수 있어야 합니다. 무조건 경험을 하기 전에 대회, 체험 행사, 영재교육원, 캠프의 주최 및 주관이 어디인지 확인해야 합니다. 특히 대회는 후원이나 상의 수준을 꼭 체크해야 합니다.

물론 초등학교 때는 다양한 경험을 하기 위해 갖가지 행사에 참여하는 것이 좋지만, 결과가 좋았다는 것에 취해 시간이 부족한 중학교, 고등학교 때도 잘못된 선택을 하는 경우가 많기 때문에 공식적인 경험을 구별하는 눈을 길러야 합니다.

'교육청', '교육청 직속 기관(과학교육원, 수학문화관, 미래교육원, 창의융합원 등)'이나 '정부 기관 및 공공 기관'에서 주최·주관하는 경험을 우선시해야 합니다. 이런 공식적인 기관에서 주최·주관을 하는 경험들은 나중에 설명할 '공문', '기사', '내러티브', '사회 연계'의 측면에서 훨씬 유리합니다.

넷째, 학교 공부와 병행, 균형 유지!

중학교 2학년부터 본격적으로 앞에서 언급한 경험 활동과 학교 공부를 병행해야 합니다. 저는 학생들과 경험을 할 때 '학교 공부 우선', '효율성'을 강조합니다. 일단 학교 공부가 우선이고 경험을 효율적으로 축적해야 한다는 이야기입니다. 대회 참여가 시험 준비에 나쁜 영향을 미치면 안 되고 시험 기간에는 공부에 집중해야 합니다. 시험이 끝난 여유 있는 시간에 대회나 행사에 참여해 자존감을 충전하는 윈-윈의 사이클이 좋습니다.

저도 시험 기간에는 공부에 집중해 내신 1등을 하고 비시험 기간에는 동아리 친구들과 재미있게 과학 발명 체험을 하고 대회를 나가며 전국 단위 수상을 하면서 과학고등학교에 진행할 수 있었습니다. 또한 제가 지도하는 대부분의 학생들이 학업도 우수하고 대회도 수상하고 있습니다. '경험 계획표'를 작성하면 학생들의 한정된 시간을 가치 있게 활용할 수 있습니다.

나만의 '3가지 대표 역량(특기)'을 만들어라

"여러분의 특기는 무엇인가요?"

이 질문에 대한 답변은 간단하지 않을 수 있습니다. '특기'라는 것은 기준이 모호하고 개인마다 다르게 정의될 수 있기 때문입니다. 그러나 특기를 갖기 위한 경험을 쌓아 나가는 과정은 학생들의 강점을 발견하고 이를 발전시키는 데 매우 중요합니다. 평범한 아이들도 양질의 경험을 차곡차곡 쌓아 나가다 보면 그 분야의 특기를 가질 수 있기 때문입니다.

모든 학생은 자신만의 독특한 역량을 갖고 있으므로 그 역량을 발견하고 관련된 경험을 쌓아 나가는 것은 학부모와 학생 자신이 해야 할 가장 중요한 일 중 하나입니다. 따라서 학생과 학부모에게 제안하는 것은 학생들의 '3가지 경험 스토리'를 만드는 것입니다. 이는 학생들이 자신의 잠재력을 발견하고 그 특기를 키울 수 있는 기회를 제공하는 중요한 단계입니다.

그럼 먼저 '경험 스토리'가 무엇인지부터 알아보겠습니다. 경험 스토리는 아이들의 독특한 능력을 뽐낼 수 있는 특기를 3가지 주제로 구성해 체계적인 스토리로 만드는 것을 말합니다. 이 '경험 스토리'는 학교 수업 외의 체험활동, 대회 참여, 영재교육원 등을 통해 만들어질 수 있습니다.

학생들의 잠재력을 최대한으로 발휘하기 위해서는 '경험 스토리'를 효과적으로 만드는 것이 중요합니다. 그렇다면 어떻게 이러한 경험 스토리를 만들 수 있을까요? 이 과정을 단계별로 제시하면 다음과 같습니다.

1단계. 경험 키워드 설정하기

학생의 주요 특징을 3가지 핵심 키워드로 정합니다. 이 키워드 3가지는 구분이 명확하면서도 서로 연관성이 있어야 합니다.

> **예시**
>
> 1. 발명품으로 실생활 문제 해결: 실생활의 불편함을 발명품으로 해결
> 2. 친구들과 협업하며 창의력 문제 해결: 생활 속 문제를 친구들과 힘을 합해 표현 과제, 제작 과제, 즉석 과제로 해결
> 3. 소프트웨어/인공지능을 활용한 발명품 제작: 소프트웨어와 인공지능의 코딩 원리를 활용한 발명품 제작

요즘 영재고, 과학고를 비롯한 학교나 대한민국인재상, 장학생을 선발하는 각종 정부 기관에서 학생들의 대표적인 역량(특기)을 3가지로 한정해 자기 소개 자료 및 증빙 자료로 요청하고 있다는 점에 주목할 필요가 있습니다.

> **TIP**
>
> ### 최근 각종 교육 입시, 선발 요강에 포함된 문항 모음
>
> - 최근 5년 이내의 활동 경력, 역량 및 성과를 3가지 이내로 정리해 기술하시오.
> - 지원자의 탁월한 탐구 역량 및 열정을 보여 주는 수학 또는 과학의 탐구 자료를 3건 이내로 증빙하시오.
> - 수학, 과학, 정보 분야에서 자기 주도적으로 탐구한 활동에 대한 주제를 3가지 기재하고 노력과 학습 경험을 구체적으로 기술하시오.

2단계. 경험 키워드 관련 활동 리스트하기

아이들이 각자의 특기를 발전시키고 누적된 경험을 드러내기 위해서는 다양한 활동에 참여하는 것이 중요합니다. 이러한 활동에는 대회, 캠프, 자격증 시험, 부스 운영, 기자단 활동 등이 있으며 각자의 관심사와 재능에 맞춰 선택할 수 있습니다. 이 과정에서 정부 교육 기관과 연결된 프로그램을 찾아보는 것이 유익합니다. 예를 들어, 과학 발명 분야에서는 한국과학창의재단, 과학교육총연합회, 발명교육포털사이트, 한국발명진흥회, 국립중앙과학관 등의 웹사이트를 활용할 수 있습니다.

이러한 웹사이트들을 통해 학생들에게 적합한 프로그램을 찾는 것이 중요합니다. 특히 정부나 교육 기관이 주최하거나 주관하는 프로그램에 주목하는 것이 좋습니다. 장기간에 걸쳐 지속되는 활동은 학생만의 차별성과 독특성을 나타낼 수 있으므로 각 특기에 맞는 활동을 선택해 학생들이 꾸준히 참여할 수 있도록 계획하는 것이 바람직합니다. 특히 20년 이상 지속되고 있는 정부 기관에서 주최·주관하는 활동들은 앞으로도 지속될 가능성이 많고 권위가 있다는 의미이므로 특기별로 꼭 정리해 두도록 합니다. 이러한 활동들은 학생들이 자신의 능력을 발휘하고 새로운 특기를 계발하는 데 도움이 되며 미래에 자신의 분야에서 전문가로 성장하는 데 필요한 경험을 쌓는 데 큰 역할을 할 수 있습니다.

발명 역량 키워드 관련 활동 리스트

1. 발명품으로 실생활 문제 해결
- 제36회 대한민국학생발명전시회(대회, 개인) ★
- YIP청소년발명가프로그램(특허, 팀)
- 특허청청소년발명기자단(자격, 개인)
- 전국초·중학생발명글짓기만화공모전(대회, 개인)
- 지식재산기반 차세대영재기업인교육원(수료, 영재교육원)
- 시도 교육청 및 대학교 부설 발명영재교육원(수료, 영재교육원)
- 제58회 발명의 날 표창(표창장) ★
- 전국창업발명경진대회(대회, 개인)

2. 친구들과 협업하며 창의력 문제 해결
- 대한민국학생창의력챔피언대회(대회, 팀)
- 한국학생창의력올림픽(대회, 팀)
- 대한민국학생창의력올림피아드(대회, 팀)
- 찾아가는 발명체험교실(체험)
- 청소년발명페스티벌(부스 체험)

3. 소프트웨어/인공지능을 활용한 발명품 제작
- 소프트웨어 미래채움 코딩 프로젝트 챌린지(대회, 팀)
- 삼성주니어소프트웨어창작대회(대회, 팀)
- 컴퓨팅사고력경진대회(대회, 개인)
- 비버챌린지 참여하기(체험, 개인)
- 온라인코딩파티 참여하기(체험, 개인)
- 미래 교육을 위한 인공지능 캠프(체험, 개인)
- 시도 교육청 및 대학교 부설 정보영재교육원(수료, 영재교육원)

'한 해 최고 성과'보다 '여러 해에 걸친 꾸준한 성과'

학생들의 특기를 구체적으로 계획하고 발전시키기 위해 초·중·고등학교 시기별로 구분해 역량 스토리 계획표를 만드는 것이 중요합니다(앞 부분 참고). 각 학년에 맞춰 어떤 활동에 참여하고 언제 그 활동을 시작할 것인지를 명확히 해야 합니다. 이는 학생들이 단기간에 뛰어난 성과를 내는 것도 중요하지만, 여러 해에 걸쳐 지속적인 성과를 내며 자신의 역량을 꾸준히 계발하는 것이 더욱 가치 있다는 점을 알게 하는 데 도움을 줍니다.

특히, 중·고등학교 시기에는 학교 과정과 학원 활동 등과의 균형을 고려해 활동의 중요도에 따라 선택적으로 활동을 조정해야 합니다. 이때 각 활동에 대한 증빙 서류의 준비도 중요하므로 결과물을 달성하기 위한 활동뿐 아니라 그 과정에서의 지속적인 참여와 노력이 중요하다는 점을 강조해야 합니다. 이런 방식으로 계획표를 작성하면 학생들이 어떤 활동이 자신에게 가장 유익한지, 어떻게 자신의 역량을 가장 효과적으로 발휘할 수 있는지에 대해 좀 더 명확하게 이해할 수 있게 됩니다.

3단계. 멘토에게 피드백받기

경험 스토리 계획표는 단순한 계획이 아닌, 학생의 장래를 위한 중요한 로드맵입니다. 이 계획표를 교육의 멘토나 전문가에게 보여 주고 그들의 조언을 구하는 것은 이 로드맵을 더욱 구체화하고 현실에 맞게 조정하는 데 큰 도움이 됩니다. 멘토와의 지속적인 소통을 통해 학교나 교육청에서 제공하는 다양한 활동 정보를 효과적으로 활용할 수 있으며 이는 아이가 자신의 역량을 발견하고 그것을 발전시켜 나가는 과정에서 중요한 역할을 합니다.

이 과정을 통해 학생들은 자신이 할 수 있는 것들을 인지하게 되고 점차 그들만의 독특한 특기를 계발해 나갈 수 있습니다. 아이, 학부모 그리고 선생님이 함께 경험 스토리를 작성하고 이를 실천으로 옮기면서 아이들은 자신의 가능성을 실현해 나갈 수 있으며 이는 마치 마법과 같은 변화를 가져올 것입니다. 이러한 경험은 아이들이 미래에 자신만의 특별한 특기를 발휘하며 독창적인 개인으로 성장하는 데 중요한 발판이 됩니다.

앞에서 작성한 경험 계획표를 아이의 멘토 선생님이나 전문가('1-4.6년 후 추천서를 써 주실 선생님을 미리 섭외하라' 참조)에게 보여드려 피드백을 받습니다. 학교 공문이나 교육청의 게시글을 통해 아이들의 경험 스토리를 위한 수많은 '활동'들이 전달되므로 선생님과 지속적으로 소통하는 것이 필요합니다. 이렇게 아이, 학부모, 선생님(학교)이 함께 '경험 계획표'를 작성하고 지속적으로 경험 리스트들을 실행에 옮기다 보면 '내가 할 수 있는 것'이 '나만 할 수 있는 것(특기)'가 되는 마법을 볼 수 있습니다.

'1일 1 접속'하는 '홈페이지'를 찾아라

"여러분이 매일 접속하는 홈페이지가 있나요?"

대부분의 학생과 학부모가 매일 접속하는 홈페이지는 웹툰 사이트, 게임 사이트, 검색엔진 포털, 쇼핑몰 등일 것입니다. 매일 저녁 학생, 학부모가 함께 홈페이지에 접속하는 습관을 들여 봅시다. 물론 함께 접속하는 교사가 있으면 더할 나위 없이 좋습니다. 이렇게 매일 홈페이지에 접속하면 그 분야에 대한 최신 교육 정보를 얻을 수 있습니다. 앞서 이야기했듯이 '지속 가능하고 오랜 기간 계속할 수 있는 경험'은 적게는 5년, 길게는 20~30년이 넘어가는 행사들입니다. 그렇게 오래 계속된 행사들은 홈페이지를 통해 행사 안내, 요강, 수상 작품집, 행사 사진 등의 형태로 정보를 제공합니다. 매년 루틴을 만들기 위해 홈페이지의 행사들을 하나하나 체크하는 것이 필요합니다. 교육청 및 교육청 직속 기관의 대회에 참여했을 때 그 결과를 발표하는 홈페이지에 자신의 이름이 있는 설렘을 경험한 학생들은 큰 동기 부여가 되기도 하므로 꼭 추천합니다.

　학생과 학부모에게 도움이 될 수 있게 '매일 접속해야 하는 홈페이지'들을 정리했습니다.

　첫째, 정부 기관 및 공공 기관 홈페이지입니다.

　학생이 관심 있어 하는 분야의 정부 기관 및 공공 기관 홈페이지를 꼼꼼하게 살펴야 합니다. 학생들이 해야 할 경험은 국가나 정부 기관이 인정하는 공적인 것이어야 합니다. 추후 증빙 자료를 제출하거나 자신의 차별성을 드러내는 서류를 작성할 때 빛을 발합니다. 학생이 관심 있어 하는 분야가 정부의 어떤 기관과 관계가 있는지 조사해야 합니다.

　'교육부', '과학기술정보통신부'와 같은 정부 기관부터 교육과 관련된 하부 기관으로 내려오다 보면 교육과 관계된 포털 사이트가 존재합니다. 좀더 쉽게 찾는 방법은 그 분야의 가장 큰 공식 대회의 주최·주관 기관을 확인하는 것입니다. 예를 들어, 과학 분야에서는 '한국과학창의재단', '한국과학교육단체총연합회', 발명 분야에서는 '한국발명진흥회', '발명교육포털', '국립중앙과학관', 수학 분야에서는 '한국과학창의재단', 'ASKMATH', '한국수학교육학회', '대한수학회' 등이 있습니다. 이런 웹사이트에는 학생이 경험해야 할 '대회', '체험 행사' 등에 대한 안내와 그 분야의 학생이 받을 수 있는 '표창', '상장' 등에 대한 안내가 자세하게 나와 있습니다. 물론 단위 학교의 홈페이지 공지사항을 통해서도 안내되지만, 선택적으로 안내되는 경우가 많으므로 그 행사를 주관·주최하는 정부 기관 및 공공 기관 홈페이지의 대표 '행사 요강'을 읽어 보는 것이 중요합니다.

과학, 수학, 발명 분야 참고 웹사이트
- 발명교육포털: https://www.ip-edu.net
- 한국발명진흥회: https://www.kipa.org
- 한국과학창의재단: https://www.kofac.re.kr
- 과학문화포털 사이언스올: https://www.scienceall.com
- 한국과학교육단체총연합회: http://www.kofses.or.kr
- 국립중앙과학관: https://www.science.go.kr
- ASKMATH: https://askmath.kofac.re.kr
- 한국수학교육학회: http://www.ksme.info

둘째, 교육청 및 교육청 직속 기관 홈페이지입니다.

앞서 설명해드린 홈페이지는 '전국 단위'의 경험을 파악하기에 가장 중요한 것들입니다. 이제는 가까운 시도 교육청 단위의 경험들을 파악하는 방법을 설명드리겠습니다. 학생이 소속된 교육청의 홈페이지에 들어가서 관심 있어 하는 분야의 키워드를 검색하면 '사업 안내', '행사 안내', '홍보 사진 및 기사'의 주체로 '교육청 직속 기관'이 드러납니다. 예를 들어, 각 교육청별로 과학, 수학 발명 분야의 직속 기관인 '과학교육원', '발명교육원', '융합교육원', '창의교육원', '수학문화관', '미래교육원' 등이 존재합니다. 학생들이 속한 교육청의 메인이 되는 '교육청 직속 기관'을 찾아 관련 행사에 집중적으로 참여해야 합니다. 처음부터 '전국 단위'에 참여하는 것이 어려울 경우, 가까운 '교육청 직속 기관 홈페이지'에 공지된 대회, 체험 행사, 캠프, 영재프로그램 등에 적극적으로 참여하다 보면 전국 단위 행사도 자연스럽게 연계되는 경우가 많습니다.

셋째, 학생이 진학 중인 학교 홈페이지와 학생이 관심이 있는 분야에서 성과를 꾸준히 내고 있는 중학교, 고등학교의 홈페이지입니다.

'전국 단위', '시도 교육청 단위'의 행사를 개인이 직접 신청하는 경우도 있지만, 일부 행사는 '학교 단위'에서 공문으로 신청해야 하는 경우도 많습니다. 그리고 학교에서는 학교의 공지사항이나 안내장을 통해 신청을 받아 행사의 주최·주관 기관인 교육청 직속 기관에 보고합니다.

학생들이 종이로 된 안내장을 부모님께 보여 주지 않거나 온라인으로 제공되는 안내장의 개수도 많으므로 잘 챙기지 않으면 좋은 기회를 놓치는 경우가 많습니다.

실제 예로 초등학교에서 중요한 '영재교육원 입시 일정'을 잊고 있다가 나중에 문의하는 학부모도 있습니다. 그리고 학교의 분위기에 따라 이런 공지를 하지 않는 곳도 있으므로 학생들이 관심 있는 분야에서 좋은 성과를 내는 학교의 홈페이지 공지사항도 한 번씩 접속해서 정보를 잘 챙겨야 합니다. 그런 학교의 공지사항이나 홍보·행사 사진을 검색해 보다 보면 미처 참여하지 못했던 경험들에 대한 정보를 얻을 수 있습니다.

영재고 준비하는 아이는 이렇게 공부합니다

넷째, 학생이 진학하고 싶은 학교의 홈페이지입니다.

학생들이 진학하고자 하는 학교의 홈페이지도 자주 접속해야 합니다. 먼저 입학 요강을 다운로드해서 읽어 봅시다. 입학을 1년 앞둔 수험생만 입시 요강을 읽어 보는 것이 아닙니다. 장기적으로 학교에서 어떤 전형을 통해 어떤 학교를 선발하는지에 대한 감을 잡기 위해 학부모도 함께 읽어 보는 것이 중요합니다. 학교에 대한 정보뿐 아니라 학생들이 단기적인 목표와 방향성을 갖고 공부와 경험을 준비할 수 있습니다.

그리고 최근에는 학교에서 외부 학생을 대상으로 한 체험 프로그램 행사나 축제, 교육 프로그램을 운영하는 경우가 많습니다. 과학고나 영재고는 특히 초·중학생들을 대상으로 영재교육원이나 과학 수학 체험 행사를 해커톤, 부스 운영, 캠프 등의 다양한 방법으로 기획하므로 기회를 잡을 수 있습니다.

TIP

잡지 읽기: 「과학동아」, 「수학동아」, 「어린이 과학동아」, 「어린이 수학동아」 정기 구독

혹시 학생들이 과학, 수학, 발명 분야에 관심이 있다면 「과학동아」, 「수학동아」, 「어린이 과학동아」, 「어린이수학동아」를 꼭 곁에 두기를 추천드립니다. 과학을 좋아했던 저를 위해 월급날마다 서점에서 「과학동아」를 사들고 오신 아버지, 「과학동아」의 이슈를 함께 읽고 스크랩도 도와주셨던 어머니 덕분에 저는 늘 어린 시절부터 지금까지 과학을 즐겁고 재미있는 활동으로 생각하고 있습니다.

교사가 된 후에도 저희 반 학급 문고와 과학 발명 동아리의 책꽂이에는 「과학동아」, 「수학동아」, 「어린이 과학동아」, 「어린이 수학동아」가 꽂혀 있습니다. 요즘에는 EBS 콘텐츠와 KBS 라디오 방송을 준비하며 「과학동아」를 더 주의 깊게 살펴보고 과학발명창의력대회를 준비하며 「과학동아」의 기사를 학생들과 함께 분석합니다. 이것이 매달 학생들이 좋아하는 분야 이슈를 읽고 서로 이야기 나눠 볼 수 있는 잡지 구독을 추천드리는 이유입니다. 그리고 이것을 글로 남겨 둘 수 있다면 더욱 좋습니다.

하지만 늘 이렇게 홈페이지를 몇 개 정해 읽어 보라고 하면 학생과 학부모가 처음에는 무엇을 봐야 할지 모르겠다는 반응을 보입니다. 하지만 딱 2~3달만 지속하다 보면 다들 저에게 감사하다고 합니다. 여기서 몇 가지 중요한 점을 강조하고자 합니다.

첫째, 공지사항을 2년 전 시점부터 확인하자!

역사는 되풀이된다! 행사는 되풀이됩니다. 특히 역사가 오래된, 우리가 참여해야 할 공식적인 행사는 늘 되풀이됩니다. 그래서 연초를 기준으로 2년 전 1월 1일의 공지사항부터 차례대로 읽어 보도록 합니다. 정부 기관, 교육청의 행사들은 거의 매년 비슷한 일자에 똑같은 행사들이 반복됩니다. ○월 ○주에 행사가 있는지 정리해 둡시다. 특히, 연초에 '교육청 직속 기관 연중 계획 파일'은 다운로드해서 확인하고 '○○○ 학부모, 학생 대상 설명회'에 반드시 참여합시다.

둘째, 행사(대회, 프로그램 등) 메뉴를 꼼꼼하게 살피자!

공지사항뿐 아니라 세부 행사의 '요강', '계획서' 파일을 다운로드하기 위해 홈페이지의 [행사 메뉴] 탭을 꼼꼼하게 살펴봅시다. 이렇게 학생들이 참여할 행사의 요강이나 계획서를 다운로드해 두면 나중에 자신을 소개하는 증빙 자료로 활용할 수 있습니다. 그리고 대부분의 학생이 자신이 참여하는 행사의 의미나 성격 그리고 혜택에 대해 알지 못하는 경우가 많으므로 행사를 잘 이해하는 차원에서도 '요강', '계획서'를 직접 읽어 보는 습관을 들여야 합니다. 특히 대회일 경우, 대회의 목표나 취지, 심사 기준도 정확하게 명시돼 있으므로 미리 살펴서 대회를 효율적으로 준비하는 것이 좋습니다.

셋째, 행사 사진 및 홍보 자료를 꼼꼼하게 살피자!

교육청, 교육청 직속 기관, 정부 기관들은 행사를 치르고 나면 행사 사진 및 홍보 자료를 웹사이트에 공지합니다. 행사의 규모나 취지에 관한 홍보 자료이므로 꼭 정리해 두도록 합니다. 학생이 참여할 경험을 선택할 때 홍보 자료나 사진을 살펴보면 그 경험의 가치를 미리 가늠할 수 있습니다. 그리고 학생이 참여한 경험일 경우, 나중에 학생 증빙 자료에 '행사의 주최·주관이 어디인지, 몇 개 학교, 몇 명이 참여했는지, 어떤 취지의 행사인지'를 작성해야 하는 경우가 많은데, 이때 자료를 일일이 찾기 힘드므로 처음부터 자료를 정리해야 합니다.

TIP

사이트 맵 살펴보기

이런 모든 과정이 귀찮다면 먼저 그 웹사이트의 [사이트 맵]을 살펴보는 것도 좋습니다. 대부분의 공공 기관, 교육청 직속 기관 홈페이지는 [사이트 맵]을 제공합니다. [사이트 맵]을 통해 행사의 큰 흐름을 파악할 수 있습니다.

6년 후 추천서를 써 주실 선생님을 미리 섭외하라

"여러분의 이야기를 자세히 추천서로 풀어 써 주실 선생님이 계신가요?"

아마 대부분 떠오르는 분이 없을 것입니다. 한 해 정도 뜻 깊게 마음을 써 주신 선생님이 계셔도 3년 이상 함께한 선생님이 계시기는 어렵습니다. 하지만 '아이가 영재가 되기 위한 키포인트'는 바로 우리 아이의 모습을 오랫동안 파악하고 계신 공교육 범위 안의 학교 선생님을 만나는 일입니다. '경험표 작성'부터 '포트폴리오 정리', '프로젝트 참여', '공적인 경험 누적' 등 학교 선생님의 도움을 받아야 할 일이 한가득입니다.

따라서 본격적인 경험을 시작하는 해부터 우리 아이의 빛을 밝혀 주실 선생님을 만나야 합니다. 학교의 담임 선생님, 동아리 선생님도 좋습니다. 특히, 추천서에는 학생들이 자기 소개서에 작성하기 어려운 수상 실적부터 다양한 경험을 녹일 수 있으므로 초등학교 때부터 꾸준히 함께할 선생님을 만나는 것이 필요합니다.

아래에 대한민국 최고의 고등학교인 '한국과학영재학교 입학 요강(2024학년도)'과 대한민국 최고의 권위를 자랑하는 '대한민국인재상(2023년)'의

'추천서' 부분을 발췌해 뒀습니다. 날이 갈수록 추천서의 비중이 높아지고 있고 현재 담임뿐 아니라 학생을 오랫동안 구체적으로 알고 있는 추천서의 가치를 높이 평가하고 있습니다. 저 또한 한국과학영재학교, 대한민국인재상, KAIST기업인영재교육원 등 추천서를 매년 작성하고 있습니다.

이 책에서 다루는 전략처럼 오랜 기간 함께한 경험들을 사실에 기반해서 구체적으로 서술하려면 학생의 경험을 곁에서 봐 왔고 잘 이해하고 계신 선생님을 찾아야 합니다. 예를 들어, 초등학교 5학년부터 4년간 친구들과 함께 참여해 온 대한민국학생발명전시회, 대한민국학생창의력챔피언대회와 매년 다양한 주제로 프로젝트 과학 동아리 활동을 참여하며 산과 강을 탐험했던 이야기는 그 해 담임 선생님이 표현해 주기 어렵습니다.

https://admission.ksa.hs.kr/iphak_kor/

	④ 추천서 A1	필수	• 추천인은 본인 명의 휴대폰 또는 I-PIN 인증 후 작성 가능(외국인 등록증이 있는 추천인 포함) • 접수 번호, 성명, 생년월일을 입력 후 작성 • 수학·과학 지도 교원이 담임일 경우, 추천서 A와 B를 동일인이 작성할 수 있음(이 경우, A2는 다른 교원이 작성함).	온라인 입력
수학·과학 (특기 탐구 분야) 지도 교원	⑤ 추천서 A2	선택	• 외국인 교원에게 추천서를 받는 자 - 입학 안내 서식 자료실에서 영문 서식을 다운로드해 추천인에게 작성을 의뢰하며 추천인이 이메일(E-mail)로 송부한 후 출력본에 자필 서명해 항공 우편으로 제출함. 이메일: admission@ksa.kaist.ac.kr	
담임 교원	⑥ 추천서 B	선택	※ 추천서 작성 여부는 접수 웹사이트에서 확인할 수 있음.	

https://admission.ksa.hs.kr/iphak_kor/

Q. 추천서 A1과 A2는 어떻게 다릅니까?

두 추천서 모두 지원자의 특기 탐구 분야와 관련된 지도를 하신 수학·과학 교원이 쓰는 추천서이고 두 추천서의 문항은 동일합니다. 다만, A1은 필수 제출, A2는 선택 제출이므로 원하는 사람은 두 분의 수학·과학 선생님께 추천서를 받을 수 있습니다.

Q. 중학교 2, 3학년인데 초등학교 선생님께 추천서를 받아도 되는지요?

학생을 잘 파악하고 있는 교원이면 누구나 추천인의 자격이 됩니다. 추천인을 선택하실 때 학생의 모습을 가장 잘 그리고 구체적으로 파악하고 계신 분이 좋습니다.

Q. 추천서에 학생이 받은 영재교육기관수료증, 수상 실적, 자격증에 관한 내용을 포함해도 되나요?

네, 학생의 영재교육 경험을 포함해 추천서를 작성하셔도 됩니다(과학영재발굴육성전략, 2023. 02. 과학기술정보통신부). 단, 수료나 수상 실적 등 결과의 나열이 아니라 그것을 성취하기 위해 지원자가 보여 준 탐구 역량이나 열정, 끈기 등 구체적인 내용이 더욱 의미 있게 전형에 반영되니 참고하시기 바랍니다.

Q. 추천서는 어떻게 쓸까요?

본교는 추천인이 지원자를 관찰한 구체적인 사실에 근거해 추천해 주시기를 희망합니다. 추천서는 입학 담당관들이 지원 학생을 직접 오랜 시간을 관찰, 평가하지 못하므로 추천인들의 학생 관찰을 통해 수학·과학에 영재성과 잠재성이 있는 부분을 간접적으로 본교에 알려 주는 것입니다. 따라서 좋은 추천서를 작성하기 위해서는 학생 관찰을 위한 체크리스트를 만들어 학생들을 평소에 수시로 관찰하고 기록해 두는 것이 좋습니다. 더불어 면담 등을 통해 학생에 대한 구체적인 사실에 입각한 수학·과학의 영재성을 확인해 둘 필요가 있습니다. 이를 바탕으로 추천서를 작성하면 학생의 능력이 올바르게 입학담당관들에게 전달될 것이며 구체적인 사실들은 평가 과정에서 추천서에 대한 신뢰감을 줄 수 있습니다.

 2023학년도 대한민국인재상 선발 공고문의 '추천서 작성' 부분 발췌

☑ (추천서) 후보자를 정확히 평가할 수 있는 인사의 추천 동기 및 소견 내용이 충실한 봉인된 추천서를 우편 제출(겉봉투 봉인, 추천 대상의 공적 사실 확인 필수)
　◉ 필수 제출 1부 외 추가 추천(선택)이 가능하나 추가 부수를 제한함.

구분		필수	부수
고등학생	필수	소속 학교 교사 1인(학교장 확인필)	각 1부
	선택	후보자를 잘 알고 추천할 수 있는 인사 1인	
대학생·청년 일반	필수	소속 기관 상급자 1인(소속 기관장* 확인필) 또는 최종 학교 교사·교수 1인(학교장/단과 대학장 확인필) 중 택일 * 지원자가 대학생인 경우 단과 대학장	
	선택	후보자를 잘 알고 추천할 수 있는 인사 1인	

'6년 후 추천서를 써 주실 선생님을 미리 섭외하라'는 말은 곧 '우리 아이를 영재로 성장시켜 주실 멘토 선생님을 찾아라'입니다. 영재로 성장하기 위해서는 좋은 멘토의 도움이 무엇보다 중요합니다. 좋은 멘토는 우리 아이의 잠재력을 극대화시켜 주고 더 나아가 진로와 연계한 지도를 해 주실 수 있습

니다. 추천서를 작성해 주실 멘토를 찾을 때 고려해야 할 3가지 조건은 다음과 같습니다.

첫째, 가까운 거리에 있는, 늘 찾아뵐 수 있는 선생님이어야 합니다. 추천서를 써 주실 멘토는 학생과 가까운 거리에 게셔야 합니다. 최소한 주 1회는 만날 수 있는 거리에 계신 것이 좋습니다. 요즘은 초등-중학-고교 간 활동의 연계가 자유롭기 때문에 동아리 활동이나 프로그램 부스 운영과 같은 계기를 만들어 꾸준한 소통과 피드백이 이뤄질 수 있는 관계를 유지해야 합니다.

둘째, 함께 경험을 만들어 나가는 선생님이어야 합니다. 단순히 지식을 전달받거나 의무적으로 시간을 함께하는 것이 아니라 아이와 함께 경험을 만들어 나가는 동반자가 좋습니다. 특히, 앞서 1장에서 이야기한 '경험 계획표'도 함께 작성하고 매년 '짧고 긴 호흡의 실생활 프로젝트' 활동을 통해 아이와 함께 경험을 쌓아 나가며 실생활을 문제를 해결해 나가는 다양한 능력을 키우는 데 도움을 주실 선생님이 좋습니다.

셋째, 아이가 관심 있어 하는 분야의 수상 경험이 풍부한 선생님이어야 합니다. 앞서 '학생 분야'의 경험, 즉 대회, 캠프, 자격 시험, 부스 운영 및 체험, 기자단 등의 활동이 있다면 '선생님 분야'의 경험, 즉 지도 및 수상 실적, 경력, 자격, 대외 활동, 연구 활동 등의 활동이 대응됩니다. 멘토 선생님 또한 학생과 함께 경험을 만들어 나가고 그 경험을 바탕으로 수상을 할 수 있기 때문에 '올해의 과학교사상', '대한민국발명교육대상', '올해의 수학교사상' 등을 수상하신 멘토 선생님을 찾을 수 있습니다. 이 선생님은 해당 분야의 전국 단위 네트워크가 있으므로 학생들에게 더 많은 기회를 주고 동기를 부여해 줍니다. 경험은 더 양질의 경험을 낳습니다. 저도 다양한 기관의 프로젝트 참여 기회, 프로그램 참여, 방송 출연, 전국 단위 네트워크 가입 등으로 학생들에게 도움을 주고 있습니다.

1-5
연도별, 분야별
경험 리스트를 작성하라

"여러분의 경험을 리스트로 잘 정리하고 있나요?"

대부분의 학생들은 아니라고 이야기할 것입니다. 그러나 정부 기관 상을 수상하거나 고등학교·대학교 진학을 목표로 자료를 정리할 때 평소에 리스트를 작성한 학생과 그렇지 않은 학생은 큰 차이가 납니다.

대회 참여, 캠프, 체험 행사, 영재교육원 등의 다양한 활동은 여러분을 돋보이게 하는 데 큰 영향을 미칩니다. 이러한 경험들을 체계적으로 기록하는 것은 여러모로 이점이 큽니다. 기록을 통해 어떤 경험이 언제 이뤄졌는지 누락 없이 확인할 수 있습니다. 그리고 자신이 참가했던 활동과 그 성과를 쉽게 추적하고 평가할 수 있게 해 줍니다.

또한 다양한 활동에 참여하고 이를 리스트로 만드는 과정 자체가 동기 부여가 되며 이는 학생들이 새로운 도전을 지속하는 데 힘을 실어 줍니다. 이 리스트는 나중에 학생들이 성취감을 느끼고 자신감을 얻는 데 도움이 됩니다. 저 또한 그랬으며 저와 함께한 학생과 학부모 대부분이 공감하는 부분입니다.

리스트를 만들면 자신이 어떤 분야에 흥미를 느끼고 어떤 분야에서 뛰어난

지가 명확해집니다. 그리고 학생들이 향후 어떤 분야에 집중해야 할지 계획을 세우는 데도 도움이 되며 리스트를 통해 자녀 개인의 강점과 약점을 파악할 수 있으며 이는 개인 맞춤형 전략을 세우는 데도 기초 자료가 됩니다. 리스트를 작성하는 팁은 다음과 같습니다.

첫째, 연도별, 주제별 경험 리스트를 만들어라.

한글 파일을 2개 만들고 한 한글 파일에는 연도별 경험 리스트를 정리하고 나머지 한글 파일에는 분야별 경험 리스트를 정리합니다. 다시 말하면 여러분이 오늘 한 가지 경험을 했다면 그 경험을 '연도별 경험 리스트 파일'에 시간 순으로 정리하고 동시에 '주제별 경험 리스트'에도 포함시켜야 합니다.

둘째, 경험을 상세하게 기록하라.

각 경험을 되도록 상세하게 기록하면 나중에 그 경험을 활용해 자료를 만들 때 똑같은 작업을 반복하지 않아도 됩니다. 실제로 자기 소개서를 작성하거나 면접을 준비하기도 힘든데 증빙 서류를 위한 자료를 찾느라 시간을 낭비하는 경우가 많습니다. 경험을 기록할 때 정리해야 할 세부사항은 다음과 같습니다.

경험 분류	기록해야 할 세부사항
대회	연도, 주최·주관, 대회명, 상명(상격), 등위, 작품 주제, 수상 일자, 참가 인원수 예 2023 특허청/한국발명진흥회 제36회 대한민국학생발명전시회 금상(산업통산부장관상) '1인 가구를 위한 냄새 차단 자동 개폐 음식물 쓰레기통'(2023. 08. 03.), ○○명
체험 행사	연도, 주최·주관, 행사명, 체험명, 장소, 체험 일자, 참가자 예 2023 과학기술정보통신부·교육부/한국과학창의재단 소프트웨어교육페스티벌 EBS 이솦으로 코딩프로젝트 참여하기(킨텍스, 2023.11.03., 2,000명) ※ 단순 체험보다 직접 '부스 운영'이면 더 좋음.
영재교육원	연도, 영재교육원명, 영재교육원 학급명, 프로젝트 주제 예 2023 경상남도교육청 진주시교육지원청 영재교육원창의발명반 '메타버스 ZEP으로 친환경 발명품 학습 스페이스 만들기 프로젝트'
캠프	연도 주최·주관, 캠프명, 활동명, 캠프 일자 예 2023 특허청/한국발명진흥회 YIP청소년발명가프로그램 집중교육캠프 '특허 출원하기'(2023. 07. 29.)
프로젝트, 연구 참여	연도 연구 주체, 프로젝트(연구) 주제, 연구 기간(팀장 여부, 개인/공동 연구) 예 2023 과학 동아리 '버드 스트라이킹을 막는 지킴이 발명 프로젝트'(2023. 3.~2024. 2.) 팀장, 공동 연구(30인)

셋째, 경험 리스트는 정기적으로 갱신하라.

한 달에 한 번 또는 두 달에 한 번 정도 학생, 학부모, 선생님이 함께 경험 리스트를 정리하는 루틴을 만들어야 합니다. 물론 경험이 하나 추가될 때마다 수시로 기록하는 것이 가장 바람직합니다. 그러나 1년에 한 번 정도 뜸하게 갱신하면 누락이 발생합니다.

이렇게 경험 리스트를 만드는 것은 현재의 경험을 미래의 목표와 연결 짓고 그 목표를 달성하기 위한 단계로 활용할 수 있습니다. 이렇게 체계적으로 관리된 경험 리스트는 학생들이 영재로 성장하는 데 중요한 발판이 됩니다. 자녀가 어디서 출발했는지, 현재 어디에 있는지 그리고 어디로 나아가고자 하는지를 명확히 할 수 있게 해 주는 도구입니다.

6 in 1 공식대로
경험 증빙 자료를 준비하라

"여러분의 경험을 증빙할 자료로 무엇을 모으고 있나요?"

공문 **+** 신문 기사 **+** 사진 **+** 상장 **+** 내러티브 **+** 사회 연계 스토리

= 하우영 선생님의 '6 in 1 공식'

보통 학생의 경험과 관련된 자료를 정리한다고 하면 상장, 수료장, 인증 서만을 생각합니다. 하지만 공문, 신문 기사, 사진, 상장, 내러티브, 사회 연계 스토리를 함께 포트폴리오로 만들어 두는 것이 중요합니다. '6 in 1 공식' 은 학생의 경험을 빠짐없이 기록하고 보관하는 방법으로, 제가 만든 것입니다. '6 in 1 공식'의 항목은 다음과 같습니다.

첫째, 공문을 받아 둡니다.

공문은 학생의 활동을 공식적으로 증명하는 문서로, 학생들이 대회, 부스 운영 등의 행사에 참여한다는 내부 결재 공문과 외부 기관에서 프로그램 부

스 운영을 비롯한 각종 행사 참여 안내 또는 대회 결과를 공지하는 공식적인 문서를 말합니다. 교육청, 교육청 직속 기관(과학교육원, 수학문화관, 미래교육원, 창의융합원 등)'이거나 '정부 기관 및 공공 기관'이 주최·주관하는 행사들은 학생의 학교로 공문을 보내 주거나 학교 내부 결재를 통해 공문을 남겨 둡니다. 이때는 담임 선생님이나 업무 담당 선생님께 부탁드려 파일 또는 인쇄된 파일로 보관해야 합니다. 공문을 인쇄한 종이에 원본 대조필을 받아 스캔한 후 파일로 갖고 있는 것이 좋습니다.

공문의 본문에 이름이 명시되지 않는 경우도 있으므로 본문뿐 아니라 첨부 파일 또한 다운로드해 둡니다. 이런 공문들은 정부 기관상을 수상하거나 고등학교, 대학교 진학을 하는 자료를 정리할 때 증빙 자료로 활용됩니다.

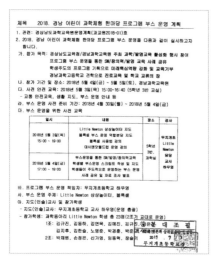
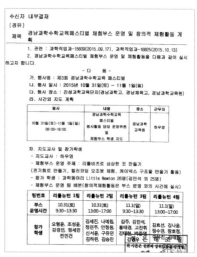

둘째, 신문 기사를 모아 둡니다.

대회, 캠프, 체험 행사를 하고 나면 공공 기관에서는 보도 자료를 통해 홍보 기사를 냅니다. 그리고 활동이 학교나 동아리 활동 차원에서 진행된다면 담당 지도 선생님께서 학교 홈페이지, 시도 교육청 홈페이지에 보도 자료를

영재고 준비하는 아이는 이렇게 공부합니다

올리기도 합니다. 특히, 대회에서 수상했을 경우, 학생들의 이름이 구체적으로 언급된 부분을 잘 체크해서 다운로드나 인화해 두고 그 밖의 체험 행사는 인터뷰에 적극적으로 참여해서 보도 자료에 이름이 실릴 수 있도록 합니다.

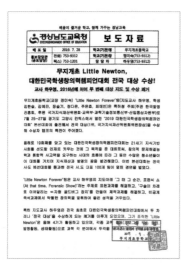

셋째, 사진을 촬영해 둡니다.

행사나 활동을 기록하는 데 사진 찍기는 필수입니다. 사진은 크게 2가지 유형으로 나눌 수 있습니다. 첫 번째는 행사의 성격을 명확하게 보여 주는 사진입니다. 예를 들어, 대회, 캠프, 체험 행사 등에서 주최·주관, 일정, 장소를 알려 주는 현수막이나 X 배너 앞에서 학생이 서 있는 모습을 찍습니다. 영재교육원의 경우에는 입학식이나 수료식 때의 현수막 앞에서 사진을 찍고 팀이나 동아리 활동이라면 팀원 전원 또는 지도 선생님과 함께 사진을 찍습니다. 두 번째는 행사 참여 중인 학생의 활동 모습이 담긴 사진입니다. 캠프나 체험 행사에서는 학생이 활동 중인 모습, 팀이나 동아리 활동에서는 서로 협업하는 모습을 찍어 기록으로 남깁니다.

넷째, 상장을 모아 둡니다.

상장은 학생의 노력과 능력을 공식적으로 인정받은 매우 중요한 자료입니다. 상장은 쉽게 분실될 수 있으므로 받자마자 스캔해서 디지털 파일로 보관하는 것이 좋습니다. 저는 캠스캐너(camscanner)라는 어플을 사용해 스마트폰으로 상장을 스캔하고 언제든지 접근할 수 있도록 비공유 네이버 밴드에 상장 스캔 파일과 함께 저장해 두곤 합니다. 또한 태그 기능을 활용해 상장을 받은 분야별(⑩ '#과학 대회', '#수학 대회', '#발명 대회', '#창의력 대회', '#정보소프트웨어/인공지능대회' 등), 주최·주관 기관별(⑩ '#교육부 주관', '#경남과학교육원 주관', '#한국발명진흥회 주관', '#한국과학창의재단 주관' 등) 그리고 상의 등급별(⑩ '#교육부장관상', '#과학교육총연합회장상', '과학기술정보통신부장관상' 등)로 글을 작성해 필요할 때 상장을 쉽게 찾을 수 있도록 관리합니다.

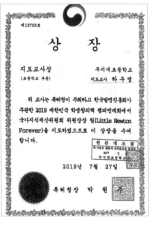

다섯째, 내러티브를 작성해 둡니다.

대회, 캠프, 체험 행사, 영재교육원 등 다양한 경험을 한 후에는 그때그때 학생의 느낀 점과 배운 점을 글로 정리해야 합니다. 이를 '내러티브'라고 합

영재고 준비하는 아이는 이렇게 공부합니다

니다. 저는 한 행사가 마무리될 때마다 학생과 학부모에게 학습지 양식을 제공해 이러한 내러티브를 작성하도록 권장합니다. 처음에는 이 과정이 귀찮을 수도 있지만, 이렇게 기록을 해 두면 나중에 큰 도움이 됩니다.

예를 들어, 정부 기관에서 상을 수상하거나 고등학교나 대학교에 입학할 때 필요한 서류를 준비하는 과정에서 이러한 내러티브를 참고해 자기 소개서나 역량 기술서를 쉽게 작성할 수 있습니다. 학부모도 함께 이러한 내러티브를 작성해 두면 서류를 준비하는 과정에서 학생과 함께 이야기를 나누며 경험을 빠짐없이 정리할 수 있습니다.

여섯째, 사회 연계 스토리를 만들어 둡니다.

'6 in 1 공식'의 하이라이트는 바로 사회 연계 스토리를 만들어 두는 것입니다. 개인의 경험을 사회와 연결시켜 더 큰 활동으로 확장시키고 이를 기록하는 것이 중요합니다. 예를 들어, 발명 대회에서 입상한 발명품이 있다면 그저 상장만 보관하는 것이 아니라 이 발명품을 활용해 보는 다양한 방법을 모색해 보세요. 지역의 소방서에 방문해 발명품을 소개하고 이를 실제로 적용해 볼 수 있는지, 어떻게 활용할 수 있는지를 파악하고 실제 적용해 보면서 효과성을 검증해 보세요. 지역의 대학교 학과를 방문해 교수님에게 발명품을 소개하고 의견을 들어 보는 것도 좋은 방법입니다.

이 밖에도 특허 출원, 글쓰기, 발표회, 동아리 활동 등을 통해 사회 연계 스토리를 만드는 활동을 기록해 두면 학생의 경험이 더 가치 있고 나중에 더 많은 기회를 얻는 데 도움이 됩니다.

1-7
함께할 단짝 친구들과
동아리에 가입하라(없다면 만들어라)

"여러분은 어떤 동아리에 가입돼 있나요?"

방송, 축구, 악기 연주, 보드 게임, 화학, 영어, 발명 등 다양한 동아리에 가입돼 있을 것입니다. 특히, 학생들이 관심 있어 하는 분야에서의 동아리 활동은 필수적입니다. 다양한 동아리에 가입할 수도 있지만, 그보다는 자신의 특기, 꿈과 관련된 하나의 동아리 활동에 적극적으로 참여하는 것이 좋습니다. 만약, 동아리가 없다면 친구들과 함께 교내 자율 동아리를 직접 만들어 활동할 수도 있고 정부 기관, 교육청, 교육청 직속 기관에서 예산을 지원해 주는 동아리 지원 사업에 계획서를 제출해 볼 수도 있습니다.

동아리 활동은 학생들에게 다양한 활동을 함께 경험하고 공유할 기회를 줍니다. 혼자서 도전하기에는 힘든 활동들을 같은 관심사를 가진 친구들끼리 함께할 수 있습니다. 개인 단위의 행사들보다 동아리나 팀 단위의 행사들이 많으므로 앞서 언급한 것처럼 개인, 팀, 동아리 활동을 골고루 참여하면서 경험의 폭이 넓어집니다. 그리고 동아리 활동을 통해 개인 단위로 하기 힘든 실생활 기반 프로젝트 활동을 할 수 있고 학교, 교육청, 정부 기관으로부터 예산을 지원받을 수도 있습니다.

특히, 이렇게 공식적으로 증빙된 동아리 활동은 동아리 단위의 체험 활동, 해커톤, 대회 등의 공식 행사들에 참여하게 돼 활동의 지속성과 다양성이 보장되는 일석이조입니다. 그리고 학생들의 활동을 소개하는 자기 소개서나 역량 기술서를 작성할 때 학생들 간의 네트워크와 의사소통 및 협업 능력을 부각할 수도 있고 동아리 내에서 회장, 부회장, 부장과 같은 역할을 맡음으로써 리더십도 향상할 수 있습니다. 동아리 활동에 참여할 때의 팁은 다음과 같습니다. 여러분의 동아리 활동을 체크해 보세요.

첫째, 공식적인 동아리 활동을 해야 합니다.

'우리 3~4명끼리 과학 동아리를 만들자'라고 마음먹는다고 해서 동아리가 되지 않습니다. 적어도 학교 수준의 '자율 동아리'에 가입해야 합니다. 예를 들어, 학교에 과학 발명 동아리가 있다면 선발 방법을 알고 지원하도록 합니다. 혹시 학교에 원하는 동아리가 없다면 관심사가 같은 학생들을 모아서 그 분야에서 활동을 하시는 학교의 선생님께 '지도 교사'가 돼 달라고 요청할 수 있습니다. 동아리는 학기 초나 새 학기 전에 모집하는 경우가 많으므로 내년부터 가입할 생각이라면 미리 그 동아리의 지도 선생님께 찾아가 의사를 전달해 두도록 합니다.

영재고 준비하는 아이는 이렇게 공부합니다

둘째, 교육청, 교육청 직속 기관, 정부 기관이 선발하는 동아리 활동을 해야 합니다.

교육청, 교육청 직속 기관, 정부 기관이 선발해 예산을 지원하는 동아리가 좋습니다. 학기 초에 교육청, 교육청 직속 기관, 정부 기관에서 예산을 지원할 '동아리'를 선발한다는 공문이 쏟아집니다. 매년 비슷한 시기에 공문이 오므로 동아리 지도 선생님께 미리 말씀드려 두거나 교육청, 교육청 직속 기관, 정부 기관의 홈페이지 공지사항을 사전에 살펴서 일정을 파악해 두도록 합니다.

보통 '계획서' 평가를 통해 선발하므로 새 학기가 시작되기 전 겨울방학 때 학생들끼리 최근 사회적 이슈를 반영한 의미 있는 프로젝트를 주제로 지도 선생님과 함께 계획서를 미리 작성해 두는 것이 좋습니다.

셋째, 동아리 활동 계획서와 최종 보고서를 꼭 작성합니다.

제가 운영하는 과학 동아리 '리틀 뉴턴'은 매년 동아리 활동 계획서와 최종 보고서를 작성해 둡니다. 실제로 이 자료들은 학생들이 과학고, 영재고를 준비하거나 정부 기관 표창을 준비하며 유용하게 활용됐습니다. 요즘은 각 학교에서 동아리 활동 및 프로젝트 활동 내용을 자기 소개서에 구체적으로 서술하게 돼 있으므로 보고서 형식으로 작성해 놓은 파일을 꼭 정리해 두고 참고하도록 합니다.

특히, 교육청, 교육청 직속 기관, 정부 기관이 선발하는 동아리는 매년 공문으로 '동아리 활동 계획서'와 '최종 보고서'를 제출하고 동아리 활동 발표 대회나 성과 발표회의 형태로 공유를 하는 행사도 열리므로 꼭 참여합니다. 동아리 활동 계획서에는 동아리 활동 주제, 동아리명, 지도 교사, 차례, 과학 동아리 현황(설립 연도 목적, 회원 현황), 과학 동아리 활동 계획(단계

별), 예산 사용 계획으로 구성됩니다.

동아리 최종 보고서에는 계획서의 내용에 세부 프로그램 운영 결과가 사진, 표, 그래프 등으로 표현됩니다(동아리 활동에 대한 자세한 정보는 네이버 블로그 〈하우쌤의 달보드레 교실〉을 참고해 주세요).

TIP

과학 동아리를 운영할 때의 팁! -과학 동아리 활동 발표 대회

우리나라에서는 교육부가 주최하고 한국과학교육단체총연합회가 주관하는 전국과학동아리활동발표대회가 가장 공신력이 있는 대회입니다. 시도 과학교육단체총연합회의 주관으로 별도 계획에 따라 예선 대회를 실시하고 예선 대회에서 선발된 팀은 시도 과학교육단체총연합회의 추천을 받아 전국 대회에 출전합니다.

경남에서는 '경상남도과학교육원'에서 학기 초에 경상남도과학교육원이 지원하는 '과학 동아리' 선발 공문을 경남 전체 초·중·고등학교에 보내고 동아리 활동 계획서를 받아 선발합니다. 여름방학에 시도 교육청 차원에서 대회를 거쳐 전국 대회에 출전할 대표팀을 가립니다. 그리고 전국 대회는 연말 시도 예선 대회에서 선발된 동아리 학생들이 전지 크기의 차트와 결과물을 준비해 탐구 활동 내용과 결과물에 대해 10분간 발표하고 5분간 질의응답을 받습니다. 과학 동아리 활동 발표회에서 선발된 최우수 과학 동아리 및 지도 교사에게 교육부장관상을 수여하고 해외 연수를 가게 됩니다. 저와 과학 동아리 '리틀 뉴턴'은 총 3회 전국 대회에 진출해 2018년 전국 1위를 한 차례 수상한 경험이 있습니다.
※ 자세한 정보는 한국과학교육단체총연합회 웹사이트에서 알아볼 수 있습니다
(http://www.kofses.or.kr/).

한국과학교육단체총연합회
The Korean Federation of Science Education Societies

한국과교총안내　한국과교총사업　자료실　행사안내　한국과교총소식　공지사항　문의

과학과 창의가 만나는 축제

신나는 과학! 모두를 위한 과학!

2023 과학창의대회

학생행사
- 자연관찰캠프
- 과학실험한마당
- 고등학교과학탐구올림픽
- 과학동아리활동발표회
- 한국과학창의력축제

교사행사
- 과학교육연구대회
- 과학교사동아리 연구활동 지원
- 글로벌 과학교육포럼

학술행사
- 전국과학교육담당자대회
- 과학창의대회담당자 워크숍
- 학생해외과학탐방

과학대축제
- 특수학교 과학 책 잔치
- 과학 책 큰 잔치

공지사항　　more
- 한국과교총 제17대 회장 선거 결과 알림　　2024.01.03
- 한국과교총 제17대 회장 입후보자 공고　　2023.12.15
- 한국과교총 제17대 회장 선정 일정 재공고　　2023.12.08
- 2023년 학생해외과학탐방 용역업체 입찰공고　　2023.11.13

행사안내　　more
- 제2회 글로벌 과학탐구대회 개최 안내　　2022.07.26
- 2021년 과학창의대회 추진 계획　　2021.04.15
- 과학교육자통합학술대회 안내　　2019.12.12

행사앨범　　more

자료실

학생대회 자료
학생대회관련자료를 보실 수 있습니다.

한국과교총소식
새롭고 소식을 업데이트합니다.

학생대회 수상작
학생과학탐구올림픽
최우수보고서

교사대회 연도별수상작

1-8
짧은 호흡, 긴 호흡 프로젝트에 참여하라

"여러분은 지금 어떤 프로젝트에 참여하고 있나요?"

여러분은 다양한 프로젝트에 참여하고 있어야 합니다. 정부 기관 상을 지원하거나 고등학교·대학교 진학을 하는 자료를 정리할 때 수행한 프로젝트에 대해 자세히 서술하라는 항목이 항상 포함되기 때문입니다.

프로젝트 학습은 학생들이 실제 세계의 문제를 해결하기 위해 지식과 기술을 적용하는 활동 중심의 교육 방법입니다. 이 방법에서는 학생들이 단순히 책에서 정보를 읽고 암기하는 대신, 실생활과 관련된 주제를 선택해 그 주제에 대해 깊이 있게 탐구합니다. 학생들은 주제에 대한 연구를 진행하고 문제를 식별하며 해결책을 모색하는 과정에서 자연스럽게 학습하게 됩니다.

환경 과학 수업에서 '지역 사회의 환경 문제 개선'을 프로젝트 주제로 정했다고 가정해 보겠습니다. 이 프로젝트에서 학생들은 먼저 지역 사회의 환경 문제를 조사합니다. 이 과정에서 자료 조사, 설문 조사, 전문가 인터뷰 등 다양한 방법을 사용할 수 있습니다. 그다음에는 문제를 해결하기 위한 구체적인 계획을 세우고 이를 실제로 수행해 보면서 그 결과를 분석합니다. 마지막으로 학생들은 자신들의 발견과 학습 경험을 정리해 발표합니다.

그럼 제가 말하는 짧은 호흡, 긴 호흡 프로젝트란 무엇일까요? 짧은 호흡의 프로젝트는 상대적으로 빠른 시간(1주일~한 달) 안에 완성할 수 있는 작은 규모의 프로젝트, 긴 호흡의 프로젝트는 더 긴 시간(1학기~1년) 동안 지속되고 더 큰 목표를 달성하기 위한 프로젝트입니다.

짧은 호흡의 프로젝트란?

학생들이 주말 동안 우리 동네 공원의 쓰레기를 줍고 캠페인 활동을 계획하거나 3월 한 달 동안 봄에 피는 우리 학교 화단의 꽃을 사진 찍고 인터넷 봄꽃 도감을 만든다고 가정해 봅시다. 이 프로젝트는 주말 또는 한 달 동안 집중적으로 수행되며 목표는 간단하고 명확합니다. 공원을 깨끗하게 하고 인터넷 봄꽃 도감을 만드는 것입니다.

학생들은 공원의 현재 상태를 조사하고 쓰레기를 줍는 최적의 방법을 결정한 후 실제로 활동을 수행하고 결과를 기록합니다. 그리고 학교 화단의 꽃을 찍고 네이처링 어플로 종류를 알고 특징을 조사해서 도감을 만들 것입니다. 이 프로젝트는 단기간에 결과를 볼 수 있고 만족감을 즉시 제공합니다.

긴 호흡의 프로젝트란?

구조-구급-화재 현장 지원으로 소방관을 돕는 발명·창의성 프로젝트를 학기 내내 또는 1년 동안 지속하는 프로젝트를 기획한다고 가정해 봅시다. 이 프로젝트는 더 복잡하고 많은 단계를 포함합니다. 소방서를 방문해 소방 현장에서 소방관들이 겪는 어려움과 인식 조사, 필요한 발명품의 종류와 설계, 발명품 아이디어 구안, 발명품 제작 및 테스트, 실제 적용 등이 이에 포함됩니다. 이 프로젝트는 장기적인 계획과 지속적인 노력이 필요하고 성과를 거둘 때까지 시간이 걸릴 수 있습니다.

이 두 유형의 프로젝트는 모두 필요합니다. 학생들은 이렇게 다양한 호흡의 프로젝트를 수행하면서 경험을 쌓을 수 있습니다. 짧은 호흡의 프로젝트는 신속한 실행과 즉각적인 성과에 중점을 두고 학생들에게 빠른 만족감과 성취감을 줍니다. 반면, 긴 호흡의 프로젝트는 인내력, 계획성, 지속적인 노력의 중요성을 가르치며 더 큰 규모의 목표 달성을 위한 점진적인 발전을 추구합니다.

이런 프로젝트 활동은 동아리 활동으로 진행될 때 시너지 효과를 낼 수 있습니다. 그리고 학생들이 쉽게 참여할 수 있는 사회적 이슈를 반영한 실생활 속 프로젝트를 주제로 동아리 활동을 해야 합니다. 이왕 1년 동안 지속할 동아리 활동이라면 의미가 있어야 합니다. 각종 기관에서 요구하는 자기 소개서나 역량 기술서에는 프로젝트 활동에 대해 구체적으로 서술할 수 있습니다.

남과는 다른, 뻔하지 않은 주제로 차별성 있게 프로젝트 활동을 서술하려면 주제부터 의미가 있어야 합니다. 학생들이 매일 힘을 안 들이고 꾸준히 참여할 수 있는 실생활이나 지역 속 문제를 해결하는 프로젝트 주제를 선정해야 합니다. 아래의 '프로젝트 주제 예시'와 같이 지역이나 사회적 이슈를 다루고 사회 연계 활동으로 이어질 수 있는 주제를 선택하도록 합니다.

영재고 준비하는 아이는 이렇게 공부합니다

구조-구급-화재 현장 지원으로 소방관을 돕는 발명·창의성 프로젝트, 멸종 위기종 민물고기 보호를 위한 발명 프로젝트, 사라져가는 별 관측 장소를 위한 발명·창의성 프로젝트, 미세 플라스틱을 줄이는 발명·창의성 프로젝트, 라돈을 줄이는 7가지 매직 발명 프로젝트, 하늘을 나풀나풀 날던 조선의 발명품 비거-문화유산 속 발명 프로젝트, 새-충돌(버드 스트라이킹)을 막는 지킴이 발명 프로젝트, 메타버스 ZEP로 친환경 발명품 학습 스페이스 만들기 프로젝트

check 프로젝트 주제의 조건

1. **현실성:** 프로젝트는 학생들의 일상생활과 밀접한 관련이 있어야 하며 언제든지 쉽게 참여할 수 있는 주제여야 합니다. 꾸준히 참여할 수 있는 주제여야 프로젝트를 오랫동안 지속할 수 있습니다.
2. **관련성:** 주제는 학생들의 관심사, 학업 또는 미래 진로와 연관돼 있어야 하며 학생들에게 의미가 있어야 합니다. 프로젝트에 참여한 경험을 역량 기술서나 자기 소개서에 녹일 수 있도록 관심사와 일치하면 좋습니다.
3. **문제 해결:** 좋은 프로젝트 주제는 실생활의 문제를 해결하거나 개선하는 데 기여해야 합니다. 학생들에게 사회적 책임감을 심어 주고 창의적 사고를 자극할 수 있습니다.
4. **융합적:** 과학, 수학, 미술, 음악, 체육 등 다양한 과목에서 배운 것들을 골고루 활용해 문제를 해결할 수 있는 주제가 좋습니다. 학생들이 여러 관점에서 사고하고 문제를 해결할 수 있도록 해야 합니다.
5. **창의성:** 잘 알려진 해법이 존재하는 프로젝트보다는 학생들이 새로운 아이디어를 탐구하고 독창적인 해결 방안을 생각해낼 수 있는 주제가 좋습니다.
6. **사회적 이슈를 다루는/지속 가능:** 지역이나 사회에서 이슈가 되는 주제를 다루면 학생들이 학교 밖에서도 적용 가능한 실제적인 지식을 얻게 됩니다. 특히 환경적, 경제적, 사회적 지속 가능 발전 목표와 관련한 주제를 생각해 보도록 합니다.
7. **확장성:** 좋은 프로젝트 주제는 결과를 바탕으로 확장해 더 큰 문제에 적용하거나 다른 상황에 적용할 수 있는 확장성을 지녀야 합니다.

모두가 보는 공간에
경험과 관련된 글을 남겨라

"여러분은 경험을 글로 남기고 있나요?"

대부분의 학생은 "아니요"라고 대답할 것입니다. 하지만 대회, 캠프, 체험 행사, 영재교육원 등 다양한 학습 경험을 쌓는 것인 만큼 이러한 활동을 통해 얻은 지식과 경험은 물론, 이 과정에서 느낀 감정과 생각들을 기록하는 것도 중요합니다. 짧은 글로 남기는 SNS보다는 네이버 블로그, 티스토리, 브런치처럼 긴 글을 사진, 영상과 함께 올릴 수 있는 플랫폼이 더 좋습니다. 이런 플랫폼을 하나 선택해 초등학교, 중학교 때부터 자신의 경험에 대한 이

야기를 누적해 두는 것이 좋습니다. 이것은 누구도 흉내내지 못하는 차별성 있는 자신만의 소중한 증빙 자료가 됩니다.

글을 남겨 두는 데는 여러 가지 장점이 있습니다.

먼저, 한 가지 주제에 오랫동안 몰입해서 경험을 쌓아왔다는 증빙 자료가 됩니다. 학생들이 자기 소개서나 역량 기술서에 '저는 초등학교 때부터 발명 분야에 관심을 갖고 관련 활동을 해 왔다'라고 서술할 수 있지만, 객관적인 자료로 증빙할 방법이 없고 다른 학생들과 차별성을 갖지 못합니다. 하지만 '저는 초등학교 5학년 때부터 네이버 블로그에 발명과 관련한 포스팅을 5년째 올리며 경험을 공유하고 있습니다'라고 서술하면 블로그 자체가 축적된 증빙 자료가 됩니다.

공개적으로 포스팅을 하다 보면 학생들은 동기 부여가 돼 다양한 경험에 대한 자신감과 성취감을 느낄 수도 있고 1년, 2년 시간이 모이다 보면 자신이 얼마나 성장했는지를 돌아볼 수 있는 기록이 되기도 합니다.

이런 과정을 통해 전국의 다른 학생들과 소통하고 서로의 경험을 공유하는 네트워크가 형성되기도 하고 정기적으로 글을 쓰면서 자신의 생각과 아이디어를 명확하고 설득력 있게 전달하는 방법을 배울 수 있습니다.

---

check 글을 남길 때 꼭 들어가야 할 요소들

- **제목:** 제목에는 '어떤 경험인지'를 한눈에 알 수 있는 핵심 키워드가 들어가 있어야 합니다. 그리고 제목이 독자의 관심을 끌 수 있는 매력적이고 명확한 것이어야 합니다.
- **세부 경험:** 참여한 대회, 캠프, 체험 행사, 영재교육원 등의 구체적인 경험에 대해 자세히 설명합니다. 날짜, 장소, 함께한 친구, 주제, 경험의 세부 사항을 기록해 두면 나중에 자료로 활용하기 좋습니다.

- **사진 및 영상:** 활동의 사진, 영상도 함께 올려 둡니다. 글, 사진, 영상을 한 세트로 기록합니다. 앞서 6 in 1 공식의 '사진'과 경험할 때 촬영해 둔 영상을 함께 업로드 해 두면 경험을 바로 어제 일처럼 자세하게 떠올릴 수 있습니다.
- **느낀 점 및 배운 점:** 활동을 통해 무엇을 느꼈고, 어떤 것을 배웠는지에 대한 개인적인 생각을 꼭 정리해 둡니다. 특히 경험을 하면서 생긴 노하우들을 정리해 두면 학생이 다음 해에 자신의 글을 보고 시행착오를 줄일 수도 있습니다.
- **결과 및 성과:** 대회나 체험 프로그램일 경우, 달성한 결과나 얻은 성과(수상, 자격증, 수료식, 졸업식 등)에 대해서도 정리해 두도록 합니다.
- **참고 자료:** 활동이나 프로젝트를 하면서 도움을 받은 '연구 자료', '참고 사이트 및 출처 링크, 참고 문헌'에 대한 추가 정보를 함께 정리해 두면 자신뿐 아니라 블로그를 찾은 다른 학생들에게도 도움이 될 수 있습니다.
- **태그:** 경험을 정리할 때 언제든지 쉽게 검색할 수 있도록 글의 마무리에는 꼭 관련 키워드나 해시태그를 작성해 두도록 합니다. ⓔ #대회, #프로젝트, #발명, #과학, # 수학, #창의력, #소프트웨어캠프 등

위 내용을 참고해서 학생들의 경험을 글로 남기도록 합니다.

또한 정부 기관이나 교육청에서 운영하는 학생 기자단 활동에 가입하는 것이 좋습니다. 학생들이 관심 있어 하는 분야를 잘 검색해 보면 교육청, 정부 기관에서 운영하는 '청소년 기자단' 활동이 있습니다. 이런 공식적인 기자단 활동은 활동 자체가 경험이 되고 기자단 활동을 하면서 쓴 글을 자신의 블로그 포스팅에 올릴 수 있으므로 일석이조입니다.

특허청에서는 '특허청 청소년 발명 기자단'을 운영하고 있고 국립중앙과학관에서는 '블로그 기자단'을 운영하고 있으며 각 시도 교육청의 교육 기관에서는 여러 분야에서 '학생 기자단'을 운영하고 있습니다.

또한 습관처럼 정기적으로 포스팅할 수 있는 주제를 정해야 합니다. 학생이 관심 있는 분야에서 힘을 들이지 않고 지속적으로 글을 남길 수 있는

영재고 준비하는 아이는 이렇게 공부합니다

콘텐츠를 생각해야 합니다. 예를 들어, 학생이 발명품 속 과학 원리에 관심이 있다면 매년 '대한민국학생발명전시회'에서 수상한 200여 개 작품을 1주에 2~3개씩 소개하고 이 작품 속에 담긴 과학 원리를 설명하는 글을 남길 수도 있습니다. 이렇게 저의 말대로 자신의 경험과 관련된 글을 4~5년 지속적으로 올린다면 그 자체가 소중한 온라인 포트폴리오가 될 수 있습니다. 최근에는 이런 온라인 포스팅이 공식적인 인정을 받는 기회가 돼 방송 출연 및 책 집필 섭외가 이뤄지기도 하므로 이 글을 읽은 오늘부터 글을 남겨 봅시다.

선생님, 친구들과
기획하는 프로그램 부스를 운영하라

"여러분은 프로그램 체험 부스를 직접 운영해 본 경험이 있나요?"

학생들 대부분은 프로그램 부스에서 뭔가를 체험해 본 적은 있지만, 실제로 부스를 운영해 본 사람은 드뭅니다. 체험하는 것과 운영하는 것은 큰 차이가 있습니다. 체험은 단순히 부스를 방문해 설명을 듣고 경험하는 것이고 운영은 그 프로그램을 체험자에게 자세히 설명하고 진행하는 역할을 맡는 것입니다.

프로그램 부스를 운영하는 데는 여러 가지 장점이 있습니다.

첫째, 발표력을 기를 수 있습니다.

프로그램 부스를 운영하면 하루에 100명에서 500명의 방문객에게 설명해야 합니다. 일반적으로 학교 현장에서 학생들이 발표할 기회는 많지 않지만, 부스를 운영하면 마치 하루에 수백 번 발표하는 효과를 누릴 수 있습니다. 다양한 연령대와 배경을 가진 체험자들 앞에서 발표를 해야 하므로 상황에 맞춰 발표 내용을 조절하는 연습이 됩니다.

둘째, 자존감이 올라갑니다.

부스에서 설명을 하다 보면 칭찬을 많이 받게 됩니다. 부스 운영을 위해서는 해당 프로그램에 대해 깊이 이해하고 있어야 하므로 '이 분야에서는 내가 전문가다'라는 자신감을 갖게 됩니다. 준비하고 설명하고 칭찬을 받는 과정을 통해 성취감을 느끼고 자존감도 높아집니다.

프로그램 부스 운영을 더 효과적으로 할 수 있는 팁은 다음과 같습니다.

학기를 시작할 때, 부스 운영에 대해 지도 선생님과 논의해야 합니다. 교육청이나 정부 기관 주관의 부스를 운영하려면 많은 준비가 필요합니다. 그러므로 학기 초에 한 해 동안의 부스 운영 계획을 담임 선생님이나 동아리 지도 선생님과 미리 상의하는 것이 중요합니다. 계획서부터 필요한 공문 발송, 예산 정산까지 선생님께 부담이 될 수 있으니 학생과 학부모가 적극적으로 도와드려야 부스 운영이 원활하게 이뤄질 수 있습니다.

공문과 증명서를 보관해야 합니다. 이는 나중에 증빙 자료로 사용될 수 있습니다. 학교나 동아리 활동으로 부스를 운영할 경우, 지도 선생님께 '프로그램 부스 운영 계획'과 관련된 학교 내부 결재 공문 출력을 요청해 학생들이 운영에 참여했다는 증빙 자료로 남기도록 합니다. 교육청, 교육청 직속 기관(과학교육원, 수학문화관, 미래교육원, 창의융합교육원 등), 정부 기관 및 공공 기관이 주관하는 프로그램 부스 행사에서는 운영 관련 증빙 서류를 발급받을 수 있습니다.

단순히 체험하는 것보다 운영에 참여해야 합니다. 프로그램 부스 체험은 누구나 할 수 있지만, '운영'은 더 차별성을 가진 경험이 됩니다. 매년 열리는 행사들은 대개 2~3달 전에 운영 단체를 모집하는 공고를 합니다. 학교 공문이나 웹사이트를 통해 확인할 수 있습니다. 가족 단위로 부스를 운영하는 기관도 있으므로 거주하는 지역 주변의 교육 기관을 잘 조사해 참여 기회를 찾아봐야 합니다.

틀에 박힌 콘텐츠는 피하고 새로운 아이디어로 부스를 운영합니다. 많은 행사에서 반복적으로 보는 콘텐츠는 참가자나 운영자 모두에게 큰 도움이 되지 않습니다. 샌프란시스코과학관과 같은 해외 과학관의 홈페이지나 챗GPT와 같은 도구를 사용해 새롭고 흥미로운 콘텐츠를 찾아서 이를 재미있게 변형해 봅니다. 부스 운영 예산으로 교구나 로봇 등을 구매해 부스 운영을 준비하는 과정에서 배움의 기회로 삼을 수도 있습니다.

부스를 운영 중인 학생의 사진과 영상을 충분히 기록해 두도록 합니다. 부스의 주제를 나타내는 현수막, 배너, 입간판 앞에서 사진을 찍는 것은 물론, 프로그램을 소개하는 팸플릿이나 안내 자료도 스캔해 보관합니다. 이러한 기록은 나중에 활동 증빙 자료로 사용할 수 있습니다.

동아리 친구들과 함께 함여해야 합니다. 프로그램 부스 운영은 계획 수립부터 역할 분담, 물품 신청, 시연 준비, 안내 자료 준비, 대본 작성, 리허설, 설치, 운영, 정리에 이르기까지 다양한 과정을 포함합니다. 이 모든 과정을 한 명이 혼자서 진행하기는 어렵기 때문에 친구들과 협력해 각자의 역할을 분담하고 서로 돕고 즐기면서 협동의 기쁨을 배울 수 있습니다.

"어떻게 공부하면 우리 아이가 영재가 될 수 있을까요?"

저는 이 질문에 답하기 위해

'평범한 아이가 영재가 되는 공부법 노하우'를 소개하려고 합니다.

이 책의 2장에서는 저의 소중한 경험과 노하우를 바탕으로

평범한 아이들도 영재로 성장할 수 있는

공부 습관/태도 그리고 효율적인 공부법에 대해 알려드립니다.

제 2 장

평범한 아이가
영재가 되는
공부법 노하우!

"

    제1장 '평범한 아이가 영재가 되는 공식, 10가지만 준비하자'에서는 학생들이 꿈과 관련된 다양한 기회를 잡고 자신의 분야에서 전문가로 성장할 수 있는 준비사항 10가지를 정리했습니다. 2장에서는 '평범한 아이가 되는 구체적인 공부법 노하우'를 알려드리겠습니다. 2장에서는 학생과 학부모가 궁금해하는 '성적을 올려 주는 과목별 노트 필기 비법', '시간을 줄여 주는 암기법', '시험 기간 공부 계획 세우기 비법', '문제집을 고르는 방법'을 알기 쉽게 예를 들어 설명했습니다. 그리고 '모두가 궁금해하는 영재들의 공부법 A, B' 코너를 통해 학생과 학부모가 선택의 기로에 서는 여러 가지 공부 관련 양자택일 문항에 대한 의견을 정리해 두었습니다.

    특히, 과학고를 졸업한 필자와 초등학교 때부터 필자와 함께 과학 발명 동아리 활동을 하면서 한국 과학영재학교에 입학한 '슬기', 과학 발명 동아리 활동을 하면서 대한민국인재상을 수상한 '나라' 그리고 슬기와 나라를 자녀로 둔 학부모 '김지연 어머니'의 조언을 골고루 담았습니다. '평범한 아이가 영재가 되는 공부법 노하우'를 하나하나 꼼꼼하게 읽어 보고 여러분만의 공부법을 만들 수 있기를 바랍니다.

"

우리들만의
공부 습관/태도

성적을 올려 주는 노트 필기 비법

모든 과목에 공통으로 적용되는 필기 노하우 정리

① '목차 작성'과 '들여쓰기'로 체계적인 필기를 하자

새로운 단원의 필기를 시작할 때는 단원의 목차를 먼저 정리해서 기록해 둡시다. 목차는 책이나 노트의 내용을 큰 주제별로 나눈 것입니다. 예를 들어, 우리가 여행을 갈 때 여행 계획을 세우듯이 공부할 때도 무엇을 배울 것인지 계획을 세워야 합니다. 목차를 보면 한 단원에서 배울 내용을 일목요연하게 정리할 수 있어서 필기를 통해 공부할 때 도움이 될 수 있습니다.

노트 필기 예시 단원의 앞머리에는 목차를 작성해 둘 수 있음

5단원. 원의 넓이
　1) 원주와 지름의 관계
　2) 원주율의 의미
　3) 원주와 지름 구하기
　4) 원의 넓이 어림하기

그리고 노트 필기를 할 때 내용의 수준에 따라 '들여쓰기'를 해서 필기를 한눈에 이해할 수 있어야 합니다. '들여쓰기'는 '글을 쓸 때 한 줄을 조금 안쪽에서 시작하는 것'을 말합니다. 이렇게 하면 중요한 제목과 세부 내용을 구분하기 쉬워집니다. 대부분의 학생들이 들여쓰기를 하지 않고 맨 앞에서 내용 필기를 시작합니다. 이렇게 하면 세부 내용이 여러 가지일 때 한눈에 알기가 힘들어 머릿속에 정리가 되지 않습니다.

▌ 노트 필기 예시 ▷ 들여쓰기

Ⅰ. 우리 몸의 구조와 기능
　1. 우리 몸은 어떻게 움직일까요?
　　가. 뼈와 근육 모형 만들기
　　　1) 인체 골격 모형 관찰하기
　　　　가) 우리 몸의 근육의 특징
　　　　　① 근육과 뼈가 작용하는 원리
　　　　　　㉮ 팔이 구부러지는 상황
　　　　　　㉯ 팔이 퍼지는 상황

이렇게 목차를 만들고 들여쓰기로 필기를 하는 데는 여러 가지 장점이 있습니다. 공부할 내용이 머릿속에서 정리되면서 이해하기 쉬워지고 나중에 복습할 때 어떤 내용을 공부했는지 빠르게 찾을 수 있습니다. 그리고 체계적으로 정리된 필기는 기억에 오래 남기 때문에 공부가 더 재미있고 효과적으로 변하게 됩니다.

② 스마트 기기를 적극적으로 활용해서 필기하자

최근 많은 학교에서 '학생 1인 1스마트 단말기' 정책을 시행하고 있습니다. 이는 학생들이 노트북이나 태블릿 PC와 같은 스마트 기기를 사용할 수 있게 해 주는 정책입니다. 이런 스마트 기기를 활용하면 공부하는 방법이 훨씬 다양해지고 재미있어질 수 있습니다.

종이 노트에 필기할 때는 글과 그림만 쓸 수 있지만, 스마트 단말기를 사용하면 필기하는 방법이 훨씬 다채로워집니다. 다양한 노트 필기 앱을 사용해 '영상 링크', '추가 문서', '웹사이트 링크' 등을 필기에 바로 추가할 수 있습니다.

예를 들어, 과학 수업에서 '태양계'에 대해 배운다고 가정해 봅시다. 스마트 단말기를 사용하면 단순히 글로만 정리하는 것이 아니라 태양계에 대한 영상 링크나 태양계에 대한 추가 정보가 있는 웹사이트 링크를 바로 노트 필기에 추가할 수 있습니다. 이렇게 하면 나중에 복습할 때 영상을 보거나 추가 정보를 읽으면서 더 깊이 있고 흥미롭게 공부할 수 있습니다.

중요한 부분은 색깔을 다르게 하거나 중요한 메모는 따로 표시를 해 두는 것도 가능해서 나중에 중요한 내용을 빠르게 찾아볼 수 있고 공부하는 데도 큰 도움이 됩니다.

최근에는 인공지능 기술이 많이 발전해서 공부를 더욱 쉽고 효과적으로 만들어 줄 수 있는 다양한 방법이 생겨났습니다. 생성형 인공지능을 노트 필기에 활용할 수 있습니다. 디지털 교과서를 통해 교과서 본문 내용을 입력하거나 공부했던 내용을 정리해서 챗GPT에 입력하고 '이 내용으로 노트 필기를 해 주세요'라고 명령을 내리면 손쉽게 필기 자료를 만들 수도 있습니다.

『챗GPT 자기주도 공부법』을 활용하자

공부하기 막막하거나 모르는 것이 있다면? 일일이 선생님이나 친구에게 물어볼 필요 없이 챗GPT를 활용할 수 있습니다. 교과서 내용을 입력하고 필기 노트 만들기, 공부 계획 세우기, 학습 전략 찾기, 이론 설명, 문제 풀이 등 공부를 위한 A부터 Z까지 해결할 수 있습니다. 또한 챗GPT 답변의 사실 관계가 잘못될 경우가 많은데 잘못된 답변의 빈도를 줄이고 답변이 맞는지 확인하는 방법까지 안내하고 있습니다. 이 책은 학생 스스로 학습 목표를 설정하며 학습을 즐길 수 있도록 도와줍니다.

공부를 하다가 궁금한 것이 있다면 챗GPT를 활용하자!

③ 날짜를 적고 필기를 시작하자

필기를 시작할 때 '12월 11일 월요일 3교시 사회'와 같이 날짜와 수업 시간을 적는 습관도 매우 유용한 방법입니다. 이렇게 하면 여러 가지 이점이 있습니다. 나중에 필기를 볼 때, 그 날짜와 시간을 보면 그때의 수업 상황이나 분위기가 떠오르기 쉽습니다. 이는 내용을 더 잘 기억하는 데 도움이 됩니다. 날짜별로 필기를 하면 하루나 일주일 단위로 얼마나 많은 내용을 공부했는지 한눈에 파악할 수 있어서 자신의 공부량을 가늠하거나 조절하는 데 도움이 됩니다.

공부 계획을 세울 때 이전에 어떤 내용을, 언제 공부했는지를 알면 앞으로 무엇을, 얼마나 공부해야 할지를 계획하기가 훨씬 수월해집니다. 예를 들어, 지난주에 배운 내용을 복습하거나 다음 주에 배울 내용을 미리 예습하는 데 도움이 됩니다. 이런 이유로 필기를 할 때 날짜와 수업 시간을 명확히 적는 습관을 들이는 것이 좋습니다. 처음에는 조금 번거로울 수 있지만, 이 작은 습관이 공부의 질을 높일 수 있습니다.

④ 늘 정성스럽게, 스스로 알아볼 수 있는 바른 글씨로 필기하자

필기는 단순히 수업 내용을 기록하는 것 이상의 의미를 가질 수 있습니다. 필기를 할 때 정성을 들이면 그 과정 자체가 학습에 도움이 됩니다. 정성스럽게 필기하면서 학생들은 그 내용을 더 깊이 생각하게 되고 이해도가 높아집니다. 또한 정성을 들여 쓴 필기는 나중에 복습할 때도 더 큰 도움이 됩니다. 자신이 쓴 글씨에 애정을 갖게 되고 그 내용을 더 잘 기억하게 됩니다.

필기는 본인이 나중에 다시 보고 이해할 수 있도록 하는 것이 가장 중요합니다. 따라서 본인이 알아볼 수 있는 글씨로 쓰는 것이 중요합니다. 물론, 처음부터 완벽할 필요는 없지만, 시간이 지남에 따라 글씨를 개선하고 자신만의 필기 스타일을 계발해 나가는 것도 좋은 공부입니다.

⑤ 나만의 공부 노하우도 틈틈이 기록하자

공부를 하면서 자신만의 노하우를 필기 노트에 기록해 두는 것은 매우 중요한 습관입니다. 대부분의 학생들이 선생님께서 칠판에 적어 주시는 내용 그대로 필기를 하거나 수업 PPT 자료에 제시된 내용을 그대로 옮겨 적습니다.

공부하면서 '주제를 더 잘 이해하는 방법', '이 문제를 더 쉽게 풀이하는 방법' 등 여러분만의 공부 노하우를 해당 필기 노트 부분에 기록해 두는 것이 좋습니다. 예를 들어, '문제 풀이 시간이 없을 경우, 문단의 첫 문장과 마지막 문장을 읽고 그 문단의 중심 내용을 파악하자'처럼 자신만의 공부 노하우도 수업을 들으며 정리를 해 두면 시험 준비를 하며 시간이 없을 때 쉽게 공부할 수 있습니다. 학기 말에 시험 공부를 하며 학기 초부터 정리한 노트 필기를 기록한 복습하면서 자신이 어떻게 발전해 왔는지 돌아볼 수 있는 좋은 자료가 되기도 합니다.

12월 19일

'$S_n = An^2 + Bn$' 꼴이면 등차수열!

$S_n = A - Ar^n$ or $Ar^n - A$ 꼴이면 등비수열!

TIP!

> 원래수열이 등차 or 등비수열이면
> 간격을 띄워서 새로 편성한 수열도
> 등차 or 등비수열이다!

⑥ 친구와 필기를 공유하자

중학교, 고등학교에서는 과목별로 선생님이 여러 명이 계실 수 있습니다. 같은 과목이라도 선생님마다 강조하는 포인트나 설명 방식이 다를 수 있습니다. 다른 반 친구와 필기를 교환하면 같은 주제에 대해 다른 선생님의 설명을 볼 수 있고 이는 여러분의 이해도를 높이는 데 도움이 됩니다.

같은 반 친구와 필기를 공유하는 것도 유용합니다. 같은 수업을 들어도 각자가 주의 깊게 듣고 정리한 부분이 다를 수 있기 때문에 친구의 필기를 보면서 '아, 이 부분을 이렇게 이해할 수도 있구나' 하고 새로운 관점을 얻을 수 있습니다. 친구와 필기를 공유하면 수업을 놓쳤거나 이해하지 못한 부분을 채울 수 있고 친구가 잘 정리한 필기를 보며 자신의 필기 방법을 개선할 수도 있으며 동기 부여가 될 수도 있습니다.

　영재고 준비하는 아이는 이렇게 공부합니다

⑦ 수업 내용뿐 아니라 선생님의 수업에서 강조하는 부분도 필기하자

필기는 단순히 교과서 내용을 옮겨 적는 것이 아니라 선생님의 수업을 자신의 것으로 만드는 과정입니다. 이 과정에서 선생님이 수업 시간에 해 주신 농담이나 강조하는 부분도 중요한 역할을 합니다. 선생님이 수업 중에 하는 농담이나 이야기가 수업 주제를 더 잘 이해하게 도와주고 기억에 오래 남게 해 줍니다. 그리고 선생님이 반복해서 강조하는 부분은 그만큼 중요하거나 시험에 자주 나오는 내용일 가능성이 높습니다. 이런 부분들을 노트에 필기해서 중요하게 표시해 두면 나중에 공부할 때 큰 도움이 됩니다.

이런 면에서 친구의 필기를 빌려서 공부하는 것은 자신만의 이해와 기억을 형성하는 데 한계가 있으므로 되도록이면 스스로 수업을 듣고 필기하면서 선생님의 말씀을 자신의 언어로 정리하고 중요한 부분을 자신만의 방식으로 표시하는 것이 중요합니다. 스스로 필기하고 그것을 통해 선생님의 수업을 이해하는 것은 자기 주도적 학습의 핵심입니다.

따라서 선생님이 수업 중에 추천해 주신 추가 공부 내용이나 시험에 나올 수 있는 팁들도 필기에 꼭 포함해야 합니다. 이런 필기들은 교과서나 일반적인 학습 자료에서는 찾기 어려운, 매우 소중한 자료가 될 수 있습니다.

과목별-1. 수학 필기법

① 노트의 세로로 반을 접고 2단으로 필기하자

수학 공부에 있어서 노트 필기 방법은 매우 중요합니다. 특히, 수학 문제를 풀 때는 논리적인 흐름을 명확히 이해하는 것이 중요한데, 이를 돕는 한 가지 방법은 노트를 세로로 절반만 접어 2단으로 나눠 필기하는 것입니다. 이 방식으로 필기를 하면 논리적 흐름을 파악하기 쉽습니다. 각 단계를 세로로 적으면 문제를 해결하는 과정에서 논리를 한눈에 파악하기 쉽습니다. 한 줄이 끝날 때마다 단계별로 필기를 하면 문제 해결의 각 단계를 명확하게 구분할 수 있습니다. 그리고 노트 정리를 효율적으로 할 수 있습니다. 각 페이지의 빈칸도 줄어들어서 문제 풀이의 각 단계를 구분해 기록할 수 있습니다.

예를 들어, 방정식을 풀 때, 각 단계를 세로로 나열하면 방정식을 단계별로 분해하고 각 단계에서 어떤 연산을 수행하는지 명확하게 볼 수 있습니다. 첫 번째 단계에서는 방정식을 설정하고 다음 단계에서는 변수를 분리하며 마지막 단계에서는 해를 찾는 식으로 진행됩니다. 이렇게 단계별로 문제를 해결하는 과정을 적으면 나중에 복습할 때 각 단계의 논리적 연결성을 쉽게 이해하고 문제 해결 방법을 더 잘 기억할 수 있습니다.

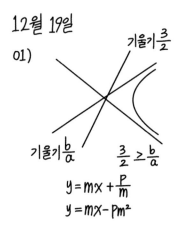

12월 19일

01) 기울기 $\frac{3}{2}$

기울기 $\frac{b}{a}$ $\frac{3}{2} \geq \frac{b}{a}$

$$y = mx + \frac{P}{m}$$
$$y = mx - Pm^2$$

02) 원과 쌍곡선의 접점

$P(x_1, y_1)$ 1사분면의 점

$$f(a) = g(a)$$
$$f'(a) = g'(a)$$
$$2x_1 - 2y_1 \frac{dy}{dx} = 0 \Rightarrow m = \frac{x_1}{y_1}$$
$$2x_1 + 2(y_1 + 2)\frac{dy}{dx}$$

② '정의, 성질, 증명'이 나오면 꼭 따로 필기해서 암기하자

수학 노트에는 '정의', '성질', '증명'에 별표와 함께 강조돼 있어야 합니다. 수학을 배울 때 '정의', '성질', '증명'을 명확히 이해하고 암기하는 것은 매우 중요합니다. 이 3가지 요소를 잘 이해하고 기억하는 것은 수학적 개념을 깊게 파악하고 다양한 문제를 해결하는 데 필수적입니다. 특히, 과학고, 영재학교를 준비하거나 대학 입시를 준비할 때도 수학 교과서에 나오는 모든 '정의', '성질', '증명'을 잘 꿰고 있으면 구술 면접이나 수리 논술에도 유리합니다.

먼저, '정의'는 수학에서 사용되는 특정 단어나 개념이 무엇을 의미하는지를 명확하게 설명합니다. 예를 들어, '직각삼각형'이란, 한 각이 90도인 삼각형을 의미합니다. 이러한 정의를 알고 있어야 해당 개념을 올바르게 이해하고 사용할 수 있습니다. '성질'은 그 개념이 갖고 있는 특징이나 규칙을 말합니다.

예를 들어, 직각삼각형에서는 피타고라스 정리가 성립한다는 것이 중요한 성질입니다. 이러한 성질을 알고 있으면 그 개념을 다양한 문제에 적용할 수 있습니다. '증명'은 어떤 수학적 주장이나 성질이 왜 참인지를 논리적으로 보여 주는 과정입니다. 예를 들어, 피타고라스 정리가 왜 맞는지를 수학적으로 보여 주는 것이 증명입니다. 증명을 이해하는 것은 수학적 사고력을 키우는 데 매우 중요합니다. 이 3가지 요소를 노트에 정리하는 것은 학습에 큰 도움이 됩니다. 예를 들어, 직각삼각형에 대한 노트를 만들 때, 정의, 성질 그리고 피타고라스 정리의 증명을 각각 적어 두면 나중에 복습할 때 매우 유용합니다.

12월 21일
　Ⅰ.직각삼각형
　　1.정의 : 한 각이 90도인 삼각형
　　2.성질
　　　가.피타고라스 정리 : $a^2 + b^2 = c^2$
　　　　　　　　　　　　　(a와 b는 짧은 변, c는 빗변)
　　　나. 빗변은 항상 가장 긴 변이다.
　　3. 피타고라스 정리 증명
　　　가.증명방법 설명
　　　나. 그림이나 수식을 활용한 설명
　Ⅱ. 평행사변형
　　1.정의 : 마주보는 대변이 평행인 사각형
　　2.성질
　　　가.대각의 크기 , 대변의 길이가 같다.
　　　나. 대각선이 서로를 이등분한다.

　학부모는 학생들이 이런 방식으로 노트를 작성하도록 격려하고 단순히 암기하는 것이 아니라 개념을 이해하는 데 중점을 두도록 도와주는 것이 좋습니다. 또한 집에서 학생들과 함께 이 노트를 복습하며 정의, 성질, 증명 과정을 질문하거나 학생이 이해가 안 되는 부분을 함께 풀어 나가는 것도 많은 도움이 됩니다. 이렇게 하면 학생들은 수학적 개념을 더 깊이 이해하고 실제 문제를 해결하는 데 필요한 능력을 키울 수 있습니다.

③ 빈 공간을 많이 남겨 두자

　수학 노트를 만들 때 중요한 것 중 하나는 나중에 추가할 내용을 위해 충분한 빈 공간을 남겨 두는 것입니다. 수학을 공부하다 보면 처음에 배운 방법 외에도 다른 방법으로 문제를 해결할 수 있게 되거나 새로운 예제나 증명 방법을 배울 수 있습니다. 이런 내용을 기존 노트에 바로 추가할 수 있도록 빈 공간을 남겨 두면 나중에 복습할 때 매우 유용합니다. 모든 정보를 한군데 모아 두면 학습 내용 간의 연결고리를 쉽게 찾을 수 있고 하나의 개념이나 문제를 여러 가지 방법으로 이해할 수 있습니다.

12월 23일

3. 이차방정식 풀이

　가. 기본형태 : $ax^2 + bx + c = 0$

　나. 근의 공식

$$x = \frac{-bx \pm \sqrt{b^2 - 4ac}}{2}$$

　다. 예제문제 : $2x^2 + 3x - 2 = 0$

　　1) 근의 공식을 사용한 풀이

$$x = \frac{-3 \pm \sqrt{9+16}}{2 \times 2} = \frac{-3 \pm 5}{4} = \frac{1}{2} \text{ or } -2$$

　　2)

→ 이렇게 빈 공간을 두고 추가풀이, 비슷한 문제를 적을 수 있다!

④ 문제 풀이 필기를 할 때는 무작정 다 적지 말자

수학은 개념 정리와 문제 풀이가 모두 중요합니다. 문제 풀이인 경우, 수업 시간에 선생님께서 문제를 풀이해 주시기 전에 미리 풀어 두고 채점해서 자신이 해결한 방법과 선생님이 설명해 주신 방법이 어떻게 다른지 함께 정리해야 합니다. 그리고 스스로 문제를 풀어 볼 때 문제를 잘 이해하고 해결했는지 여부를 기호로 표시하는 습관(문제집의 문제를 풀고 나면 문제 아래에 ○, △, ×를 표시)을 들고 채점 결과와 비교해가며 상황에 따라 필기법을 달리할 수 있습니다. 보통 선생님께서 풀이해 주시는 내용을 하나하나 따라 쓰기 바쁘지만, 이렇게 하면 복습을 할 때 모든 필기를 다 봐야 하므로 효율적이지 않습니다. 다음에 정리한 내용을 바탕으로 문제 풀이 수업의 필기를 해 봅시다.

 수학 문제 풀이 수업 시간에 필기하는 노하우

1. 문제집의 문제를 풀고 나면 문제 아래에 ○, △, X를 표시합니다.

문제 아래 기호	의미
○	알고 있는 내용을 바탕으로 문제를 잘 알고 풀었다.
△	문제에 대한 답을 골랐지만 애매하다. 확신이 없다.
X	문제에 대한 답을 고르지 못했다. 모르겠다. 찍었다.

2. 풀었던 문제를 채점하고 '1'에서 표시한 기호와 채점 결과에 따라 필기할 때 포인트를 달리해야 합니다.

문제 아래 기호	채점 결과	필기법
○	○ (정답)	• '자신의 풀이 과정'과 '선생님의 풀이 과정'이 다른지 체크해서 차별화된 '다른 풀이 과정'일 경우, 자세히 필기 • 직관적으로 문제를 푸는 방법(예를 들어, 객관식 문제에서 문제를 꼭 식을 세워 풀지 않아도 5개의 보기 숫자를 모두 대입해 보는 대입법)이 있으면 필기
	X (오답)	'선생님의 풀이 과정'을 하나도 놓치지 않고 꼼꼼하게 필기
△	○ (정답)	• '자신이 답을 확신하지 못했던 이유', '자신이 헷갈렸던 개념/풀이 단계'를 자세히 필기 • 자신의 풀이 과정이 논리적일 수 있으므로 자신의 풀이 과정도 함께 필기
	X (오답)	선생님의 풀이 과정 설명을 들으며 '자신의 오개념'을 별도로 표시하며 정확히 필기
X	○ (정답) X (오답)	• '선생님의 풀이 과정'을 하나도 놓치지 않고 꼼꼼하게 필기 • 수업 시간 필기 뒷부분에 한 페이지를 비워 두고 '같은 유형의 다른 문제, 기출 문제'를 찾아서 채워 두기(복습에 활용)

영재고 준비하는 아이는 이렇게 공부합니다

⑤ 수학 용어와 기호를 중심으로 필기하자

수학 용어와 기호를 중심으로 필기하는 방법은 학습의 효율성을 높이는 데 큰 도움이 됩니다. 먼저 간결한 수학 용어를 사용해야 합니다. 수학 공부에서는 불필요한 긴 설명보다는 정확한 수학 용어와 정의, 정리를 사용하는 것이 더 효과적입니다. 수학은 정의와 정리에 기반을 둔 논리의 학문이기 때문에 이러한 용어와 기호를 정확하게 이해하고 사용하는 것이 중요합니다. 이렇게 하면 수학 공부의 효율성을 높일 수 있습니다.

수학 기호와 용어만으로 필기하면 예습과 복습을 할 때 그 내용을 눈으로도 이해하기 쉽고 필요한 정보를 빠르게 찾을 수 있습니다. 이런 방식은 학생들이 수학적 개념과 방법을 더 깊이 이해하는 데 도움이 됩니다. 그리고 중·고등학교 수학 시험에서는 문제 풀이 과정의 빈칸을 채우는 형식의 문제가 나오는데, 평소 수학 용어, 정의와 정리를 활용해 문제 풀이를 하고 필기를 하는 습관을 가진 학생들은 문제를 쉽게 풀 수 있습니다. 노트 필기 습관을 잘 들이면 이런 유형의 문제에 대한 대비가 수월해집니다.

중학교 수학에서 대입법을 사용한 연립방정식 풀이 노트 필기를 예로 들어 보겠습니다.

노트 필기 예시

$$\begin{cases} x + y = 7 \\ 2x - y = 3 \end{cases}$$

① 첫번째 방정식에서
$$x + y = 7$$
$$y = 7 - x \ (y에 \ 관해 \ 정리)$$

② 두번째 방정식에서
y에 대입 !

$$2x - (7 - x) = 3$$

③ 방정식 정리
$$3x - 7 = 3$$
$$3x = 10, \ x = \frac{10}{3}$$

④ x값을 대입해서
y값 구하기
$$y = \frac{11}{3}$$

4. 지수함수 정리

　가. 도형이동 (평행 대칭)

　　1) 평행이동

　　$f(x,y)=0$; 일반형

　　$y=f(x)$; 표준형

　　$g(x,y) \rightarrow (x+a, y+b)$
　　　　　　　　$\overset{x'}{} \quad \overset{y'}{}$

　　$x=x'-a, y=y'-b$

　　$f(x-a, y-b)=0$

　2) 대칭이동

　　가) X축 대칭

　　　; $y \rightarrow -y$

　　나) y축 대칭

　　　; $x \rightarrow -x$

　　다) 원점대칭

　　　; $x \rightarrow -x, y \rightarrow -y$

　　라) $y=x$ 대칭

　　　; $x \rightarrow y, y \rightarrow x$

과목별-2. 과학 필기법

① 필기를 할 때는 그림을 함께 그리자

　과학 공부에서 그림을 그리며 학습하는 방법은 매우 유익합니다. 과학은 복잡한 개념과 과정들로 이뤄져 있으므로 선생님의 설명을 글로 정리해 두는 것만으로는 이해하기 어려울 수 있습니다. 이때 그림을 함께 사용하면 복잡한 과학적 개념들을 간단하고 명확하게 시각화할 수 있으며 이는 시험 공부에도 큰 도움을 줍니다. 특히, 구조나 원리, 법칙, 각종 실험 장치와 관련된 과학 수업에서 수업 내용을 그림으로 필기하면 이해나 암기가 효과적입니다.

　예를 들어, 세포의 구조를 학습할 때 세포막, 세포질, 핵 등 각 부분의 위치와 기능을 글로만 읽는 것보다 그림으로 그려가며 공부하면 세포 내부의 복잡한 구조를 훨씬 더 잘 이해할 수 있습니다.

　이렇게 그림을 그리는 과정은 단순히 정보를 시각화하는 것 이상의 의미를 가집니다. 그림을 그리며 학습하는 것은 학생들이 내용을 적극적으로 처리하고 개념을 깊이 있게 이해하는 데 도움을 줍니다. 이렇게 그림을 그리면서 필기를 하거나 공부하면 정보를 장기 기억에 저장하는 데 효과적이며 추후 정보를 더 쉽게 떠올릴 수 있습니다.

또한 그림을 통한 학습은 창의적 사고를 촉진합니다. 선생님의 수업을 들으며 이해했던 과학적 현상이나 개념을 자신만의 방식으로 그림으로 표현하면서 학습자는 해당 개념을 다양한 관점에서 바라볼 수 있게 됩니다. 이는 과학적 문제 해결 능력을 키우는 데 중요한 요소입니다.

▌ 노트 필기 예시 ▶

신동맥　　　　　　　신정맥

사구체

여과

보먼주머니

모세혈관

★ 여과, 재흡수, 분비
과정을 거쳐 만들어진
오줌은 몸 밖으로
'배설' 된다!

세뇨관　　　재흡수

분비

---

1. 관에서의 정상화

　가. 폐관

　　1) 기본진동

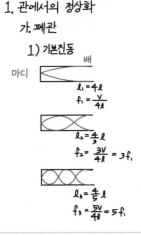

마디　배

$$\ell_1 = 4\ell$$
$$f_1 = \frac{V}{4\ell}$$

$$\ell_2 = \frac{4}{3}\ell$$
$$f_2 = \frac{3V}{4\ell} = 3f_1$$

$$\ell_3 = \frac{4}{5}\ell$$
$$f_3 = \frac{5V}{4\ell} = 5f_1$$

② 화학 반응식에 집중하자

　화학 반응식은 화학 반응에서 어떤 물질들이 어떻게 변하는지를 보여 주는 식입니다. 예를 들어, 물을 만드는 반응은 다음과 같이 쓸 수 있습니다. 화학 반응식은 단순히 '반응물', '생성물'뿐 아니라 물질의 양적 관계, 에너지 변화, 상태 변화(고체, 액체, 기체), 반응의 조건, 분자 구조 등을 한눈에 알 수 있어서 다양한 과학 현상을 쉽게 설명할 수 있습니다.

수소 + 산소 → 물

(화학 반응식으로 $2H_2 + O_2 \rightarrow 2H_2O$)

　특히, 생물, 화학 수업 시간에 많은 내용이 '화학 반응식' 몇 개로 정리되는 경우가 많습니다. 그래서 수업을 들으며 내용과 함께 화학 반응식을 빠짐없이 기록해 두고 화학식과 반응 과정을 도식화하면 과학 개념이나 법칙, 원리를 더 쉽게 파악할 수 있습니다. 글로만 배운 내용보다는 화학 반응식으로 정리하면 기억에 오래 남고 다양한 화학 반응식을 비교하며 공통점이나 차이점을 발견할 수 있습니다.

노트 필기 예시

[화학 반응식]

$CaCO_3 (s) + 2HCl (aq) \longrightarrow CaCl_2 (aq) + H_2Ocl + CO_2 (g)$

불순물 제거

3. 헤스의 법칙

가. 의미 : 만약 둘 혹은 그 이상의 화학식을 더하여 다른 하나의 화학식을 만든 경우, 새로 얻은 반응의 '반응엔탈피'들을 더해야 한다.

$$C_{(s,g)} + O_{2(g)} \longrightarrow CO_{2(g)} \qquad \cdots \Delta H_1$$
$$CO_{2(g)} \longrightarrow CO_{(g)} + \frac{1}{2}O_{2(g)} \cdots \Delta H_2$$
$$\overline{C_{(s,g)} + \frac{1}{2}O_{2(g)} \longrightarrow CO_{(g)} \qquad \Delta H = \Delta H_1 + \Delta H_2}$$

 화학 반응식으로 알 수 있는 것들

1. **반응에 참여하는 물질들(반응물과 생성물):** 화학 반응식은 어떤 물질들이 반응에 참여하는지(반응물)와 반응 후 어떤 물질들이 생성되는지(생성물)를 보여 줍니다.

2. **물질의 양적 관계(화학양론):** 반응식은 반응물과 생성물 사이의 양적 관계를 나타냅니다. 이를 통해 특정 양의 반응물이 반응할 때 생성되는 생성물의 양을 계산할 수 있습니다.

3. **에너지 변화:** 일부 화학 반응식은 반응 과정에서 에너지가 흡수되거나 방출되는 것을 나타냅니다. 예를 들어, 열이 방출되는 반응은 '발열 반응', 열이 흡수되는 반응은 '흡열 반응'입니다.

4. **물리적 상태:** 반응물과 생성물의 물리적 상태(⑩ 고체, 액체, 기체, 수용액)도 종종 반응식에 표시됩니다. 이는 반응의 조건과 특성을 이해하는 데 도움이 됩니다.

5. **반응의 조건:** 특정 화학 반응이 일어나기 위한 조건(⑩ 온도 압력, 촉매의 존재)이 반응식에 포함될 수 있습니다.

6. **분자 구조의 변화:** 반응식은 분자 또는 이온의 구조가 어떻게 변하는지를 보여 줄 수 있습니다. 이는 화학 반응의 메커니즘을 이해하는 데 중요합니다.

7. **화학 반응의 종류:** 산화·환원 반응, 중화 반응, 침전 반응 등 다양한 종류의 화학 반응을 구분하고 이해할 수 있습니다.

③ 원리·법칙이 적용되는 예를 조사해서 많이 필기해 두자

과학 공부를 할 때, 단순히 원리나 법칙을 암기하는 것보다는 이것들이 실제로 어떻게 적용되는지 이해하는 것이 중요합니다. 선생님이 수업 시간에 설명해 주신 예시뿐 아니라 다양한 상황에서 그 원리나 법칙이 어떻게 사용되는지 추가로 조사해 필기해 두는 것이 좋습니다. 이렇게 하면 시험에서 이러한 원리나 법칙이 어떻게 활용하는지를 묻는 문제에 더 잘 대비할 수 있습니다. 또한 다양한 예시를 통해 과학 원리나 법칙을 더 깊이 이해할 수 있고 실생활에서 이 원리나 법칙이 어떻게 적용되는지를 알게 돼 과학적 사고력이 향상됩니다.

과학 원리나 법칙에 대한 다양한 실제 적용 예시를 찾아보려면 다양한 주제의 과학 도서, 인터넷 자료, 생성형 인공지능을 활용할 수 있고 수업이 끝난 후 선생님께 이러한 원리나 법칙이 실생활에서 어떻게 적용될 수 있는지에 대해 추가 질문을 할 수도 있습니다.

▌노트 필기 예시 ▶

1. 보일의 법칙 (Boyle's Law)

　가. 의미 : 온도가 일정할 때, 기체의 압력과 부피는 반비례한다.

　　즉, 압력이 증가하면 부피가 감소하고 압력이 감소하면 부피가 증가한다.

　나. 법칙이 적용된 사례

　　1) 스쿠버 다이빙 : 다이버가 깊이 잠수할수록 수압이 증가하고

　　　그에 따라 그들의 공기 탱크 내의 공기 부피가 감소한다.

　　2) 주사기 : 주사기의 피스톤을 당기면 내부의 압력이

　　　감소하고 공기나 액체의 부피가 증가한다.

　　3) 자동차 타이어 : 타이어에 공기를 주입하면 내부 압력이

　　　증가하고 타이어의 부피가 팽창한다.

4) 기상 변화 예측 : 대기의 압력이 변할 때, 부피와 밀도의 변화를
통해 기상 변화를 예측할 수 있다.

2. 샤를의 법칙 (Charles's Law)
　가. 의미 : 압력이 일정할 때, 기체의 부피는 온도에 따라 비례해 변한다.
즉, 온도가 증가하면 부피가 증가하고 온도가 감소하면 부피가
감소한다.
　나. 법칙이 적용된 사례
　　1) 열기구 : 열기구는 바스켓 아래에 위치한 버너로 공기를
가열해 부피를 증가시켜 상승한다.
　　2) 냉장고 : 냉매 가스의 온도를 조절해 내부 온도를 낮추고
식품을 보존한다.
　　3) 자동차 엔진 : 엔진 내부에서 연료가 연소되면 기체 온도가
상승하고 이에 따라 피스톤이 움직이게 된다.
　　4) 풍선의 팽창 및 수축 : 풍선 안의 공기가 따뜻해지면 부피가
증가해 풍선이 팽창하고 차가워지면 부피가 감소해 수축한다.

---

④ 새로 도입되는 과학 개념은 영어, 한자 풀이도 같이 적어 두자

　과학 시간에 배우는 많은 개념과 용어는 영어 약자나 한자로 표현되는 경우가 많습니다. 이러한 용어들을 단순히 외우기만 하면 뜻을 잊어버리기 쉽습니다. 그래서 과학 용어를 배울 때 그 영어 약자의 각 글자가 무엇을 의미하는지와 한자의 뜻을 함께 필기해 두면 해당 개념뿐 아니라 관련된 다른 개념들도 더 쉽게 이해할 수 있습니다. 이렇게 한 글자씩 뜻을 풀이해서 용어의 뜻을 정확히 알면 그 개념을 더 깊게 이해할 수 있습니다. 또한 용어의 뜻을 알고 있으면 장기적으로 기억에 더 잘 남고 한 용어의 뜻을 알게 되면 그와 관련된 다른 개념들을 이해하는 데도 큰 도움이 됩니다.

1. 전도 (傳導, Conduction)
- 한자 뜻 풀이: '傳'은 '전달하다', '導'는 '인도하다 이끌다'를 의미한다.
- 과학 개념: 전도는 열이나 전기가 물체를 통해 직접 전달되는 현상이다. 이 과정에서 물체의 분자나 원자가 진동하며 열 에너지를 인접한 분자나 원자로 전달한다. 주로 고체 내에서 발생한다.

2. 대류 (對流, Convection)
- 한자 뜻 풀이: '對'는 '대하다 맞서다', '流'는 '흐르다 유동하다'를 의미한다.
- 과학 개념: 대류는 열이 유체(액체나 기체)의 흐름에 따라 이동하는 현상이다. 이 과정에서 더운 부분의 유체가 상승하고 식은 부분의 유체가 하강하면서 열이 전달된다. 예를 들어, 냉난방 시스템이나 지구 대기의 날씨 현상에서 볼 수 있다.

3. 복사 (輻射, Radiation)
- 한자 뜻 풀이: '輻'은 '바퀴 살', '射'는 '쏘다 방출하다'를 의미한다.
- 과학 개념: 복사는 열이 전자기파 (예 가시광선, 적외선)의 형태로 공간을 통해 전달되는 현상이다. 이는 매질 없이도 진행될 수 있으며 태양으로부터 지구로 오는 태양열이 대표적인 예이다.

1. Photosynthesis (광합성)
- 단어 구성: "Photo-"는 그리스어 '빛'을 의미하는 "φῶς, Phos"에서 유래했고, "-Synthesis"는 "만들다 조합하다"를 의미하는 그리스어 "σύνθεσις, synthetis"에서 유래했다.
- 과학 개념: 광합성은 식물, 조류, 일부 박테리아가 태양 빛 에너지를 화학 에너지로 변환하는 과정이다. 이 과정에서 이산화탄소와 물을 사용해 포도당과 산소를 생성한다.

2. Acid (산성)
- 단어 구성 : 'Acid'는 라틴어 'acidus' 또는 'acere'에서 유래했고 '신맛' 또는 '매운맛'을 의미한다.
- 과학 개념 : 산성은 용액이 산을 많이 포함하고 있는 상태를 나타낸다. PH 척도에서 7 미만인 용액은 산성을 나타내고 산은 수소 이온(H^+)을 방출하는 성질을 갖고있다.

3. Base (염기성)
- 단어 구성 : 염기(base)는 소금과 같은 염을 만들어내는 성질이 있어서 염을 만들어 내는 '기초(base)'가 된다는 뜻의 그리스어에서 유래했다.
- 과학 개념 : 염기성은 용액이 염기를 많이 포함하고 있는 상태를 나타낸다. PH 척도에서 7 이상인 용액은 염기성을 나타내고 염기는 수산화 이온(OH^-)을 용액에 방출하는 성질을 갖고있다.

---

⑤ 이해가 안 되는 부분은 일단 표시해 두고 나중에 질문하자

과학 공부는 복잡한 개념을 포함하거나 실생활에 적용하는 사고력을 요구하기 때문에 학생들이 이해하기 어려운 부분이 있을 수 있습니다. 이러한 상황에서는 혼자서 해결책을 찾는 것도 중요하지만, 선생님의 도움을 받는 것이 더 효율적일 수 있습니다.

필기를 하면서 곧바로 질문을 하면 수업에 방해가 될 수 있으므로 이해가 되지 않는 부분이 있을 때 포스트잇에 자신의 생각과 의문점을 기록해 두는 것은 매우 유용한 방법입니다. 예를 들어, 특정 과학적 현상이나 이론에 대해 '이것은 왜 이런 방식으로 작동하는가?'와 같은 질문을 포스트잇에 적어두면 나중에 선생님께 명확하고 구체적인 질문을 할 수 있습니다.

포스트잇에 질문을 기록할 때는 되도록 자세하게 적는 것이 좋습니다. 단순히 '이 부분을 이해하지 못함'이라고 적는 대신, 자신이 어떤 부분을 이해하지 못하는지, 왜 그러한 의문을 갖게 됐는지 구체적으로 적어야 합니다. 예를 들어, '이 부분은 이러이러한 이유로 이렇게 작동할 것이라 생각했는데, 책에는 다르게 설명돼 있어 이해가 잘되지 않는다'와 같은 방식으로 적으면 나중에 해당 부분에 대해 더 깊이 생각하고 질문하기 쉬워집니다. 자세히 기록해 두지 않으면 시간이 지난 후에 질문을 할 때 기억이 나지 않을 수 있습니다.

또한 이렇게 자신의 생각과 의문점을 기록해 두면 복습할 때 자신이 과거에 어떤 방식으로 생각했는지를 되돌아보고 지금은 어떻게 생각이 변했는지를 확인할 수 있습니다. 이는 학습 과정에서 자신의 성장을 목격하고 잘못된 이해나 개념을 바로잡는 데 도움이 됩니다. 이와 같은 방식으로 공부하면 더 깊은 이해와 지식의 확장을 경험할 수 있으며 과학적 사고력과 문제해결 능력을 키울 수 있습니다. 따라서 이해가 가지 않는 부분을 기록해 두고 필요한 경우 선생님의 도움을 적극적으로 구하는 것은 과학 공부에서 매우 중요한 전략 중 하나입니다.

과목별-3. 국어 필기법

① 모르는 어휘는 꼭 사전을 찾아 기록해 두자

국어 공부는 다양한 어휘를 이해하는 것에서 시작합니다. 특히, 고전 문학을 공부할 때는 우리에게 낯선 단어들을 많이 만나게 됩니다. 이러한 상황에서 모르는 어휘에 직면했을 때 가장 중요한 것은 바로 그 단어의 의미를 찾아보고 기록하는 것입니다. 이렇게 함으로써 그 어휘가 어떤 상황에서 사용되는지를

영재고 준비하는 아이는 이렇게 공부합니다

이해하고 나중에 다시 만났을 때 쉽게 기억할 수 있습니다.

예를 들어, 「청산별곡」과 같은 고전 문학 작품을 공부하면서 '가다가 가다가 드로라 에정지 가다가 드로라'와 같은 문장을 만날 수 있습니다. 대부분은 낯선 단어들입니다. 이럴 때 사전을 찾아보면 '드로라'는 '듣노라', '에정지'는 '외따로이 떨어져 있는 부엌'이라는 뜻이라는 것을 알 수 있습니다. 이렇게 의미를 찾아 기록해 두면 나중에 같은 어휘를 만났을 때 좀 더 쉽게 이해하고 독해할 수 있습니다.

▌노트 필기 예시

(예) 어듸라 더디던 돌코 누리라 마치던 돌코
→ 어디에다 던지던 돌인가, 누구를 맞히려던 돌인가
(예) 믜리도 괴리도 업시 마자셔 우니노라
→ 미워할 이도 사랑할 이도 없이 맞아서 우는구나
(예) 얄리얄리 얄라셩 얄라리 얄라
→ 후렴구

또한 고전 문학에서는 '믜리', '괴리', '얄리얄리 얄라셩 얄라리 얄라'와 같은 단어와 문장들이 자주 등장합니다. '믜리'는 '미워하는 이', '괴리'는 '사랑하는 이'를 의미합니다. 그래서 어원을 한 번 잘 기억해 두면 다음부터는 고전 문학을 자연스럽게 읽을 수 있게 됩니다. 또한 '얄리얄리…'와 같은 반복되고 의미 없는 문장은 운율과 흥을 돋우고 각 연을 나누는 후렴구로 사용되는데, 이 사실을 알면 다른 고전 문학을 마주했을 때 '이게 후렴구인가보다' 하고 추측할 수 있습니다. 이처럼 고전 문학에서 자주 등장하는 어휘와 표현들을 이해하고 기록해 두면 국어 공부에 많은 도움이 됩니다.

따라서 국어를 공부할 때 모르는 어휘를 만나면 그 즉시 그 의미를 찾아

보고 기록하는 습관을 갖는 것이 중요합니다. 이렇게 하면 국어 능력은 물론, 고전 문학에 대한 이해도도 향상될 것입니다.

② 주요 개념 및 용어를 강조해서 필기하자

국어 공부에서 다양한 개념과 용어의 의미를 정확하게 파악하고 어느 곳에 쓰였는지 아는 것이 매우 중요합니다. 예를 들어, 비유법과 같은 문학적 장치를 이해하는 것은 문학에서 핵심적인 요소 중 하나입니다. 은유법, 직유법과 같은 비유법은 처음 접하는 학생들에게 다소 혼란스럽고 어려울 수 있습니다. 이 두 비유법은 비슷해 보일 수 있지만, 그 사용법과 의미에서 중요한 차이를 갖고 있습니다.

직유법은 '내 마음은 호수다'와 같이 직접적으로 두 대상을 비교하는 방식을 사용합니다. 여기서 '내 마음'과 '호수'는 '은'을 통해 직접 연결돼 비유됩니다. 반면, 은유법은 '호수 같은 내 마음'과 같이 두 대상을 간접적으로 비교합니다. 이 경우, '호수'와 '내 마음' 사이에 직접적인 연결어가 사용되지 않으며 '같은'이라는 표현을 통해 간접적인 비유가 이뤄집니다.

이러한 개념을 명확히 이해하기 위해서는 각 비유법의 정의와 함께 예시를 적어 두는 것이 좋습니다. 개념을 설명하는 것과 동시에 실제 문장 예시를 제시함으로써 이론과 실제 적용 사례를 연결해 이해하고 기억하는 데 도움이 됩니다. 이와 같은 방식으로 공부하면 비유법뿐 아니라 다양한 문학적 기법과 국어의 개념들을 보다 깊이 있고 체계적으로 이해할 수 있습니다.

따라서 국어 공부를 할 때는 중요한 개념과 용어를 강조하고 그 개념을 명확히 설명해 주는 예시를 함께 기록하는 것이 매우 중요합니다. 이러한 학습 방법은 국어 능력을 향상시키는 데 큰 도움이 될 것입니다.

예 내 마음은 호수요 ← 직유법 (OO은 OO이다)

예 호수같은 내 마음 ← 은유법 (OO 같은 OO)

③ 문학과 비문학 노트를 각각 만들어서 정리하자

국어 공부를 할 때 문학과 비문학을 구분해 각각 별도의 노트에 정리하는 방법은 학습의 효율성을 높이는 데 매우 효과적입니다. 문학과 비문학은 그 성격과 분석 방법이 다르기 때문에 각각을 따로 정리하면 내용을 더 깊이 있고 체계적으로 이해할 수 있습니다. 그리고 각각의 노트를 반복해서 보고 재구성하면서 효과적으로 공부할 수 있습니다.

각 노트를 정리하는 데 중요한 것은 노트 정리 항목을 체계화시켜놓고 모든 문학 작품과 비문학 작품을 같은 형식으로 정리하는 것입니다. 예를 들어, 문학 작품을 공부할 때는 '주인공 → 상황 → 해결책'을 기준으로 정리합니다. 주인공 부분에는 등장인물, 주인공의 특징과 같은 내용을 적습니다. 상황에는 시대적·공간적 배경과 줄거리 등을 상세히 적습니다. 해결책에는 주인공이 겪은 상황이 어떻게 마무리되는지, 그것으로 인해 알 수 있는 주제가 무엇인지 적습니다. 이처럼 체계적인 틀에 맞춰 정리하면 보다 쉽고 필요한 것만 추려서 정리하기 좋습니다.

비문학 노트는 신문 기사, 에세이, 비평문 등 비문학적 글쓰기의 특성과 주제, 주장, 논리 구조 등을 분석하는 데 집중합니다. 비문학 텍스트에서는 정보의 정확성, 논리성, 저자의 의도와 태도 등을 중점적으로 파악하며 각종 논증 방법이나 글쓰기의 전략을 학습합니다. 또한 현대 사회와 관련된 다양한 주제에 대한 비판적 사고와 통찰력을 기르는 데도 도움이 됩니다. 각 문단에 숫자를 매겨 문단별로 내용을 요약하는 방식으로 정리하는 것이 좋습니다. 요약을 하며 핵심을 생각해낼 수 있기 때문입니다.

이러한 방식으로 문학과 비문학을 구분해 노트에 정리하면 각 영역의 중요한 개념과 내용을 더욱 명확하게 구분하고 이해할 수 있습니다. 또한 각각의 노트에 기록함으로써 학습 내용을 체계적으로 정리하고 시험 준비나 글쓰기 시 참고 자료로 활용하기에도 용이합니다. 국어 공부의 깊이와 폭을 넓히기 위해 문학과 비문학 노트를 별도로 만들어 정리하는 것은 매우 유용한 학습 전략입니다.

▌노트 필기 예시 ▶ 문학 노트

Ⅰ. 문학의 장르별 특징 정리
  1. 시 : 시의 형식, 주요 시인, 그들의 작품, 주제와 감정표현
  2. 소설 : 시대별 주요 소설가와 작품, 소설의 구조
        소설의 기법, 시점, 등장인물 분석
  3. 희곡 : 주요 극작가와 작품, 대사와 무대 지시사항
Ⅱ. 작품별 주제 분석 방법
  1. 작품의 배경과 줄거리 요약
  2. 등장인물 분석과 갈등 구조
  3. 작품의 주제와 작가의 의도 파악

▌노트 필기 예시 ▶ 비문학 노트

Ⅰ. 비문학 독해 전략 및 요약기법
  1. 글의 구조 파악하기 : 서론, 본론, 결론 구분
  2. 중심문장과 뒷받침 문장 찾기
  3. 글의 목적과 작가의 태도 이해하기
    가. '예를 들어' 앞 부분에 집중하기

나. '따라서, 그러므로' 뒷 문장에 집중하기

Ⅱ. 비문학 장르별 특징

　1. 과학, 인문 : 전문용어와 개념이해

　2. 문화, 예술 : 역사적 배경과 문화적 맥락 이해

　3. 사설, 칼럼 : 주제의식과 논리 전개 방식

---

④ 목차를 마인드맵으로 정리해서 중요한 개념만 뽑아 내자

국어 공부에서 체계적인 학습 방법은 매우 중요합니다. 특히, 공부한 내용을 효과적으로 기억하고 활용하기 위해서는 목차를 나만의 방법으로 재구성하는 과정이 필요합니다. 목차를 중요하고 비슷한 항목별로 재구성하는 것은 학습 내용을 명확하게 이해하고 체계적으로 정리하는 데 큰 도움이 됩니다. 이 과정에서 목차를 외우다시피 해 공부한 내용을 정확히 파악하고 언제든지 되새길 수 있어야 합니다. 이렇게 하면 어떤 주제에 대해서도 논리적이고 체계적으로 설명할 수 있는 능력을 기를 수 있습니다.

예를 들어, 문학 작품을 공부할 때 이 방법을 유용하게 사용하는 방법을 설명하겠습니다. 목차에서 문학 작품만을 추려 별도의 항목으로 만들 수 있습니다. 그런 다음, 이 작품들을 다시 주제별로 분류해 각각의 주제를 깊이 있게 탐구할 수 있습니다. 예를 들어, 인간의 소외 문제, 사랑, 농촌의 어려운 현실, 가족의 의미 등 다양한 주제로 나눌 수 있습니다. 이렇게 주제별로 작품을 구분하면 비슷한 주제를 다룬 작품들 사이의 연관성을 파악하고 각 작품의 특징과 중요한 메시지를 더욱 명확히 이해할 수 있습니다.

이와 같은 방식으로 학습하면 단순히 작품의 내용을 암기하는 것을 넘어 그 작품이 담고 있는 깊은 의미와 문학적 가치를 이해하는 데 도움이 됩니다. 또한 각 주제별로 작품을 비교, 분석함으로써 문학적 통찰력을 기르고 비평적 사고를 발전시킬 수 있습니다. 이처럼 목차를 재구성하고 체계적으로 공부하는 것은 국어 과목뿐 아니라 다른 학문을 공부할 때도 효과적입니다. 따라서 목차를 잘 구성하고 그것을 철저하게 숙지하는 것은 공부의 질을 높이는 중요한 방법 중 하나입니다.

▌ 노트 필기 예시 ▶

① 바라건대 우리에게 보습대일
　땅이 있더라면 (김소월)
　: 일제 강점기에 땅을 빼앗긴
　　농민들의 애환, 의지
② 황혼 (이육사)
　: 소외된 존재들에 대한 관심과 애정

① 낙화 (조지훈)
　: 낙화에서 느껴지는 삶의 비애
② 플라타너스 (김현성)
　: 플라타너스 나무 = 동반자
③ 성북동 비둘기 (김광섭)
　: 자연파괴 ⇒ 현대문명 비판

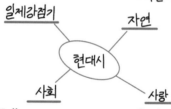

일제강점기　　　자연

현대시

사회　　　　　사랑

① 향아 (신동엽)
　: 순수한 세계에 대한 소망
② 누룩 (이성부)
　: 자기희생으로 새로운 시대를
　　만드는 민중의 저력
③ 안개의 나라 (김광규)
　: 부조리한 정치현실 비판

① 님의 침묵 (한용운)
　: 임에 대한 영원한 사랑
② 도봉 (박두진)
　: 가을 산에서 느끼는 고독감
③ 그리운 그 사람 (김용택)
　: '그 사람'에 대한 그리움

영재고 준비하는 아이는 이렇게 공부합니다

과목별-4. 사회 필기법

① 역사 공부는 연도표를 만들자

사회 과목, 특히 역사를 공부할 때 연도표를 만드는 것은 매우 중요한 학습 방법 중 하나입니다. 역사는 시간의 흐름에 따라 다양한 사건이 연속적으로 일어나기 때문에 연도별로 주요 사건들을 정리하는 것은 그 사건들의 연관성과 발전 과정을 이해하는 데 큰 도움이 됩니다. 연도표를 만들 때는 각 시대별 중요한 사건, 인물, 변화 등을 연도와 함께 기록해 역사적 사건들의 흐름을 한눈에 파악할 수 있도록 합니다.

예를 들어, 조선 시대의 역사를 공부한다면 각 왕조의 중요한 정책, 외교적 사건, 내란 및 반란 등을 연도별로 기록할 수 있습니다. 또한 각 시대의 문화적·사회적 변화도 함께 기록하면 그 시대의 전반적인 분위기를 이해할 수 있습니다. 이렇게 연도표를 만들면 특정 시대에 일어난 중요한 사건들의 전후 관계와 원인과 결과를 명확하게 이해할 수 있으며 역사적 사건들의 전체적인 맥락을 파악하는 데 도움이 됩니다.

연도표를 만들 때는 단순히 연도와 사건을 나열하는 것이 아니라 그 사건이 갖는 역사적 의미와 중요성을 함께 기록하는 것이 좋습니다. 이를 통해 해당 사건이 역사적 흐름에서 어떤 역할을 했는지, 그 사건이 후대에 미친 영향은 무엇인지에 대해서도 생각해 볼 수 있습니다. 또한 각 시대별로 중요 인물들의 업적과 그들이 역사에 미친 영향도 함께 정리해 두면 역사적 인물들의 역할과 그들의 시대적 배경을 더 깊이 이해할 수 있습니다. 그림을 활용해 한눈에 봐도 이해할 수 있고 기억하기 쉽게 표현하는 방법도 좋습니다.

연도표를 만드는 과정에서는 다양한 역사적 자료와 참고서를 활용하는 것도 중요합니다. 이를 통해 역사적 사실에 대한 정확한 이해를 바탕으로 연도표를 작성할 수 있으며 다양한 관점에서 역사를 바라볼 수 있습니다. 또한 연도표를 지속적으로 업데이트하고 수정하면서 학습 내용을 복습하게 되므로 장기적인 기억에 도움이 됩니다.

이처럼 연도표를 만들어 역사를 공부하는 것은 시간의 흐름 속에서 역사적인 사건들을 체계적으로 이해하고 더욱 깊이 있게 학습하는 데 중요한 역할을 할 뿐 아니라 역사 과목에 대한 이해를 높이고 역사적 사고력을 기르는 데 매우 효과적인 학습 방법입니다.

| 한국사 연표 |

② 역사는 만화처럼 그려서 기억하자

역사를 만화처럼 그리면서 기억하는 방법은 매우 유용하고 효과적인 학습 전략입니다. 이러한 방식은 복잡하고 방대한 역사적 사실들을 쉽고 재미있게 이해하는 데 도움이 됩니다. 만화를 그리는 과정에서 역사적 사건, 인물, 문화

등을 간단한 그림과 함께 표현하면 추상적이고 복잡한 정보를 시각적으로 명확하게 구분하고 기억할 수 있습니다. 그리고 4~6컷 정도의 짧은 만화로 표현하려면 핵심 내용만 넣어야 하는데, 이를 위해서는 핵심을 이해하고 있어야 하기 때문에 공부를 제대로 하는 데도 도움이 됩니다.

역사적 사건을 만화로 그리는 것은 그 사건이나 인물의 주요 특징을 강조하고 복잡한 배경을 간결하고 이해하기 쉬운 형태로 변환하는 과정입니다. 예를 들어, 한 역사적 인물의 생애를 만화로 그리면서 그들의 주요 업적, 성격, 시대적 배경 등을 간단한 이미지와 함께 표현할 수 있습니다. 이는 단순한 사실의 나열보다 훨씬 더 흥미롭고 기억에 남는 학습 방법이 될 수 있습니다.

또한 만화를 통해 역사를 이해하는 것은 사건들의 인과 관계나 시간의 흐름을 보다 명확하게 이해하는 데 도움을 줍니다. 각 장면이나 페이지를 통해 역사적 사건들의 순서를 시각적으로 표현함으로써 그 사건들이 역사의 큰 흐름 속에서 어떻게 연결되는지 이해할 수 있게 됩니다.

이 방법은 어린 학생들이나 역사에 흥미를 느끼지 못하는 사람들에게 역사를 좀 더 접근하기 쉽고 재미있게 만들어 줍니다. 만화를 통해 역사적 사건을 구체적이고 생동감 있는 방식으로 표현함으로써 역사에 대한 흥미와 관심을 유발할 수 있습니다. 이는 학습의 동기를 부여하고 역사에 대한 깊은 이해와 장기적인 기억을 형성하는 데 중요한 역할을 합니다. 역사를 만화로 그리는 것은 단순히 역사적 정보를 전달하는 것 이상의 의미를 가지며 창의적인 표현 방법을 통해 역사를 새롭고 다채로운 관점에서 바라볼 수 있게 해 줍니다.

③ 암기법도 함께 기록해 두자

사회 공부에서 암기는 필수적인 부분입니다. 역사에서는 장기간의 역사적 사건, 중요 인물, 연도 등을 기억하는 데 필수적이고 사회에서는 법이나 정치를 기억하는 데 필수적입니다. 수학처럼 이해하기보다는 방대한 정보를 암기해야 하는 부분이 더 많아서 나중에 필요할 때 빠르게 정보를 떠올릴 수 있어야 합니다. 예를 들어, '태정태세문단세예성연종인명선'과 같은 방식으로 역사적 사건이나 인물들을 압축적으로 기억하는 것은 매우 유용한 학습 방법입니다.

암기법을 기록해 두는 것은 나중에 공부할 때 큰 도움이 됩니다. 암기법은 그 자체로 정보를 압축하고 정리하는 방법이기 때문에 이를 기록해 두면 나중에 복습할 때 그 정보에 빠르게 접근할 수 있습니다. 이러한 방법은 특히 역사 시험을 준비하거나 중요한 정보를 빠르게 복습해야 할 때 유용합니다.

영재고 준비하는 아이는 이렇게 공부합니다

또한 암기법을 기록하는 과정 자체가 학습 과정의 일부가 됩니다. 암기법을 생각하고 만드는 과정에서 해당 정보에 대해 깊이 생각하게 되고 이는 장기적인 기억 형성에 도움이 됩니다. 예를 들어, 조선 왕조 왕들의 이름을 암기하기 위해 특정한 암기법을 계발하면 그 과정에서 각 왕의 특징과 업적에 대해서도 생각하게 됩니다.

암기법을 사용할 때는 창의적이고 개인적인 방식을 활용하는 것이 좋습니다. 자신만의 유니크한 연상 기법이나 암기 구절을 만들어 사용하면 그 정보를 더 잘 기억할 수 있습니다. 예를 들어, 역사적 사건의 연도를 특정 노래의 멜로디에 맞춰 암기하거나 중요 인물들의 이름을 쉽게 기억할 수 있는 단어로 연결시키는 것 등이 있습니다. 챗GPT에게 블랙핑크의 노래 가사에 조선 시대 왕들의 대표적인 업적을 넣어 노래를 만들어 달라고 입력하면 내가 좋아하는 블랙핑크의 노래로 공부를 할 수도 있습니다.

이처럼 암기법을 기록해 두고 사용하는 것은 역사 공부에 있어 매우 중요한 부분입니다. 암기법은 복잡한 정보를 간결하고 체계적으로 정리하며 장기적인 기억에 도움을 주고 학습의 효율성을 높여 줍니다. 따라서 역사를 공부할 때는 암기법을 활용하고 이를 기록하는 습관을 갖는 것이 좋습니다.

┃ 노트 필기 예시 ▶ 챗GPT를 활용해서 암기 자료 노트 필기 만들기

하우영

블랙핑크의 노래에 맞춰 조선 시대 왕들의 대표적인 업적을 가사로 담은 노래 가사를 만들어 주세요.

챗GPT

(Verse 1)
태조가 세운 조선의 빛, 한양에서 시작된 역사의 길
태종의 신문고 설치, 6조 직계제와 사병혁파, 왕권강화로 이어져.

챗GPT

(Chorus)
우리의 땅, 우리의 말, 조선의 꿈을 노래해.
왕들의 행적, 빛나는 별, 시간을 넘어 우리와 함께해.

(Verse 2)
세종대왕, 천재의 빛, 훈민정음으로 밝혀 준 밤과 낮
광해군의 뜻, 외교의 길, 중립외교로 평화를 꿈꿔.

(Bridge)
영조의 탕평, 조정의 안정, 정조의 수원 화성, 탕평정치 이어가.
이야기 속에 숨 쉬는 역사, 조선의 왕들이 남긴 교훈과 사랑

(Outro)
이 노래가 울려 퍼지게, 조선의 왕들을 기억해.
우리의 뿌리, 우리의 꿈, 함께 걸어가는 무한한 길

과목별-5. 영어 필기법

① 영어 단어와 구동사를 영영사전 풀이 형식으로 정리하자

영어 수업 시간 필기를 할 때 학생들은 대부분 한글로 내용을 기록해 둡니다. 하지만 영어 수업 시간에 필기되는 영어 단어나 구동사(두 단어가 결합해 특별한 의미를 나타내는 표현)를 영어로 설명된 사전, 즉 '영영사전'을 참고해서 보충 필기하는 방법도 있습니다. 영영사전에서는 모든 설명이 영어로 돼 있습니다. 예를 들어, 'beautiful'이라는 단어를 찾으면 한글로는 '아름다운'이라고 배우지만, 인터넷 영영사전에서는 "pleasing the senses or mind aesthetically"와 같이 설명돼 있습니다. 수업 시간에 선생님의 설명을

영재고 준비하는 아이는 이렇게 공부합니다

들고 난 후 필기했던 내용에 인터넷 영영사전 기능으로 이렇게 보충 필기를 하면 자연스럽게 영어 실력이 향상됩니다. 이렇게 하면 필기된 영어 단어나 구동사의 정확한 사용법과 문맥을 배울 수 있습니다.

예를 들어, 'run'이라는 단어는 '달린다'라는 뜻 외에도 많은 의미를 갖고 있는데, 영영사전에서는 이런 다양한 의미와 사용 예를 볼 수 있습니다. 영영사전에는 단어나 구동사가 실제로 어떻게 쓰이는지 예시 문장들이 많이 나와 있어서 이런 예시들을 통해 단어의 쓰임새를 더 잘 이해할 수 있고 실제 영어 사용에서 어떻게 활용되는지 알 수 있습니다. 이렇게 영영사전을 사용해서 필기를 하면 영어 수업 복습뿐 아니라 설명을 읽기 위해 새로운 단어들을 자연스럽게 많이 접하게 되고 이 과정에서 어휘력이 자연스럽게 늘어납니다.

▌ 노트 필기 예시

1. 단어: Look
   - 한글해석: 보다.
   - 영영사전 풀이: "to direct your eyes in order to see."
   - 예시문장: "Look at the blackboard."
2. 구동사: Give up
   - 한글해석: 포기하다.
   - 영영사전 풀이: "to stop trying to do something before you have finished, usually because it is too hard."
   - 예시문장: "She gave up trying to solve the Puzzle."

② 주어, 동사, 나머지 부분을 구분해서 색칠하며 필기하자

영어 독해가 아직 익숙하지 않다면 항상 원칙대로 차례를 정해 해석하는 것이 좋습니다. 주어와 동사, 목적어의 기본 구조를 색깔별로 칠해서 표시해 둡니다. 주어와 동사를 제대로 찾아야 그것을 중심으로 문장을 이해할 수 있기 때문입니다.

TIP

영어 문장을 해석하고 필기하는 방법

- **주어부터 시작하기:** 영어 문장을 해석할 때 주어부터 시작하는 것이 자연스럽다. 주어는 문장에서 어떤 행동이나 상태가 일어나고 있는 대상을 나타낸다. 주어를 먼저 파악하면 문장의 주요 행위자가 누구인지 이해할 수 있고 이후 동사와 목적어를 통해 그 행위자가 무엇을 하는지 파악할 수 있다.

- **동사를 확인하기:** 동사는 문장에서 발생하는 행동이나 상태를 나타낸다. 때로는 문장을 해석할 때 동사를 먼저 파악하는 것이 도움이 될 수 있다. 특히, 복잡한 문장이나 긴 문장에서 동사를 먼저 찾아내면 문장의 핵심적인 의미를 더 빨리 파악할 수 있다.

- **문맥을 고려하기:** 영어 문장을 해석할 때는 단어의 사전적 의미뿐 아니라 문맥상의 의미도 중요하다. 문맥을 고려하면 단어가 가진 다양한 의미 중에서 가장 적절한 의미를 선택할 수 있다.

- **문장 구조 이해하기:** 영어 문장에는 다양한 문장 구조가 존재한다. 예를 들어, 부사절, 형용사절, 명사절 등이 문장 내에 포함될 수 있다. 이러한 구조를 이해하는 것이 문장 전체의 의미를 파악하는 데 중요하다.

- **구와 절의 역할 파악하기:** 문장 내의 구(Phrase)와 절(Clause)을 식별하고 각각이 문장에서 어떤 역할을 하는지 이해하는 것도 중요하다. 예를 들어, 형용사구는 명사를 수식하고, 부사구는 동사, 형용사 또는 다른 부사를 수식한다.

종합적으로 영어 문장 해석 시 주어와 동사를 중심으로 문장을 이해하되, 문맥과 문장 구조에 대한 전반적인 이해가 필요합니다. 영어 문장의 해석은 단

순히 단어의 번역을 넘어 그 문장이 전달하고자 하는 의미와 맥락을 파악하는 과정입니다. 이때 문장의 각 요소가 어떤 역할을 하는지 제대로 알면 동사 형태의 단어가 여러 개이거나 문장 길이가 아무리 길어도 헷갈리지 않게 해석할 수 있습니다.

③ 문법은 개념과 예시를 함께 써 두자

영어 학습에서 문법의 중요성은 아무리 강조해도 지나치지 않습니다. 특히, 문법을 공부할 때는 단순히 규칙을 외우는 것이 아니라 그 개념을 이해하고 실제 예시와 함께 연습하는 것이 중요합니다. 이런 방법은 문법 규칙을 실제 언어 사용 상황에 적용하는 능력을 키우는 데 도움이 됩니다.

예를 들어, 현재 진행형을 배울 때 이 시제가 '현재 진행 중인 행동'을 나타낸다는 개념을 먼저 이해합니다. 그리고 'I am reading a book'과 같은 문장을 예시로 들어 이 개념을 실제로 어떻게 적용하는지 보여 줍니다. 이런 식으로 문법 규칙과 그것이 적용된 구체적인 예시를 함께 공부하면 문법 규칙이 실제 대화나 글쓰기에서 어떻게 작동하는지 더 잘 이해할 수 있습니다.

또한 문법 학습에 있어서 개념과 예시를 함께 쓰는 것은 문법 규칙을 더 깊이 있고 체계적으로 이해하는 데 도움이 됩니다. 문법 규칙을 공부할 때 그 규칙이 왜 존재하는지, 어떤 상황에서 사용되는지를 이해하는 것이 중요합니다. 이러한 이해는 실제 영어 사용에서 문법적 오류를 줄이고 자연스러운 문장을 구사하는 데 큰 도움이 됩니다.

문법의 개념을 예시와 함께 기록해 두면 나중에 복습할 때도 유용합니다. 문법 규칙을 기억하기 어려울 때 그 규칙이 적용된 구체적인 예시를 보면 더 쉽게 기억할 수 있습니다. 이는 장기적인 학습과 기억에 도움을 줍니다.

마지막으로 문법을 공부할 때는 다양한 예시를 사용해 학습하는 것이 좋습니다. 같은 문법 규칙이 다양한 상황과 문맥에서 어떻게 적용되는지를 이해하면 실제 언어 사용에서 그 규칙을 더 유연하게 활용할 수 있습니다. 따라서 문법의 개념과 예시를 함께 써 두는 것은 영어 문법을 효과적으로 학습하는 데 매우 중요한 방법입니다. 이 방법은 문법 규칙에 대한 이해를 깊게 하고 실제 언어 사용에서의 적용 능력을 향상시키는 데 큰 도움이 됩니다.

④ 영어 일기를 써서 영어 작문에 익숙해지자

영어 학습에서 영어로 일기를 쓰는 것은 작문 실력을 향상시키는 데 매우 효과적인 방법입니다. 단어 암기나 문법 연습만으로는 실제로 문장을 만드는 데 필요한 능력을 완전히 계발하기 어렵습니다. 실제로 문장을 구성하고 자신의 생각이나 경험을 표현해 보는 연습이 필요합니다. 영어 일기 작성은 이러한 연습에 이상적인 방법이 될 수 있습니다.

일기를 영어로 작성하는 것은 학습한 언어를 실제 상황에 적용하는 좋은 연습이 됩니다. 일기에는 그날 있었던 사건, 느낀 감정, 생각한 생각 등을 자유롭게 표현할 수 있으며 이는 다양한 어휘와 문법 구조를 사용해 볼 수 있는 기회를 제공합니다. 또한 일기를 통해 일상적인 주제에 대해 쓰면서 영어로 자연스러운 표현을 사용하는 방법을 익힐 수 있습니다.

영어로 일기를 쓰는 것은 단순히 언어 능력을 향상시키는 것뿐 아니라 자신의 생각을 정리하고 하루를 되돌아보는 의미 있는 활동이 됩니다. 이 과정에서 자신의 영어 실력에 대한 자신감을 키우고 언어에 대한 두려움을 줄일 수 있습니다. 일기는 특별한 형식에 구애받지 않고 자유롭게 쓸 수 있으므로 초보자도 부담 없이 시작할 수 있습니다.

또한 일기 작성은 자기 주도 학습의 좋은 예입니다. 스스로 주제를 정하고 그에 맞는 단어와 문법을 선택해 문장을 구성하는 과정은 영어 사용 능력을 종합적으로 향상시킵니다. 시간이 지남에 따라 자신의 일기를 다시 읽어 보면서 언어 능력의 발전을 명확하게 확인할 수 있으며 이는 학습에 대한 동기 부여가 됩니다.

마지막으로 일기를 쓰는 것은 학습자가 언어를 '사용하는' 것에 초점을 맞추도록 도와줍니다. 이는 언어를 단순한 학문적 대상으로만 보지 않고 실제 생활에서 사용하는 도구로 인식하게 하는 데 중요한 역할을 합니다. 따라서 영어로 일기를 쓰는 것은 영어 작문 실력을 향상시키는 것뿐 아니라 영어를 더 잘 이해하고 소통하는 데도 큰 도움이 됩니다.

⑤ 필기뿐 아니라 음성 녹음 기능을 활용해 녹음하자

영어 학습에서 음성 녹음을 활용하는 것은 중요한 연습 방법 중 하나입니다. 영어는 단순한 이론적 지식을 넘어 실제로 사용하는 언어이기 때문에 말하기 연습이 필수적입니다. 휴대전화의 녹음 기능을 활용해 자신이 말하는 영어를 녹음하고 이를 원어민의 발음과 비교해 보는 것은 발음과 억양을 개선하는 데 큰 도움이 됩니다. 영어 시간에 필기한 영어 문장이나 단어들을 직접 말해 보고 음성 녹음을 해서 들어 볼 수도 있고 인터넷 '영어 사전'의 '발음' 기능으로 녹음된 발음과 비교해 볼 수도 있습니다.

녹음을 통해 자신의 발음을 듣는 것은 자신의 언어 능력을 객관적으로 평가할 수 있는 기회입니다. 일상적으로 우리는 자신의 목소리를 내부적으로 듣기 때문에 실제로 어떻게 들리는지 정확히 인지하기 어렵습니다. 하지만 녹음된 목소리를 들으면 자신의 발음, 억양, 강조 등을 객관적으로 평가하고 필요한 부분을 개선할 수 있습니다.

또한 녹음을 활용한 연습은 실제 영어 말하기 상황에 대한 준비를 돕습니다. 영어로 대화할 때 자신감을 갖고 말할 수 있도록 연습하는 것이 중요합니다.

자신의 목소리를 녹음하고 들으면서 발음을 교정하고 더 자연스러운 억양과 리듬을 연습할 수 있습니다.

이러한 연습은 원어민의 발음과 비교할 수 있는 기회를 제공합니다. 영어 학습자는 종종 원어민의 발음을 모델로 삼아 자신의 발음을 조정하려고 합니다. 자신이 녹음한 음성을 원어민의 음성과 비교하면서 발음의 정확성과 자연스러움을 향상시킬 수 있습니다.

음성 녹음은 영어 학습에 있어서 학습자의 진행 상황을 기록하고 추적하는 데도 유용합니다. 시간이 지남에 따라 자신의 발음과 말하기 능력이 어떻게 발전하고 있는지 확인할 수 있으며 이는 학습에 대한 동기를 부여하고 학습의 효율성을 높이는 데 도움이 됩니다.

결론적으로 필기 및 이론적인 학습과 함께 음성 녹음을 활용하는 것은 영어 학습의 전체적인 효과를 향상시키는 데 중요한 역할을 합니다. 이는 발음과 억양의 개선, 자신감 있는 말하기 연습, 원어민과의 발음 비교 그리고 학습 진행 상황의 기록과 평가에 이르기까지 영어 학습의 다양한 측면에서 장점이 있습니다.

시간을 줄여 주는 암기법

과학고를 졸업한 필자와 초등학교 때부터 저와 함께 과학 발명 동아리 활동을 하며 한국과학영재학교에 입학한 '슬기', 과학 발명 동아리 활동을 하며 대한민국인재상을 수상한 '나라' 그리고 슬기와 나라를 자녀로 둔 학부모 '김지연 어머니'의 조언을 골고루 담았습니다. '평범한 아이가 영재가 되는 공부법 노하우'를 하나하나 꼼꼼하게 읽어 보고 여러분만의 공부법을 만들 수 있기를 바랍니다.

영재고 준비하는 아이는 이렇게 공부합니다

다양한 암기법 중 나에게 맞는 암기법을 선택하자 - 하우영

학생들이 공부를 할 때 암기가 필요한 부분이 많습니다. 효과적인 암기법을 활용하면 학습 효율을 높일 수 있습니다. 암기는 학습 과정에서 중요한 부분을 차지합니다. 특히, 초등학생과 중학생에게는 다양한 정보를 효과적으로 기억하는 방법을 알아 두는 것이 큰 도움이 됩니다.

필자의 경우, 1단계는 '첫 글자를 이용해 새로운 단어를 만드는 아크로님', 2단계는 '마인드맵과 반복 학습', 최종 단계는 '설명할 내용을 스토리로 꾸며 가족 앞에서 이야기하기'로 나눠 암기를 했습니다.

1단계는 공부를 하며 처음 암기할 내용을 만나는 것입니다. 특히 '○○○의 특징 5가지', '□□□의 목적 3가지'와 같이 정확한 개수대로 외워야 할 내용은 의미를 알기 전에 머릿속에 각인시키는 것이 필요합니다. 이를 위해서는 앞글자, 가운데 글자, 마지막 글자를 조합해서 말이 되는 문장이나 단어로 만듭니다. 5가지 특징을 다 외워야 하지만, 공부량이 많다 보면 시험 현장에서 한두 가지가 생각이 안 나는 경우가 많지만, 하나의 문장이나 단어로 외우면 전체를 모두 기억할 수 있습니다.

이렇게 1차적으로 머릿속에 각인시키고 나면 이번 시험 범위에서 '아크로님'으로 외운 모든 문장을 마인드맵으로 나열하고 의미를 떠올리며 반복합니다. 1단계에서 암기한 내용을 구조화하지 않거나 반복하지 않으면 나중에 기억이 나지 않습니다. 그래서 2단계에서는 '아크로님'과 개념들을 한번 더 의미 중심의 마인드맵으로 정리하고 반복 학습합니다. 3단계에서는 부모님이나 여동생 앞에서 암기한 내용을 차근차근 말로 설명해가며 하나의 이야기로 엮어서 설명합니다. 제가 했던 것처럼 아래의 여러 가지 암기법 중에서 자신에게 맞는 암기법을 잘 조합해서 활용할 수 있습니다.

다양한 암기법 정리

첫째, '청크화'를 이용하는 방법입니다. 긴 정보를 작은 단위로 나누는 방법입니다. 예를 들어, 전화번호를 세 부분으로 나눠 기억하는 것처럼 긴 역사적 사건의 연도나 복잡한 수학 공식을 더 작은 정보의 조각으로 나눠 기억하는 것입니다. 이 방법은 정보를 기억할 때 뇌의 부담을 줄여 줍니다.

둘째, '시각화'를 이용하는 방법입니다. 정보를 그림이나 시각적 이미지로 변환해 기억하는 방법입니다. 예를 들어, 식물의 광합성 과정을 공부할 때 해당 과정을 직접 그려 보거나 머릿속에 시각적으로 그려가며 각 단계를 기억하는 것이죠. 시각화는 특히 추상적인 개념을 구체적으로 이해하는 데 도움을 줍니다.

셋째, '연상'을 이용하는 방법입니다. 어려운 정보를 친숙한 이미지나 단어와 연결해 기억하는 방법입니다. 예를 들어, 물(H_2O)을 기억하기 위해 'H_2'를 '하하(웃음소리)'로, 'O'를 '오!'라고 생각하면 '하하, 오!'라는 문구를 통해 물의 화학식을 쉽게 기억할 수 있습니다.

넷째, '아크로님(Acronym)'을 이용하는 방법입니다. 각 단어의 첫 글자를 취해 새로운 단어나 문장을 만드는 방법입니다. 예를 들어, 생물학의 분류 순서를 '계문강목과속종'이라는 순서대로 기억하기 어려울 때 이를 '꼬마개미가수쥐'라는 문장으로 만들어 기억하면 훨씬 쉽습니다.

다섯째, '리듬과 운율'을 활용하는 방법입니다. 정보를 노래나 시처럼 만들어 리듬과 운율에 맞춰 기억하는 방법입니다. 예를 들어, 구구단을 노래로 배우는 것이나 영어 단어를 시처럼 만들어 리듬에 맞춰 기억하는 것이 이에 해당합니다.

여섯째, '반복 학습'을 이용하는 방법입니다. 같은 정보를 여러 번 반복해 기억하는 방법으로, 정보를 단기 기억에서 장기 기억으로 옮기는 데 효과적입니다. 예를 들어, 수학 공식이나 역사적인 날짜를 여러 번 쓰거나 말하면서 기억하는 것이 이에 해당합니다.

일곱째, '마인드맵'을 이용하는 방법입니다. 중심 개념에서 시작해 관련된 아이디어나 단어를 나뭇가지처럼 확장해 나가는 방법입니다. 예를 들어, '생태계'라는 주제로 마인드맵을 그릴 때 중심에 '생태계'를 두고 '생산자', '소비자', '분해자' 등의 하위 개념을 가지로 연결합니다.

여덟째, '스토리텔링'을 이용하는 방법입니다. 암기할 정보를 이야기 형태로 만드는 방법입니다. 예를 들어, 역사적 사건을 암기할 때 그 사건들을 하나의 이야기로 엮어서 기억합니다.

아홉째, '메모리 카드'를 이용하는 방법입니다. 작은 카드에 암기할 내용을 적고 이 카드들을 링에 끼워서 갖고 다니면서 보는 방법입니다. 이 방식은 언제 어디서나 빠르게 복습할 수 있게 해 주며 기억력을 강화하는 데 도움이 됩니다.

    열째, '암기하고 싶은 내용으로 영상 콘텐츠 만들기'를 이용하는 방법입니다. 다양한 온라인 플랫폼에서 제공하는 숏폼이나 영상 콘텐츠를 활용하는 방법입니다. 암기하고자 하는 내용을 키워드로 검색해 관련 영상을 찾거나 스스로 해당 내용을 숏폼이나 영상으로 제작해 보는 것도 효과적입니다. 이 과정에서 해당 내용에 대해 깊이 생각하게 되며 기억에 더 오래 남는 효과도 있습니다.

선생님처럼 칠판에 판서하며 설명해 보자 - 장슬기/장나라

    저는 효과적인 학습을 위해 '말하면서 암기하기'와 '칠판에 적으면서 암기하기'라는 2가지 방법을 주로 활용했습니다. 2가지 방법 모두 초등학교 때 하우영 선생님께 전수받은 것입니다. '말하면서 암기하기' 방식은 혼자보다는 부모님이나 친구들과 함께 질문을 하고 답하는 형식으로 진행합니다. 이 방법은 공부하다가 지루하고 늘어질 때 사용하면 좋습니다. 적기만 하면서 공부하다 보면 생각 없이 손만 움직이고 있을 때가 있습니다. 하지만 말하면서 하면 더 즐겁기도 하고 집중하기 좋습니다. 서로 질문하고 대답하는 과정을 통해 정보를 더 깊이 이해하고 기억에 오래 남기는 데도 도움이 됩니다.

    기억에만 의존해 백지 칠판에 핵심 내용을 적어 보는 방식은 제가 어떤 부분을 잘 기억하지 못하는지, 무엇을 놓치고 있는지를 파악하는 데 큰 도움이 됩니다. 이 방법을 사용하면 나중에 '내가 그때 이 부분을 몰랐었지.' 하고 기억해내기가 더 쉬워집니다.

    '누군가를 가르칠 수 있을 만큼 공부했다면 제대로 공부한 것'이라는 말이 있습니다. 칠판에 적을 때 친구나 부모님에게 강의를 해 주는 것처럼 하면 내가 얼마나 이해했는지 알기도 좋습니다.

그러나 아무리 효과적인 암기법을 사용한다 해도 한 번에 너무 많은 양을 암기하는 것은 불가능하고 오래 기억할 수도 없다고 생각합니다. 암기해야 할 것을 여러 번에 걸쳐 조금씩 나눠 암기 하고 시간을 두고 반복적으로 암기해야 훨씬 오래 기억할 수 있습니다. 이렇게 조금씩 꾸준히 학습을 하다 보면 효과적으로 암기할 수 있어 공부 시간을 줄일 수도 있습니다.

학부모의 역할: 아이의 자기 주도적 학습과 암기법 계발을 도와주자 - 김지연

암기를 하는 것뿐 아니라 공부 전체에서 부모가 방법을 제시해 줄 수 있는 것은 제한적이라고 봅니다. 특히, 암기와 같은 학습 방법에 있어서는 아이가 스스로에게 맞는 방법을 찾는 것이 중요합니다. 제 역할은 아이가 자신에게 맞는 방법을 발견했을 때 그러한 학습 환경을 조성해 주고 적극적으로 도와주는 것입니다. 물론, 아이가 효과적인 암기법을 찾았다 하더라도 벼락치기와 같은 잘못된 학습 태도는 고쳐 줄 필요가 있습니다.

제 아이의 경우, 말하면서 암기하는 방법을 선호합니다. 이에 저는 질문을 던지면서 암기를 돕기도 하고 단순히 듣는 역할을 하기도 합니다. 이 과정은 아이에게 실질적인 학습 도움을 주는 동시에 저에게는 아이가 어떤 내용을 어떻게 공부하고 있는지 이해할 수 있는 기회가 되기도 합니다. 이때 아이에게 부족한 부분이 있으면 조언을 해 줄 수도 있습니다.

이와 같이 아이가 자기 주도적으로 학습하고 자신만의 방법을 계발했을 때 도와주는 것이 가장 좋은 방법이라고 생각합니다. 아이가 자신만의 방법을 찾을 수 있도록 여러 가지 방법을 먼저 제시해 주는 것도 좋습니다. 백지 복습이나 그림으로 그려 보기, 질문에 답하기 등 여러 방법을 써 보고 가장 효과적인 암기법을 채택해서 사용할 수 있습니다.

중간고사, 기말고사 계획 세우기 비법

과목별 가중치, 세 바퀴 돌리기, 시험 전날 전 과목 보기 - 하우영

저는 시험 기간 계획을 세울 때 '시험날부터 거꾸로' 일정을 채워 나갔습니다. 예를 들어 설명해드리겠습니다. 다음은 시험 시간표와 달력입니다. 30일 남은 계획표를 세우기 위해 달력을 만들어서 디데이(D-Day)를 표시하고 준비합니다.

	10월 31일(화)	11월 1일(수)	11월 2일(목)
1교시	영어	역사	과학
2교시	사회	수학	기술·가정
3교시	국어		음악

일	월	화	수	목	금	토
10/1	10/2	10/3 *(D-28)*	10/4	10/5	10/6	10/7
10/8	10/9	10/10 *(D-21)*	10/11	10/12	10/13	10/14
10/15	10/16	10/17 *(D-14)*	10/18	10/19	10/20	10/21
10/22	10/23	10/24 *(D-7)*	10/25	10/26	10/27	10/28
10/29 *(D-2)*	10/30 *(D-1)*	10/31	11/1	11/2		

첫째, 시험 전 날에는 무조건 다음 날 시험 과목을 모두 한 번 훑어야 합니다. 그러면 시험 전날까지 공부해야 할 과목이 정해집니다. 특히, 첫날 시험 과목은 보통 과목 수가 많거나 공부할 양이 많은 과목이 많으므로 공부할 양을 고려해서 이틀에 나눠 배치합니다.

10/29 (D-2)	10/30 (D-1)	10/31	11/1	11/2		
사회	영어, 국어	역사, 수학	과학, 기술·가정, 음악			

둘째, 전 과목을 역순으로 배치합니다. 단, 주말에는 공부 과목을 더 많이 배치할 수 있습니다. 저는 주말을 평일 3배의 공부 시간이 있다고 생각하고 계획을 세워 보겠습니다. 앞으로 세울 계획에서 전 과목을 한 바퀴 돌린 후에 두 바퀴째 공부할 계획을 세우는 것입니다. 시험 전날 공부하기 전에 마지막으로 훑는 과정이므로 중요한 부분을 미리 체크해 둡니다.

10/22	10/23	10/24 (D-7)	10/25	10/26	10/27	10/28
사회	영어	국어	역사	수학	과학	기술·가정, 음악

10/29 (D-2)	10/30 (D-1)	10/31	11/1	11/2		
사회	영어, 국어	역사, 수학	과학, 기술·가정, 음악			

셋째, 모든 과목을 처음으로 '한 바퀴 돌리는 데' 필요한 시간을 정합니다. 한 과목의 시험 범위를 한 바퀴 돌리며 공부할 때 걸리는 일수를 정하는 것입니다. 특히, 이번 시험 범위의 과목들을 보면서 '이해 위주', '암기 위주'로 분류해 둡니다.

영재고 준비하는 아이는 이렇게 공부합니다

- 영어: 두 단원, 3일, 이해 위주
- 사회: 두 단원, 5일, 암기 위주
- 국어: 두 단원, 3일, 암기 위주
- 역사: 한 단원, 5일, 암기 위주
- 수학: 한 단원, 3일, 이해 위주
- 과학: 한 단원, 3일, 이해 위주
- 기술·가정: 한 단원, 5일, 암기 위주
- 음악: 한 단원, 2일, 암기 위주

넷째, 앞서 '셋째'에서 정리한 '과목당 배치 일수'를 바탕으로 달력에 과목들을 기록합니다. '암기 위주'는 빨리 한 번 마무리하는 것이 시험에 대한 불안감을 없애는 데 도움이 되므로 시험 기간의 앞부분에 배치하고 '이해 위주'는 평소 수업 시간에 열심히 들어 두고 뒤쪽에 배치해서 효율성을 높이도록 합니다.

일	월	화	수	목	금	토
10/1	10/2	10/3 (D-28)	10/4	10/5	10/6	10/7
기술·가정	기술·가정	기술·가정	기술·가정	기술·가정	사회	사회 (3일 분량)
10/8	10/9	10/10 (D-21)	10/11	10/12	10/13	10/14
사회	역사	역사	역사	역사	역사	국어
10/15	10/16	10/17 (D-14)	10/18	10/19	10/20	10/21
음악 (2일 분량), 영어 (1일 분량)	영어	영어	수학	수학	수학	과학(3일이 걸리지만 주말이므로 3배의 시간)

10/22	10/23	10/24 *(D-7)*	10/25	10/26	10/27	10/28
사회	영어	국어	역사	수학	과학	기술·가정, 음악

10/29 *(D-2)*	10/30 *(D-1)*	10/31	11/1	11/2		
사회	영어, 국어	역사, 수학	과학, 기술·가정, 음악			

다섯째, 이제 달력은 모두 만들어졌습니다. 이렇게 계획을 세우고 공부를 할 때 주의해야 할 점을 몇 가지 살펴보겠습니다. 계획은 늘 변수가 생깁니다. '아프거나', '생각보다 더 많은 시간이 필요하거나' 등 여러 가지 변수가 생길 수 있습니다. 그래서 '2~3일'을 '여유 시간'으로 남겨 둡니다. 그래서 하루, 이틀 오차가 생기더라도 여유 시간을 통해 계획을 바로잡을 수 있습니다. 또는 2~3일을 먼저 시험 공부를 시작하면 더 여유 있는 시험 기간이 될 수 있습니다. 시험 기간에는 보통 공휴일이거나 학교 행사로 여유 시간이 생길 수 있습니다. 학교 쉬는 시간, 점심시간과 같은 자투리 시간을 잘 활용합니다. 특히 '암기가 필요한 과목'은 한 바퀴 돌린 후에 학교에서 친구들과 쉬는 시간 수시로 서로 문제를 내고 답하며 공부 시간을 줄일 수도 있습니다. 처음에는 이렇게 계획을 세워 공부하는 것이 귀찮고 번거롭지만, 습관이 되면 중간고사, 기말고사 계획을 세워 공부하는 나만의 노하우가 생길 것입니다.

매일 조금씩! 한 달 전부터 시작하는 성공적인 공부 계획의 비밀 - 장슬기/장나라

저는 시험이 있는 달이 시작되기 한 달 전부터 계획을 세우기 시작합니다. 이를 위해 시험이 있는 달의 달력을 인쇄해 벽에 붙입니다. 그리고 그 달

영재고 준비하는 아이는 이렇게 공부합니다

력 위에 각 과목별 시험 일정을 상세하게 적어 둡니다. 이 일정을 바탕으로 각 과목별로 어떤 내용을 언제까지 학습해야 할지 목표를 설정합니다.

예를 들어, 첫째 주에는 국어의 문학 파트를 모두 훑고, 둘째 주에는 비문학을 모두 정리하고, 셋째 주에는 그중에서 중요한 것만 따로 공부하고, 시험 전날에는 전체적인 내용을 읽기만 한다는 계획을 세웁니다. 과학은 첫째 주에는 기본 개념을 노트에 정리하고, 둘째 주에는 기본 문제와 심화 문제까지 모두 풀어 보고, 남은 기간 동안은 어려웠던 것들을 반복하고 익숙해지려고 노력하는 계획을 세울 수 있습니다.

하지만 저는 한 과목만 집중적으로 공부하는 방식을 피합니다. 예를 들어, 이번 주에는 수학만 공부하고 다음 주에는 국어만 공부하는 식의 전략은 효율적이지 않다고 생각합니다. 그 이유는 2가지입니다.

첫째, 미리 너무 많이 공부해 두면 시험 전에 이미 배운 내용을 잊어버릴 수 있습니다.

둘째, 하루종일 같은 과목만 공부하는 것은 지루하고 효율적이지 않다고 생각합니다. 따라서 중요한 과목들은 매일 조금씩, 꾸준히 공부하는 것이 좋습니다. 시험 전 날에 해당 과목만 보는 것이 도움이 되기도 합니다. 내일이 기술·가정 시험인데, 오늘 어려운 수학 문제를 오랫동안 풀고 있는 것은 도움이 안 될 수 있기 때문입니다. 때로는 이런 전략적인 계획도 필요합니다.

이런 방식으로 계획을 세우고 실행하면 각 과목을 균등하게 공부할 수 있고 지식을 장기간에 걸쳐 체계적으로 습득할 수 있습니다. 당연히 시험 기간에만 공부를 한다면 계획을 세워도 분량이 많아서 모두 지키기 힘들고 제대로 이해하고 기억할 수도 없습니다. 그래서 꾸준히 공부하다가 시험 기간에는 좀 더 전략적으로 공부하는 것이 좋습니다. 저는 이 방법이 시험 기간 동안 스트레스를 줄이고 모든 과목에서 좋은 성적을 얻는 데 도움이 된다고 확신합니다. 시험 준비에 있어서 계획성과 꾸준함이 가장 중요하다고 믿습니다.

일주일 학습 루틴: 아이의 자기 주도적 학습을 위한 주간 계획을 세우자 - 김지연

제 아이가 학습에 대한 좋은 습관을 갖도록 하기 위해 저는 아이와 함께 일주일 루틴을 계획했습니다. 이 계획은 각 요일별로 공부할 과목을 지정하는 것입니다. 예를 들어, 월요일에는 수학과 국어, 화요일에는 과학과 역사를 공부하는 식입니다. 이런 방식으로 매일 해야 할 과목을 정해 습관처럼 공부하도록 했습니다. 하루에 여러 과목을 해도 어려운 과목과 쉬운 과목을 함께 배치했습니다. 수학을 하다가 과학을 하려면 지칠 수 있기 때문입니다. 하루종일 수학만 하는 것도 어려운 일이고요. 그리고 일주일에 한 과목을 한 번만 공부하는 것은 큰 의미가 없다고 생각해서 두 번에서 세 번 이상 배치했습니다.

시험 기간에 아이가 처음으로 계획을 세울 때는 부모의 도움이 필요합니다. 갑자기 많은 공부를 해야 한다고 느끼면 아이는 어떤 과목을 먼저 시작해야 할지 혼란스러워할 수 있습니다. 예를 들어, 국어를 공부하려고 시작했다가 목차를 뒤적거리는 데 한 시간을 보내고 수학 과제를 시작하려다가 영어 단어 시험 준비를 해야 한다는 생각에 영어 공부로 전환하다가 지루해지면 쉬운 역사책을 펼치는 등 시간을 비효율적으로 사용할 수 있습니다.

이러한 이유로 저는 아이에게 공부의 분량보다는 일정을 계획하고 그 계획을 지켜 나가는 것을 강조합니다. 이렇게 하면 아이는 과목별로 균형 잡힌 학습을 할 수 있고 시간 관리 능력도 향상됩니다.

이런 계획을 통해 아이는 자기 주도적인 학습 능력을 기를 수 있으며 향후 스스로 학습 계획을 세우고 이를 수행하는 데 큰 도움이 됩니다. 이처럼 일정한 학습 루틴을 통해 아이가 학업에 대한 책임감을 갖고 더욱 효과적으로 공부할 수 있도록 돕는 것은 매우 중요합니다.

공부에 도움이 되는 독서법

트렌드에 민감해지는 최신 잡지와 기사를 읽자. 그리고 블로그에 정리하자 - 하우영

공부에 도움이 되는 독서법 중 하나는 현재 트렌드를 반영하는 관심 분야의 잡지를 읽는 것입니다. 이러한 잡지는 최신 지식과 정보를 제공하며 학생들이 시대의 흐름을 이해하고 관심 있는 분야에 대한 통찰력을 키울 수 있게 도와줍니다. 또한 잡지는 다양한 주제를 쉽고 재미있는 방식으로 다루기 때문에 중학생들이 새로운 아이디어에 노출되고 자신의 호기심을 넓히는 데 효과적입니다. 더 나아가 중학생들이 읽은 책의 인상 깊은 내용이나 서평을 블로그에 정리하는 것도 매우 유용한 독서법입니다. 이 과정에서 학생들은 읽은 내용을 자신의 말로 표현하며 이해와 기억을 깊게 할 수 있습니다. 또한 자신의 생각과 느낌을 정리하면서 비판적 사고력을 향상시키고 글쓰기 능력도 계발할 수 있습니다. 이러한 활동은 자기 주도적 학습 능력을 강화하고 창의적인 사고를 촉진하는 데 도움이 됩니다.

나만의 선택과 집중: 책을 곱씹으면서 읽자 - 장슬기/장나라

어릴 때부터 책을 많이 읽어 둬야 한다고 생각합니다. 독서는 단순히 지식을 얻는 수단을 넘어 이해력과 지적 성장을 하는 데 도움을 주기 때문에 공부할 때 생각하는 기반을 마련해 줍니다. 초등학교, 중학교 때는 그냥 많은 책을 읽는 것이 도움이 된다고 생각합니다.

하지만 고등학교에 와서는 시간도 부족하고 해야 할 일이 많기 때문에 필요한 것만 골라 읽는 것이 좋습니다. 저는 배우고 있는 과목과 관련된 책을 주로 읽습니다. 미적분의 필요성과 양자역학을 인문학적으로 다룬 이야기, 공부법을 알려 주거나 뇌를 활성화시키는 방법을 담은 책을 주로 읽습니다.

판타지 소설과 같은 책을 읽는 것은 재미있고 스트레스를 해소하는 데 도움이 될 수 있지만, 현실적으로 공부에 크게 도움이 되지 않기 때문에 웬만하면 필요한 책을 읽으려고 합니다. 그리고 자신이 좋아하는 장르의 책만 읽는 태도도 피해야 한다고 생각합니다. 다양한 장르의 책을 접하면서 다양한 관점을 접하고 사고의 폭을 넓히는 것이 독서의 이유이기 때문입니다.

책을 읽을 때는 책을 아끼지 않고 곱씹으며 읽는 것을 좋아합니다. 중요하다고 생각하는 부분에 밑줄을 긋고 요약해서 적거나 내 생각을 더해 적어 두기도 합니다. 궁금한 점이 생기면 질문을 적기도 합니다. 인상 깊었던 부분은 포스트잇으로 표시해 두기도 합니다. 나중에 연구를 하거나 프로젝트 수업에서 발표할 때 이런 부분을 찾아보면 좋겠다는 생각이 드는 부분은 포스트잇으로 표시해 둡니다.

한 번 읽은 책은 그냥 책장에 고이 모셔 두는 것이 아니라 여러 번 꺼내 읽어 봅니다. 시간이 지나 다시 읽어 보면 내 생각과 수준도 달라져 있기 때문에 새로운 것이 보입니다. 다른 관점으로 읽어 보면 새로운 아이디어가 떠오르거나 더 이해가 되는 부분도 있습니다. 저는 이때 예전에 그어 둔 밑줄이나 내 생각을 보면서 '그때는 왜 이게 중요하다고 생각했지?', '왜 이렇게 생각했지?' 하는 생각을 많이 합니다. 그러면서 '내가 이만큼 성장했구나' 하고 깨닫기도 합니다.

영재고 준비하는 아이는 이렇게 공부합니다

책과 함께 자라는 아이들: 독서를 생활화하자 - 김지연

제 아이들은 어릴 때부터 책과 정말 가깝게 지냈습니다. 그래서 지금도 책 읽는 것을 즐기고 서점이나 도서관에 가는 것을 좋아합니다. 특별한 독서법을 추천하기는 어렵지만, 어릴 때부터 책과 가깝게 지내고 도서관에 자주 가는 습관이 공부에 큰 도움이 된다고 말씀드릴 수 있습니다.

책을 읽으면서 아이들은 기본적으로 읽는 것을 생활화하게 됐고 이 과정에서 지식을 습득하고 세상을 더 넓은 시야로 바라볼 수 있게 됐습니다. 책을 읽는 습관은 언어 능력과 어휘력, 표현력을 키우는 데도 큰 도움이 됩니다. 국어 공부를 넘어 다른 과목을 공부할 때도 이해력을 높여 주며 글쓰기 능력을 자연스럽게 향상시킵니다.

주말이나 여가 시간을 도서관에서 보내면서 도서관을 익숙하고 편안한 공간으로 여기게 된 것도 큰 장점입니다. 도서관은 공부하는 분위기가 형성돼 있으므로 그곳에서 시간을 보내며 공부에 대한 집중력과 흥미를 높일 수 있습니다. 주말마다 도서관에 간 아이는 책 읽는 사람들을 만나고 자라지만, PC방에 간 아이는 게임하는 사람들을 만나고 자랍니다. 저는 어떤 공간에서 어떤 사람들과 함께하는지가 성장에 큰 영향을 미친다고 생각합니다. 또한 도서관에서 다양한 책을 접하며 아이들은 새로운 관심사를 발견하고 지식의 폭을 넓힐 수 있습니다. 이러한 환경은 아이들이 자기 주도적으로 학습하고 다양한 분야에 대한 호기심을 가질 수 있게 만들었습니다. 아이들과 함께 도서관에 가서 책을 고르고 읽는 과정에서 그들의 생각을 듣는 것은 저에게도 큰 즐거움입니다.

결론적으로 어릴 때부터 책과 가깝게 지내고 도서관에 자주 가는 습관은 아이들의 학습 능력과 인성 발달에 큰 도움이 됐습니다. 이러한 습관은 아이들이 평생 지속할 수 있는 자산이 돼 공부할 때도 도움이 됩니다.

문제집을 고르는 방법

우리 교과서의 문제집, 최소 두 번은 보자(여러 권보다는 여러 번) - 하우영

학교 교과서의 출판사별로 문제집들이 다릅니다. 자신이 다니는 학교의 과목별 출판사를 알아 뒀다가 그 출판사에서 펴낸 문제집들을 구입합니다. 그리고 많은 양의 문제집을 무작정 선택하기보다 그 문제집을 며칠 만에 끝낼 것인지 계획을 세워 보고 시험 기간이나 공부하려는 시기 내에 2~3번 복습할 수 있는 시간을 확보해서 문제집을 고르도록 합니다. 한 번 보고 끝내는 문제집은 공부의 효과가 떨어지므로 일정 기간 내에 꼭 여러 번 복습할 수 있는 문제집을 선택합니다.

학생의 학습 수준을 정확히 파악해서 그에 맞는 난이도의 문제를 선택하고 자신의 수준부터 고난이도 문제까지 점진적 난이도의 문제들과 다양한 문제 유형을 갖는지도 꼭 살펴봐야 합니다. 학교 선생님이나 성적이 우수한 선배나 친구들에게 문제집을 추천받아 보거나 해당 문제집에 대한 온라인 서점에서의 다른 학생들의 리뷰와 평가를 참고할 수도 있습니다. 특히, 요즘에는 온라인 해설 영상이 있거나 온라인 학습 자료, 추가 연습 문제, 질의 응답 게시판 등의 부가적인 학습 자료나 플랫폼이 있는지도 기준이 됩니다.

혼자서 공부를 하며 문제도 풀고 궁금한 점이 있을 때 혼자 해결할 수 있는 여러 추가 학습 자료가 있는지의 여부도 꼼꼼하게 조사해 두도록 합니다.

문제집은 필요한 것만! 필요한 문제만 골라서 풀자 - 장슬기/장나라

중학교 시절에는 문제집을 적극적으로 활용해서 공부했습니다. 특히, 수학과 과학 과목에 집중해 문제집을 활용했고 다른 과목들은 주로 교과서만을 사용해서 공부했습니다. 문제집이 필요하다고 생각한 이유는 초·중학교 교과서에 있는 기본 문제만으로는 사고력과 문제 해결력을 많이 키우기가 힘들기 때문입니다. 시험을 치거나 기본만 하기에는 부족하지 않지만, 어려운 문제를 풀고 생각하는 방법을 배우기 위해서는 문제집이 필요했습니다.

선행학습을 위해서도 개념서를 사용했습니다. 수학 공부에 있어서는 한 개념서를 선택해 내신과 선행학습을 진행했고 '일등급'이나 '최상위'라고 명시된 심화 문제집 두 권을 통해 복습하는 방식을 취했습니다. 이때 문제집의 출판사나 종류보다는 개념과 심화 단계에 맞는 적절한 난이도의 문제집을 선택하는 데 중점을 두고 고민했습니다.

그러나 고등학생이 된 지금은 교과서를 통해 개념을 학습하고 교과서 부록에 포함된 기본 및 심화 문제들을 연습합니다. 또한 모의고사 기출 문제를 풀어 다양한 문제 유형에 대한 이해를 넓히고 있습니다. 문제집의 내용이 대부분 모의고사 문제 유형의 변형에 불과하므로 모의고사 문제의 유형을 완전히 익힌다면 여러 문제집을 풀 필요가 없다고 생각했습니다. 지금은 초·중학교 때 키워 둔 수학적 사고력을 활용하는 단계라고 생각하기 때문에 문제 풀이의 양보다는 근본적인 원리를 이해하는 것이 더 중요한 것 같습니다.

아이의 학습 단계별 문제집 선택: 저학년부터 고학년까지 아이에게 맞는 문제집 고르기-김지연

아이가 저학년일 때는 학습 수준에 맞는 문제집을 선택하는 것이 중요합니다. 아이의 수준을 고려해 단계별로 진행하는 것이 효율적입니다. '어려운 문제집을 풀면 수준이 높아지겠지'라거나 '선배 엄마가 이 문제집이 좋다더라' 해서 고르기보다는 개념을 명확히 설명하고 기본 예제가 충분한 문제집을 직접 보고 고르는 것이 좋습니다. 학원에 다닌다고 학원 선생님께 무조건 맡겨 두기보다는 직접 사용하는 문제집을 보고 아이의 의견도 듣고 나서 선생님께 문제집에 대한 피드백을 드리고 함께 선택할 수 있게 해야 합니다.

아이가 고학년이 돼 스스로 학습할 수 있는 나이가 됐다면 아이 스스로 마음에 드는 문제집을 선택하게 하는 것이 좋습니다. 문제집의 종이 질이 좋지 않다거나, 개념 설명이 부족하다거나, 문제가 너무 쉽다는 사소한 이유들로 마음에 들지 않는 문제집을 산다면 끝까지 풀지 않고 중간에 그만두기 십상이기 때문입니다. 현재 대부분의 문제집은 높은 품질과 다양한 유형을 제공하므로 아이가 어떤 선택을 하더라도 큰 문제는 없을 것으로 보입니다.

 아이의 학습 효과를 극대화하는 문제집 선택 가이드

올바른 문제집을 선택해야 아이의 학습 능력이 향상된다

문제집 선택은 아이의 학습 효과와 밀접한 관련이 있습니다. 올바른 문제집은 학습 목표 달성, 개념 이해 문제 해결 능력 향상에 큰 도움이 됩니다.

첫째, 아이의 학습 수준과 목표에 부합하는 문제집을 고르는 것이 중요합니다. 너무 쉬운 책은 도전하려는 생각이 부족해질 수 있고, 너무 어려운 책은 학습에 대한 흥미를 떨어뜨릴 수 있습니다.

둘째, 아이의 학습 스타일에 맞는 문제집을 선택해야 합니다. 예를 들어, 시각적 학습자에게는 다양한 도표와 그림이 포함된 문제집이 효과적일 수 있습니다.

셋째, 문제 유형의 다양성도 중요합니다. 다양한 유형의 문제를 풀어 보면 아이가 다방면으로 사고할 수 있고 문제를 해결하는 능력도 기를 수 있습니다.

넷째, 최신 시험 경향을 반영하는 문제집을 선택하는 것이 중요합니다. 시험 준비를 위해서는 최신 경향을 반영한 문제집이 학습 효과를 높일 수 있습니다.

마지막으로 아이가 흥미를 느끼는 문제집을 선택하는 것도 중요합니다. 아이가 관심을 갖고 즐겁게 학습할 수 있는 책이라면 더 높은 학습 효과를 기대할 수 있습니다. 이처럼 아이에게 적합한 문제집을 신중하게 선택하는 것은 학습 동기를 부여하고 효과적인 학습을 도모하는 데 결정적인 역할을 합니다.

집중력을 높이는 방법

30분~1시간 단위의 과업을 정하자: 시간 계획 세우기 그리고 정리 정돈 - 하우영

저는 집중력을 높이기 위해 짧은 시간 단위로 과업을 정해서 공부를 했습니다. 1시간 이상의 시간이 주어지면 학생들이 집중을 하지 못하거나 공부가 느슨해지는 경우가 많습니다. 공부해야 할 양 또는 목표로 하는 양을 1/N으로 나누고 30분마다 그 목표량을 체크해가는 습관을 들입시다. 기간이 짧은 목표를 달성하려고 노력하다 보면 졸리거나 집중력을 잃는 경우가 줄어들 것입니다. 그리고 책상 위나 가방을 잘 정리한 후에 공부를 시작했습니다. 공부 공간이 조용하고 정돈돼 있어야만 집중력을 높일 수 있습니다.

시험 기간에는 각종 학습지나 노트 필기 정리가 필수적입니다. 책상 위가 정리돼 있지 않으면 노트 필기를 잃어버리거나 각종 자료를 찾느라 시간을 낭비할 수도 있습니다. 집중이 되지 않을 때는 30분~1시간 알람을 맞춰놓고 잠깐 수면을 취하는 것도 좋습니다. 잠깐 자고 일어나는 것은 집중력을 높이는 데 도움이 됩니다.

나만의 공간과 시간에서 집중력 향상하기 - 장슬기/장나라

저는 혼자 조용히 공부하는 것이 집중력을 높이는 데 도움이 됩니다. 조용한 환경에서 불필요한 방해 요소를 최소화해 공부에 필요한 집중력을 최대한 끌어올리는 것입니다. 이때 나만의 공부가 잘되는 공간을 찾은 후 그곳에서 공부하는 것도 좋습니다. 도서관에서도 특히 공부가 잘되거나 마음에 드는 자리가 있을 수 있으니 말입니다. 그래야만 별다른 잡생각 없이 공부에 집중하기 좋습니다. 주변 사람들이 시끄럽게 떠들거나, 다리를 떤다거나, 자리가 불편하면 공부를 하다가도 '저 사람은 왜 저러나', '다른 자리 없나?', '쉬었다가 다시 할까?' 하는 생각이 들어 공부에 집중하기 어려워집니다. 그래서 나만의 시간과 장소를 찾는 것이 중요합니다.

특히, 새벽 시간을 활용하는 것이 좋습니다. 주변이 조용하고, 방해받을 일도 적고, 차가운 새벽 공기에 마음도 차분해져서 집중하기 좋습니다. 그리고 일찍 일어나는 습관을 들이면 하루를 보다 생산적으로 시작할 수 있고 뿌듯한 마음을 느끼기에도 좋습니다. 다른 사람들은 아직 자는 시간에 나 혼자 차분히 공부에 집중을 하고 있다는 생각을 하면 왠지 뿌듯하고 성취감이 느껴져 하루를 기분좋게 시작할 수도 있습니다.

또한 집중을 연속적으로 해야 시간을 효율적으로 사용할 수 있다고 생각하는데 이를 위해서는 학습 계획을 미리 세워 두고 체계적으로 실천해야 합니다. 집중하다가도 다음 과목을 공부해야 할 때 '이제 뭘 어떻게 하지?' 하는 생각을 하면 집중력이 떨어질 수 있기 때문입니다. 이처럼 집중해 본 경험을 여러 차례 하다 보면 나중에는 시끄럽고 방해되는 상황에서도 집중을 하는 데 어려움이 없어질 것입니다.

아이의 집중력 향상을 위한 가정 환경 조성하기: 아이의 성장과 부모의 참여 - 김지연

아이의 집중력 향상에 있어서 가정 환경의 중요성은 매우 큽니다. 어린 아이들은 자기 조절 능력이 완전히 발달하지 않았기 때문에 혼자서 휴대전화, 텔레비전, 놀잇감 등의 유혹을 스스로 제어하기 어렵습니다. 이는 공부에 필요한 집중력을 유지하는 데 큰 장애가 될 수 있습니다. 따라서 부모가 아이의 학습 환경을 적절히 조성해 주는 것이 매우 중요합니다.

부모가 아이가 공부하는 동안 큰 소리로 텔레비전을 시청하거나 게임을 하는 등의 행동은 아이의 집중력을 방해할 수 있습니다. 아이는 이러한 소음에 쉽게 주의를 분산시키고 학습에 필요한 집중력을 유지하기 어려워질

영재고 준비하는 아이는 이렇게 공부합니다

수 있습니다. 이러한 상황은 아이의 학습 능력뿐 아니라 학습에 대한 태도에도 부정적인 영향을 미칠 수 있습니다.

따라서 아이가 공부하는 시간에는 조용하고 집중하기 좋은 환경을 만들어 주는 것이 중요합니다. 예를 들어, 아이가 공부하는 동안 가정 내에서의 소음을 최소화하고 아이가 공부에만 집중할 수 있도록 다른 유혹을 줄이는 것이 좋습니다. 가장 좋은 방법은 부모도 함께 공부를 하거나 독서를 하면서 공부하는 분위기를 형성해 주는 것입니다.

이와 같이 부모가 아이의 학습 환경을 적절히 조성해 주는 것은 아이의 학습 능력 향상뿐 아니라 부모 자신의 성장에도 도움이 됩니다. 부모가 아이의 학습에 대해 관심을 갖고 적극적으로 지원해 주는 것은 아이에게 긍정적인 학습 태도를 심어 주는 데 중요한 역할을 합니다. 이는 아이가 학습에 대한 책임감을 갖고 스스로 학습에 몰입할 수 있도록 도와줍니다.

공부가 좋아지는 방법

공부를 행복한 경험과 연결시키자 - 하우영

공부는 대부분의 학생들에게 행복한 경험이 아닐 수 있습니다. 물론 저는 공부를 사랑하고 즐깁니다. 공부는 행복한 경험과 연계돼야 합니다. 그러면 공부도 함께 행복해집니다.

저는 학창 시절에 연예인 '장나라'를 좋아해서 팬클럽에 들기도 했습니다. 저는 공부가 끝나고 밤에 장나라가 진행하는 라디오를 챙겨듣곤 했습니다. 개인적으로 자신과의 약속으로 정해진 공부를 12시까지 하고 나면 12시부터 라디오를 들었습니다. 라디오를 듣는 것은 행복한 경험이었기 때문에 덩달아 그 전까지 공부를 하는 것도 행복한 경험으로 생각됩니다.

시험 기간에 11시까지 공부를 하고 나면 퇴근하신 아버지와 어머니, 여동생 함께 근처 튀김 집에 가서 순대와 떡볶이를 먹었습니다. 함께 야식을 먹는 행복한 추억 덕분에 시험 공부를 하는 것도 즐거웠습니다. 이런 식으로 행복한 경험과 공부를 대응시키면 우리 자신도 착각하게 됩니다.

공부, 재미에서 시작하다: 공부에서 성취감을 느껴보자! - 장슬기/장나라

공부가 좋아지는 방법은 공부를 재미있어하는 것이라고 생각합니다. 공부하는 것을 재미있다고 느끼면 자연스럽게 즐기고 좋아할 수 있게 된다고 생각합니다. 저는 수학을 좋아합니다. 수학 문제를 스스로 오랫동안 고민하는 과정이 너무 흥미롭고 풀었을 때도 성취감을 느끼기 때문입니다. 못 푼다고 해서 좌절하거나 크게 스트레스를 받지는 않습니다. 못 푼 경우에는 다른 사람의 풀이나 증명을 보며 감탄하고 그들의 사고 수준을 부러워합니다. 그래서 '나도 이 풀이를 쓴 사람처럼 사고 수준이 높아지면 좋겠다'라는 생각을 하며 다시 도전합니다. 수학 문제를 게임 퀘스트라고 생각하고 그 문제를 해결할 때마다 내가 한 단계씩 성장한다고 생각하면 재미를 느낄 수 있을 것입니다.

또한 공부가 단순히 문제를 맞히는 것뿐 아니라 사고력과 혼자 생각하는 힘을 키우는 과정이라고 생각하는데, 이런 관점에서 보면 지금 당장 공부를 조금 못하거나 문제를 틀리는 것은 스트레스를 받을 일이 아닙니다. '나는 왜 이렇게 못하지', '왜 또 틀렸지'라고 생각할 때 스트레스를 받고 공부가 싫어지게 되는데, 그 시기가 지나고 나면 나를 성장시키는 하나의 과정이 됩니다. 그래서 어차피 지나갈 그런 시간을 노력하면서 그냥 흘려보내는 것이 도움이 될 수 있습니다.

접근 방식에 따라 공부가 재미있어질 수도 있고 스트레스가 될 수도 있는 것 같습니다. 그래서 자신만의 동기와 재미있는 부분을 찾아야 공부를 좋아할 수 있게 된다고 생각합니다.

아이의 공부 첫걸음이 중요한 이유 - 김지연

공부에 처음 접근하는 방식은 아이의 학습 태도와 재미에 결정적인 영향을 미친다고 생각합니다. 특히, 어린 시절에 공부에 대한 첫인상이 중요하다고 생각합니다. 억지로 '1+1은 2야, 이걸 왜 모르니?'라고 다그치는 것이나 암기식 학습을 강요하는 방법은 아이가 공부와 멀어지게 하는 지름길입니다. 이런 접근은 아이의 자연스러운 호기심과 학습에 대한 관심을 억누르고 공부를 부담스럽고 하기 싫은 일로 여기게 만들 수 있습니다.

이에 반해, 아이가 스스로 학습에 대한 관심과 의지를 보이는 시기에 적극적으로 지원하는 것이 중요합니다. 너무 어린 나이에 이해하기 어려운 내용을 강제로 가르치려 하지 말고 아이가 스스로 학습의 즐거움을 찾을 수 있도록 도와야 합니다. 이는 아이가 자신의 학습 속도에 맞춰 성장하고 자신감을 갖고 새로운 지식을 탐구할 수 있게 돕는 중요한 방법입니다.

부모가 아이의 학습 과정에서 손을 놓아야 한다는 것이 아닙니다. 오히려 부모는 아이의 학습 과정을 면밀히 관찰하고 필요할 때 적절하게 지원해야 합니다. 아이가 자기 주도적으로 학습하는 습관을 길러 주고 스스로 목표를 설정하며 그 목표를 달성하기 위해 노력할 수 있도록 격려하는 것이 중요합니다. 이 과정에서 아이의 노력을 인정하고 칭찬하는 것은 아이가 공부에 대한 긍정적인 태도를 갖고 지속적으로 노력하는 데 도움이 됩니다. 처음부터 결과에 집착하기보다는 공부하는 것을 즐기고 노력을 인정받는 경험을 통해 아이는 자연스럽게 공부를 스트레스로 여기지 않게 될 것입니다.

내재적 동기와 학습 성공의 관계

공부가 재미있어지기 위해서는 학습에 대한 동기가 중요합니다. 데시(Richard Ryan)와 라이언(Edward Deci)의 자기 결정 이론(Self-Determination Theory)에 따르면, 내재적 동기 부여가 학습에 대한 긍정적 태도를 증진시킵니다. 예를 들어, 학습 자체에서 즐거움을 찾거나 개인적인 관심사와 연결 지어 공부하는 것이 효과적입니다.

적절한 난이도와 학습 자료의 선택 또한 중요합니다. 비고츠키(Lev Semenovich Vygotsky)의 근접 발달 영역(ZPD) 이론에 따르면, 학습자의 현재 수준과 조금 더 높은 수준 사이의 과제를 선택하는 것이 학습 효과를 극대화합니다. 너무 쉬운 과제는 지루함, 너무 어려운 과제는 좌절감을 유발할 수 있습니다. 이러한 과학적 이론과 실제 사례를 통해 볼 때 학습에 대한 내재적 동기 부여, 적절한 난이도의 과제, 긍정적인 피드백, 적합한 학습 환경, 학생 중심의 교육 방식이 공부를 좋아하게 만드는 데 중요한 요소라는 것을 알 수 있습니다.

공부를 위해서 반드시 가져야 할 습관

선택의 기로에서는 무조건 더 어려운 길 선택하기! - 하우영

학창 시절에는 많은 선택의 순간이 있습니다. '대회를 나갈까, 말까?', '회장 선거에 나갈까, 말까?', '영재교육원에 지원할까, 말까?' 등 끊임없는 선택의 연속입니다. 보통 학부모와 상담을 하거나 학생들에게 도움이 되는 프로그램이나 활동을 추천드리다 보면 "우리 아이에게 물어볼게요", "우리 아이가 하기 싫어해서 안 되겠네요"라고 말합니다. 물론 학생의 의견을 존중하는 것도 중요하지만, 학생들은 힘들고 싫은 것, 귀찮은 것은 하지 않으려고 합니다. 하지만 꿈을 위하는 시작 단계인 학창 시절 공부에 있어 학생들의 선택 기준은 '힘들고 귀찮은 것일수록' 하면 더 좋은 결과를 얻을 수 있습니

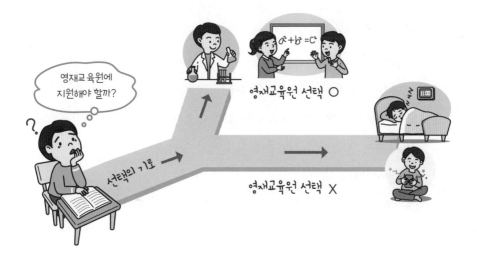

다. 남들과 같이 해서는 차별성을 가질 수 없습니다. 더욱이 제가 앞에서 언급한 것처럼 학생 자신의 꿈을 위한 공부나 경험을 만들고 있다면 힘들고 귀찮은 일일수록 남이 하지 않는 공부와 경험일 것이기 때문에 꼭 참여해 보도록 합시다. 저의 경험에 비춰 볼 때 학생의 입장에서 '힘들고 귀찮다고 생각될수록' 앞으로의 꿈에는 더 도움이 될 가능성이 많습니다.

공부 성공의 열쇠: 매일 꾸준히 공부하기 - 장슬기 / 장나라

공부를 잘하기 위한 가장 중요한 습관은 매일 꾸준히 하는 것입니다. 공부의 연속성이 끊기면 다음 날 다시 시작하는 것이 마치 큰 산을 오르는 것처럼 힘들게 느껴질 수 있습니다. 공부를 하루라도 건너뛰면 어제 학습한 내용이 흐릿해지고 오늘 어디서부터 손을 대야 할지 막막해집니다. 이런 상황이 되면 '조금 있다가 시작해야지', '계획부터 다시 짜야겠다', '어디까지 했더라?', '저번에 했던 걸 까먹어서 다시 해야겠다'와 같은 생각이 들면서 공부에 대한 의욕을 잃게 됩니다.

특히, 수학과 같은 과목은 매일매일의 연습이 성적을 높이는 데 도움이 됩니다. 단순히 공식을 외우고 문제를 푸는 것을 넘어 수학적 사고를 습관화하는 것이 중요합니다. 매일 하다 보면 익숙해져서 나중에는 수학 문제를 풀고 고민하는 것이 어렵지 않게 됩니다. 그리고 안 되는 것이나 안 풀리던 문제도 갑자기 풀리게 되는 경험을 하게 될 수도 있는데, 이때 성취감을 느낍니다. 그래서 매일 수학 개념을 읽고 문제를 풀어 보는 것은 단순한 공부를 넘어 지적으로 성장하는 데 큰 도움이 된다고 생각합니다.

결국, 매일 꾸준히 공부하는 습관은 학습의 연속성과 텐션을 높게 유지하는 데 필수적입니다. 매일하다 보면 자연스럽게 실력이 늘고 그 과목에 대한 관심과 애정도 생겨서 재미있어지기까지 합니다.

건강한 생활 습관: 자녀의 학습을 넘어 인생에 긍정적인 영향을 미친다 - 김지연

학부모로서 자녀가 학생일 때 건강한 생활 습관을 갖는 것이 공부뿐 아니라 인생 전반에 걸쳐 중요하다고 생각합니다. 일찍 자고 일찍 일어나는 습관은 충분한 수면을 보장하며 이는 아이가 피로를 효과적으로 회복하고 학습 시 집중력과 기억력을 높이는 데 필수적입니다.

반면, 불규칙한 생활 패턴으로 인해 늦게 일어나서 새벽 늦게까지 공부하는 것은 오히려 비효율적입니다. 수면 패턴이 무너지고 수면 부족으로 이어져 학교 수업 중 집중력을 유지하거나 내용을 이해하고 기억하는 데 방해가 될 수 있습니다. 잠이 부족하면 학습의 질이 당연히 떨어집니다. 하지만 공부를 하다 보면 일찍 잘 수 없는 딜레마에 빠질 수밖에 없으므로 취침 시간을 자신의 생활 리듬이 깨지지 않을 정도로 23시, 1시 중에 선택해서 지속적인 패턴으로 지켜 나가는 것이 중요하다고 생각합니다. 이와 함께, 자기 전에 휴대폰을 만지거나 TV를 켜는 행동을 하지 않는다는 자신만의 규칙을 몇 가지 정하고 좋은 습관으로 만들어 꾸준하게 지켜 나가면 같은 시간을 자도 숙면을 취할 수 있고 다음 날의 활동에도 도움이 된다고 생각합니다. 규칙적인 운동으로 체력을 키우고 스트레스를 관리해 주면 아이가 장기적으로 학업에 지치지 않고 활기차게 참여할 수 있는 기반이 마련됩니다.

이러한 습관은 학생 시절뿐 아니라 성인이 돼서도 모든 일의 기반이 되며 성공적인 삶을 사는 데 큰 도움이 될 것이라고 생각합니다. 따라서 자녀에게 이러한 습관의 중요성을 일깨워 주고 이를 실천할 수 있도록 도움을 주는 것은 아이들에게 평생의 자산을 선물하는 것입니다.

공부를 위한 취미 생활

음악하기, 영상 만들기, 발명하기 등과 같이 꿈과 관련된 취미 생활하기 - 하우영

공부를 위한 취미이면 더 좋습니다. "선생님! 놀 때는 놀아야죠. 취미도 공부와 관련돼야 한다고요? 운동을 하거나, 음악을 하거나, 보드 게임을 하거나, 놀아야죠."라고 반문하실 수도 있습니다. 요즘은 '융합'이 대세입니다. 어떤 것을 하든, 놀면서 관련 활동을 할 수도 있습니다. 취미로 휴식을 하거나 놀 때도 이왕이면 자신의 관심사나 진로와 관련된 취미를 가져 봅시다.

모든 것은 생각하기 나름입니다. 예를 들어, 여러분이 수학과 관련된 꿈을 꾸고 있다면 수학 놀이를 만들어 보거나, 수학 노래를 만들어 불러 보거나, 수학 문화관에 가서 놀 수도 있습니다. 발명으로 경험을 한다면 발명과 관련된 글을 쓰거나, 발명을 주제로 웹툰을 블로그에 올리거나, 특허 출원서를 작성해 보거나, 특허와 관련된 카드 뉴스를 만들어 SNS에 올려 볼 수도 있습니다.

보드 게임으로 스트레스를 해소하고 두뇌도 활성화하기 - 장슬기/장나라

저는 공부를 위한 특별한 취미가 필요하다고 생각하지는 않습니다. 취미 생활로 공부로 받은 스트레스를 해소하는 것이 취미 생활을 하는 이유가 아닐까 생각합니다. 하지만 공부에 방해가 되는 취미는 피하는 것이 좋다고 생각합니다. 그래야만 긍정적인 취미 생활이기 때문입니다.

저는 보드 게임을 하는 것을 매우 좋아합니다. 가족들과 가볍게 체스나 바둑을 즐기기도 하고 인생 게임이나 추리 게임을 좋아합니다. 작은 실마리를 갖고 여러 가지 경우의 수를 따져가며 범인을 찾고 앞으로의 상황을 예측해 나가는 것이 재미있기 때문입니다. 친구들과 만날 때도 보드 게임 카페에 자주 갑니다. 다양한 게임을 즐기면서 스트레스를 해소하고 소통하며 그 시간을 즐깁니다. 하지만 컴퓨터나 스마트폰으로 하는 온라인 게임은 자극적이고 몰입도가 높아 나중에 공부를 할 때 방해가 될 수 있다고 생각합니다. 혼자서 온라인에 몰입해서 빠져나오기 힘들어지고 공부할 때도 게임 생각이 나기 마련입니다. 하지만 보드 게임은 다른 사람들과 직접 대화하고 전략을 세우며 두뇌를 활용하는 활동이기 때문에 공부할 때는 공부에 집중할 수 있고 두뇌 회전에 도움이 된다고 생각합니다. 이처럼 취미는 단순히 즐길거리이기도 하지만 내 인지적·사회적 능력을 계발하는 데도 도움이 되기 때문에 자신에게 잘 맞는 취미를 찾는 것이 좋습니다.

책, 보드 게임, 3D 프린터: 아이들의 취미와 학습 연결하기 - 김지연

제 아이들은 다양한 취미를 즐깁니다. 세 아이 모두 어릴 때부터 각기 다른 성향과 관심사를 보여 왔는데, 첫째 아이는 책 읽기를 특히 좋아합니다. 이 취미는 문해력을 키우고 작가의 다양한 지식과 생각을 접할 수 있는 기회가 됩니다. 둘째 아이는 보드 게임을 좋아하는데 보드 게임을 즐기는 것을 넘어 스스로 만들기까지 합니다. 보드 게임은 문제 해결력과 창의성을 키우는 데 도움이 됩니다. 셋째 아이는 3D 프린터를 이용한 만들기를 즐깁니다. 종이 클레이 같은 재료로 만들기를 해도 창의력을 키우는 데 도움이 되겠지만, 3D 프린터를 활용해서 기술적인 부분도 배우고 연습할 수 있어 더 좋은 것 같습니다. 이런 취미들은 단순한 여가 시간을 넘어 아이들의 창의력과 문제 해결 능력을 길러 주는 중요한 시간이라고 봅니다. 그리고 뇌에 좋은 활동을 하며 스트레스도 해소할 수 있어 더할 나위 없이 좋습니다.

저는 아이들이 취미 생활을 즐기느라 시간을 낭비해서 교육에 방해가 된다고는 생각하지 않습니다. 오히려 노는 것이 공부에 도움이 되기도 한다고 생각합니다. 게임, 유튜브 시청과 같은 취미들은 잠시의 스트레스 해소는 될 수 있지만, 공부로 복귀하는 데 어려움이 있습니다. 자극적이고 오직 재미만 추구하는 것들이기 때문입니다.

이에 반해 독서, 만들기, 운동과 같은 취미는 뇌를 활성화시켜 나중에 공부를 할 때 도움이 됩니다. 뇌를 말랑말랑하게 만드는 준비 운동이라고도 할 수 있을 것 같습니다. 그래서 어릴 때부터 아이들에게 좋은 취미 생활을 추천해 주고 접할 수 있게 도와줘야 합니다. 쉬는 시간에 휴대폰을 본다거나, 휴일에 친구들과 PC방에 가서 게임을 한다거나, 텔레비전만 시청하는 등의 취미 생활은 최대한 지양하는 것이 좋고 건강한 취미 생활을 할 수 있게 지도해야 합니다.

어려운 과목을 재미있게 공부하는 방법

미리! 더 많은 시간을 투자해서 나의 강점 과목으로 만들자 - 하우영

학생들 개개인에게 '어렵다'는 것은 '더 많은 시간이 필요하다'라는 뜻입니다. 보통의 학생들은 어려운 과목을 뒤로 미루는 경향이 있습니다. 이는 시간을 덜 쓰고 막연하게 '어렵고 힘들다'라는 생각을 더욱 심화시킵니다.

어차피 공부해야 할 과목이라면 답은 하나입니다. 시간을 '더' 확보하는 것이 정답입니다. 시험 기간이 한 달이면 '한 달 반~두 달'을 잡고 그 어려운 과목의 공부 시간을 더 확보하면 됩니다. 저는 공부를 할 때 어려운 과목에 더 많은 시간을 투자하고 미리 긴 시간을 확보해서 먼저 마무리하고 추후 반복해가며 '어려운 과목을 나의 강점 과목'으로 만들었습니다.

어려운 과목은 친한 친구들과 함께 문제를 만들어 서로에게 질문하는 방식으로 공부를 할 수도 있습니다. 나에게 어려운 과목은 다른 친구들에게도 어렵다는 사실을 이해하고 공감할 수도 있고 친구들과 공부법에 대한 이야기를 나눌 수도 있습니다. 암기 과목일 경우, 친구들과 문답식으로 공부하는 것이 효과적일 수 있고 친구들에게 설명을 하거나 설명을 들으면 서로에게 도움이 될 수 있습니다. 이해가 필요한 과목일 경우, 공부하려는 내용을 친구들과 1/N으로 나눠 각자 맡은 부분을 공부 자료로 만들어 스터디를 하는 것도 도움이 됩니다.

내가 선생님이 돼서 재미있게 공부하기 - 장슬기/장나라

저는 공부를 더 즐겁게 하기 위해 커다란 화이트보드 칠판을 구매했습니다. 제 공부 방식은 선생님이 수업을 하는 것처럼 화이트보드에 공부한 내용을 적으며 부모님에게 설명하는 것입니다. 이 방식은 공부한 내용을 복기하는 동시에 말하면서 새로운 생각이 떠오르고 암기한 내용이 더 오래 기억에 남게 합니다. 이 방식을 통해 제 지식을 다시 한번 확인하고 부모님의 질문에 답하면서 공부한 내용을 더 깊게 이해할 수 있습니다.

이 과정에서 제가 공부한 내용을 자연스럽게 설명하고 부모님과의 대화를 통해 새로운 관점을 발견하기도 합니다. 무엇보다 유명한 인터넷 강사들의 재미있는 수업 방식이나 특유의 말투, 표현을 따라 하면서 공부하는 것이 재미있습니다. 유튜브로 여러 인강 강사들의 영상을 보거나 일타 강사가 나오는 드라마를 보고 따라 하기도 합니다. 부모님이 퇴근하고 오기만을 기다리며 오늘은 무슨 강의를 할지 고민하는 것이 쏠쏠한 재미이기도 합니다.

이처럼 항상 혼자 조용히 앉아서 공부하는 것보다는 말로 표현하고 대화하며 공부하는 것처럼 색다른 방법으로 공부하는 것이 때로는 훨씬 도움이 됩니다. 이처럼 공부를 단순한 암기 과정 말고 여러 감각을 사용하면서 공부하면 재미있기도 하고 오래 기억에 남으며 완벽하게 이해하는 데도 도움이 됩니다.

아이들이 특정 과목을 싫어하는 심리 이해: 흥미를 심어 주자 - 김지연

아이들이 어떤 과목을 싫어하는지, 왜 싫어하는지를 아는 것이 가장 중요한 것 같습니다. 원인을 알아야 해결할 수 있기 때문입니다. 아이들이 특정 과목을 싫어하는 이유는 정말 다양합니다. 예를 들어, 평소 글을 읽는 것이 느리거나 수학 정답처럼 정해진 답이 없어서 국어를 싫어 하기도 합니다. 수업 방식이나 선생님의 접근 방식에 따라 흥미를 잃게 될 수도 있습니다. 토론 학습으로 공부하면 정확한 내용이 무엇인지, 결론이 무엇인지 몰라 어려워하기도 합니다.

과목의 필요성을 일상생활과 연결하지 못해 싫어하는 경우도 있습니다. 그 과목이 자신의 삶과 어떻게 연결되는지를 이해하지 못하면 그 과목을 배우는 것에 거부감을 가질 수도 있습니다. 이를 해결하기 위해서는 과목의 내용을 일상생활과 밀접하게 연결시키고 평소에도 자주 생각하면서 어렵지 않다는 것을 깨닫게 해 줘야 합니다. 예를 들어, "물건 값을 계산할 줄 알면 사는 데 아무런 지장이 없는데 미적분을 왜 배워야 하느냐"라고 말할 수 있습니다. 하지만 우리 일상에서 미적분은 밀접하게 연결돼 있습니다. 이런 사실을 수학에 관한 책을 읽거나 기사를 읽으면서 접하는 것이 좋습니다. 어렵게 느낀 과목을 보다 쉽고 일상적인 책으로 접하면 흥미가 생길 수 있기 때문입니다.

공부 슬럼프를 해결하는 방법

잠깐 멈추고 시작하기: 자연스럽게 넘어가 보자 - 하우영

공부 계획을 꼼꼼히 세웠다가 생각대로 되지 않거나 공부가 마음대로 되지 않으면 슬럼프라고 생각하기 쉽습니다. 보통 슬럼프를 겪는 학생은 과거의 실수나 실패를 계속 생각하거나 집에서 벌어지는 일 또는 친구·선생님과의 관계에서 그 원인을 찾아 공부가 안 되는 탓을 하는 경우가 많습니다.

컴퓨터 초기화 버튼, 즉 리셋 버튼을 누르면 모든 기능이 멈췄다가 재시작됩니다. 이렇게 지금까지의 일들을 마무리하고 새로 시작한다는 생각으로 계획을 새로 세우고 공부를 시작해 보면 됩니다. 땀을 흘리며 격렬하게 운동을 할 수도 있습니다. 저는 농구공을 들고 운동장에 나가 농구를 하거나 강변을 뛰며 슬럼프를 극복할 수 있었습니다. 평소에 친한 선생님, 부모님과 이야기를 나누는 것도 도움이 됩니다.

영재고 준비하는 아이는 이렇게 공부합니다

나 자신과 경쟁하기: 어제보다 나은 오늘 보내기 대작전! - 장슬기 / 장나라

공부와 관련된 슬럼프는 누구나 겪을 수 있고 언젠가 한 번은 겪게 되는 일이라고 생각합니다. 열심히 달려가다가 막힐 때, 공부가 뜻대로 되지 않을 때는 내가 달려온 길을 돌아보며 '내가 뭘 해 온 것인지', '왜 한 것인지', '앞으로도 할 수 있을지'에 대한 고민과 회의감이 들기 마련입니다.

저에게도 그런 때가 있었습니다. 남들과 나를 비교하면서 느끼는 상실감이 문제였습니다. 나는 노력한 만큼 성적이 오르지 않는데 친구는 나보다 덜 공부하고도 더 높은 성적을 받는 것 같아서 의욕을 잃고 공부를 미루게 될 때도 많았습니다. 역시 '공부는 타고나야 잘하는 것'이라는 생각마저 들었습니다.

그러나 시간이 흐르면서 남과의 비교보다는 과거의 나 자신과 비교하는 것이 더 건강한 성장 방법이라는 것을 깨달았습니다. 만약, 이전 시험보다 이번 시험에서 더 나은 성적을 얻었다면 그것은 내 노력이 헛되지 않았고 내가 성장했다는 증거였습니다. 이런 작은 성취에 대해 스스로를 칭찬하며 뿌듯함을 느끼기 시작했습니다.

또한 매일 조금씩이라도 어제보다 나은 오늘을 보낸다면 졸업할 때쯤 나는 365번×3년만큼 성장한 사람이 된다는 것을 이해했습니다. 이렇게 자신만의 속도로 성장하는 것이 중요하고 공부에서도 남과 비교하는 것이 의미가 없다는 생각으로 슬럼프를 이겨냈습니다. 여러분들도 슬럼프가 왔을 때 한 번에 엄청나게 나아지려고 하기보다는 어제보다 더 나은 하루를 보냈는지를 스스로에게 물어보는 것을 추천합니다.

실패에서 배우기: 실패는 성공의 어머니가 맞다 - 김지연

아이가 성적이 떨어지거나 대회에서 수상하지 못하는 등의 실패를 경험했을 때, 이를 심각한 문제로 받아들이기보다는 자연스러운 일로 인식하는 것이 중요합니다. 그래야만 아이가 실패를 가볍게 받아들이고 쉽게 극복하는 데 도움이 됩니다. 부모로서 아이에게 한 번 실패한 것은 큰 일이 아니라 성장의 일부라는 것을 이해시켜야 합니다. 하우영 선생님처럼 아이와 오랜 시간 함께한 분께 상담을 요청해도 좋습니다. 저와 슬기나 나라가 선생님께 상담을 요청하면 '실패를 할수록 배우는 것이 많아서 좋다'라며 격려해 주셨는데 그 의미를 요즘 깨닫게 됐습니다. 선생님께서 슬럼프와 실패는 더 성장하기 위한 과정이라고 말씀해 주셨습니다.

아이들은 한두 번의 실패를 겪어도 그게 인생의 끝이라고 생각하기 마련입니다. 예를 들어, 시험 성적이 한 번 낮게 나오기만 해도 이미 모든 것을 망쳤기 때문에 앞으로 더 노력할 필요도 없고, 내 인생은 망했다고 생각하기도 합니다. 이때 부모가 아이의 마음을 풀어 주고 아이가 들인 노력을 인정하고 칭찬하는 것이 중요합니다. 노력한 것을 인정받으면 실패에도 불구하고 자신감을 유지할 수 있기 때문입니다. 노력한 것 자체가 중요하다는 것도 깨닫고 다음번에도 열심히 하려고 할 것입니다. 또한 부모가 격려해 줄 때 아이는 실패를 긍정적인 경험으로 받아들일 수 있습니다. 자신의 성과에 대해 속상해하고 있는데, 부모가 뭐라고 하는 것은 전혀 도움이 되지 않습니다.

그리고 실패 후 좌절하지 않기 위해서는 성취감을 느낄 수 있는 경험이 필요합니다. 이를 위해 부모는 아이에게 단기적이고 달성 가능한 목표를 설정하도록 도와줘야 합니다. 이런 목표는 아이가 성공의 기쁨을 맛보고 자신감을 회복하는 데 도움이 됩니다. 목표를 달성하고 성취하는 것이 어려운 일이 아니라 그 기쁨이 달콤하다는 것을 알게 해 줘야 노력할 의욕이 생길 것입니다. 예를 들어, 매일 정해진 시간 동안 공부를 하면 원하던 장난감을 사 주는 경험도 좋고 작은 대회에 나가 상을 받아 보는 경험도 좋으며 탁구 핑퐁 100번 달성하기와 같은 작은 성과도 좋습니다. 이러한 작은 성공들은 아이에게 더 큰 목표에 도전할 용기를 줍니다.

아이가 실패를 경험할 때 부모의 지원과 격려는 아이가 긍정적인 자세를 유지하고 실패를 극복하는 데 결정적인 역할을 합니다. 아이에게 실패는 성장과 학습의 기회이며 누구나 겪을 수 있는 자연스러운 과정이라는 것을 상기시켜 주는 것이 중요합니다. 이를 통해 아이는 실패를 두려워하지 않고 새로운 도전에 자신감을 갖고 임할 수 있게 됩니다.

나를 뽐내는 발표 비법

발표는 옷이다. 어떤 옷을 입는지에 따라 전혀 다른 결과를 낳는다 - 하우영

발표 스크립트는 암기해야 합니다. 암기는 심사위원에 대한 최소한의 예의입니다. 완벽한 암기가 힘든 발표 자료-예를 들어, PPT, 차트, 보조 차트, 실물 자료-를 활용해 하나하나 대응시켜가며 내용을 떠올려 두면 발표에 효과적입니다. 제가 여러 대회에서 심사위원 자격으로 심사장에 가 보면 대본지 없이 내용을 잘 숙지한 학생들이 좋은 결과를 얻는 경우가 많았습니다.

저는 학창 시절에 중요한 발표를 앞두고 부모님 앞에서 리허설을 많이 했습니다. 학생들을 지도할 때도 꼭 가족 앞에서 리허설을 해 보도록 숙제를 내 줍니다. 학부모가 학생의 활동에 관심을 가질 수 있고 진심을 다해 피드백을 줄 수 있는 장점이 있습니다. 특히, 대회나 경연에서의 발표라면 간단한 율동이나 임펙트가 되는 동작도 포함시킬 필요가 있습니다. 내가 당당하면 보는 사람도 존경하고 내가 창피하면 보는 사람도 부끄럽다는 것을 명심해야 합니다.

발표에서는 남과는 다른 차별성을 강조해야 합니다. 보통의 학생들이 누구나 비슷한 내용에 시간을 분배합니다. 내 발표에서 남과는 다른 부분을 잘 체크해서 그 부분을 어떻게 효과적으로 전달할지 고민해야 합니다.

발표에서는 질의응답도 준비해야 합니다. 발표 내용이 100이라면 80은 발표를 하고 나머지 20은 질의응답에서 나온다고 생각해야 합니다. 발표의 핵심 내용은 질의응답에서 어떤 질문을 받든 심사위원이나 청중들에게 꼭 이야기하고 나온다는 생각을 해야 합니다. 심사위원이나 청중을 감동시킬 문장이면 더욱 좋습니다.

발표의 기술: 뻔뻔함에서 나오는 자신감 - 장슬기 / 장나라

저는 사람들 앞에서 발표하는 것에 전혀 부담을 느끼지 않는 편입니다. 이는 아마도 초등학교 때부터 하우영 선생님과 함께 동아리 활동을 하면서 다양한 발표 경험을 한 덕분일 것입니다. 대회에 나가 처음 발표를 시작할 때는 떨렸지만, 하우영 선생님의 조언이 그 두려움을 극복하는 데 큰 도움이 됐습니다. 선생님은 "네가 최고인 것처럼 뻔뻔하게 해!"라고 말씀하셨고 이 말씀은 제게 큰 자신감을 심어 줬습니다. 처음에는 단순히 자신감 있게 행동하라는 말로만 여겼지만, 시간이 지나고 나니 이 말이 발표의 핵심이라는 것을 깨달았습니다.

발표할 때 불안해하거나 주저하는 모습을 보이면 청중은 발표자가 자신의 내용에 확신이 없다고 느끼기 쉽습니다. 반면, 당당하고 자신감 있게 발표하면 내용 자체도 더 설득력 있고 흥미롭게 들립니다. 이는 청중에게 긍정적인 인상을 남기고 내용 전달의 효과를 극대화합니다. 또한 자신감 있는 태도는 발표자 본인에게도 긍정적인 영향을 미칩니다. 자신감이 붙으면 발표 내용을 더 잘 표현할 수 있게 됩니다. 발표에서 가장 중요한 것은 듣는 사람과 자신감 있게 커뮤니케이션하는 것이라고 생각합니다.

마지막으로 팁을 하나 알려드리면, 발표나 면접을 볼 때 '심사위원이나 면접관도 집에 있는 엄마, 아빠처럼 누군가의 다정한 엄마, 아빠겠지?'라는 생각을 하면 긴장을 푸는 데 도움이 된다는 것입니다.

평소부터 자신감을 조금씩 키워 나가자: 마인드를 건강하게 - 김지연

학부모로서 아이가 발표를 자신감 있게 할 수 있도록 지도하기 위해서는 다음 몇 가지를 고려해야 합니다.

첫째, 아이가 자신의 의견을 자유롭게 표현할 수 있는 환경을 조성하는 것이 중요합니다. 가정에서 아이의 이야기에 귀를 기울이고 그들의 의견을 존중하면 아이는 자신의 생각을 표현하는 데 자신감을 갖게 됩니다.

둘째, 발표 기술을 연습하는 것도 중요합니다. 아이가 발표할 내용을 함께 준비하고 가족 앞에서 연습 발표를 해 보도록 하는 것이 좋습니다. 이 과정에서 긍정적인 피드백과 격려를 제공하며 아이가 자신의 실수를 교정하고 개선할 수 있도록 도와줘야 합니다.

셋째, 아이가 발표하는 동안 자신감을 가질 수 있도록 자기 긍정적인 태도를 강조하는 것이 중요합니다. 아이에게 자신의 의견이 중요하며 그들이 말하는 것에 가치가 있다는 것을 알려 줘야 합니다.

넷째, 공개적으로 말하는 것에 대한 두려움을 극복하는 데 도움이 되도록 아이가 다른 사람들 앞에서 말할 기회를 자주 가질 수 있도록 격려하는 것이 중요합니다. 학교 활동, 친구들과의 모임 또는 가족 행사에서 발표할 기회를 주는 것이 좋습니다.

　마지막으로 아이가 발표하는 과정에서 불안감을 느낄 때, 그 감정을 긍정적으로 바꾸는 방법을 가르치는 것이 중요합니다. 예를 들어, 떨림이나 긴장이 발표에 대한 열정과 흥미의 표현이라고 설명하고 이러한 감정이 자연스럽고 일반적이라는 것을 이해시키는 것입니다. 이러한 방법을 통해 아이는 발표를 자신감 있고 효과적으로 할 수 있는 기술을 계발하고 자신의 목소리를 찾는 데 도움을 받을 수 있습니다.

영재고 준비하는 아이는 이렇게 공부합니다

모두가 궁금해하는 영재들의 공부법, A, B 중 하나만 선택한다면?

하우영 선생님, 장슬기/장나라 학생, 김지연 학부모께 영재들의 공부법과 관련된 A, B 2개 중 하나를 고른다면 어떤 것을 고를 수 있을지 선택하라고 질문해 봤습니다.

예습 vs. 복습

복습은 단기 기억을 장기 기억으로 만들어 준다 - 하우영

예습과 복습은 모두 중요합니다. 하지만 둘 중 하나를 선택하라면 복습을 선택할 것입니다. 실제로 과학고, 영재고에서 공부를 하다 보면 한정된 시간으로 예습과 복습 중 하나만 선택해야 하는 상황을 꼭 만나게 돼 있습니다. 예습은 수업 시간 전 쉬는 시간에 내용을 미리 한 번 가볍게 훑어 보거나 선생님의 수업을 적극적으로 들으면 충분히 대체할 수 있습니다.

자신의 의견과 비교해가며 독서를 하듯이 수업 또한 일방적으로 듣는 것이 아니라 '왜 저렇게 되는 걸까?', '이 다음 내용은 어떤 내용이 나올까?'와 같이 마음속으로 질문을 하며 수업을 들을 수 있습니다. 초등학교에서 중학교, 고등학교로 진학할수록, 과학고, 영재고에 진학할수록 공부의 양은 많아지고 수업에서 듣는 내용이 이해가 안 되는 경우가 잦아집니다. 이때는 필기를 철저하게 해 두고 수업이 끝난 후 선생님이나 친구들에게 질문을 해서 이해가 안 되는 부분을 해결하고 그날 밤 곧바로 복습을 하는 것이 좋습니다.

학원을 많이 다니지만 성적이 생각보다 안 나오는 학생들의 대부분은 이렇게 '수업을 듣는 것'을 '공부를 하는 것'으로 착각하기 때문입니다. 수업을 듣는 것과 공부를 하는 것은 별개입니다. 수업을 들은 내용을 자신의 것으로 만들기 위해서는 충분한 복습 시간을 거쳐 남에게 설명할 정도로 공부가 돼야 합니다. 이렇게 복습을 철저히 하면 단기 기억에서 기억으로 정보를 옮기는 데 도움이 됩니다. 복습을 했을 때 비로소 장기적인 지식으로 축적될 수 있습니다. 그리고 복습을 통해 수업 시간에 배운 내용을 다시 정리하고 이해하지 못한 부분을 명확히 할 수 있습니다. 이와 마찬가지로 복습 과정에서 잘못 이해했거나 기억이 흐릿한 부분을 바로잡을 수 있습니다.

예습과 복습은 상호 보완적이다 - 장슬기 / 장나라

예습과 복습 중 어느 것이 더 효과적인지는 비교할 수 없다고 생각합니다. 2가지 모두 중요하기 때문입니다. 예습만 하는 학생은 복습을 열심히 하는 학생보다 더 깊게 이해하지 못하고, 복습만 하는 학생은 예습을 열심히 한 학생보다 수업 시간을 더 의미 있게 활용하기 힘들 것입니다. 예습을 통해 학생들은 지식을 미리 얻고 가서 선생님의 수업을 더 잘 이해하고 심화적인 질문을 하는 등 수업을 더 잘 활용할 수 있습니다. 어려운 수업도 더 잘 따라갈 수 있고 적극적으로 참여하는 데 도움이 되기도 합니다.

반면, 복습은 수업에서 배운 내용을 다시 확인하고 깊게 이해하는 데 필

영재고 준비하는 아이는 이렇게 공부합니다

수적입니다. 복습하는 과정에서 수업 내용을 자신의 것으로 만들고 개념을 완전하게 익혀야 오랫동안 기억할 수 있고 제대로 공부했다고 할 수 있습니다. 아무리 예습을 하고 수업 시간을 충분히 활용했다고 해도 복습을 하지 않고서는 완전하게 내 것으로 만들기 힘들다고 생각합니다.

이러한 맥락에서 볼 때, 예습과 복습은 상호 보완적인 관계에 있는 것 같습니다. 예습은 수업의 효율성을 높이는 데 기여하고, 복습은 수업 내용의 장기적인 기억과 이해에 중요한 역할을 한다고 생각합니다. 2가지의 효과가 완전히 다르기 때문에 둘 다 하는 것이 중요합니다.

예습을 통해 수업을 효율적으로 적극적으로 들을 수 있다 - 김지연

많은 공부법 책에서 복습의 중요성을 강조하는 것은 사실입니다. 복습은 학습 내용을 재확인하고 깊이 이해하는 데 중요한 역할을 합니다. 많은 사람이 복습을 더 중요하다고 여기는 것이 일반적이고 어떤 면에서는 모범적인 접근으로 보일 수도 있습니다. 하지만 학부모의 입장에서 보면 예습의 중요성에 더욱 중점을 두는 것이 현실적으로 더 큰 도움이 될 수 있습니다.

현재의 교육 시스템, 특히 특목고나 자사고와 같은 경쟁력 있는 학교들의 입시 과정을 고려하면 예습은 매우 중요한 요소입니다. 학원에서의 과한 예습을 지향하는 것이 이상적이지 않다고 하더라도 현실에서는 학생들의 학업 성취도와 입시 경쟁력을 갖추는 데 필수적인 역할을 하고 있습니다. 예습을 통해 학생들은 수업 내용에 대한 사전 이해를 바탕으로 수업을 더 효율적으로 활용하고 새로운 정보를 더 빠르고 효과적으로 이해할 수 있습니다.

또한 예습은 학생들이 개인적인 학습 목표에 맞춰 학습할 수 있도록 도와줍니다. 입시를 준비하는 학생들은 고난도의 입시 시험이나 대회를 준비해야 하기 때문입니다. 결국, 학부모로서 예습의 중요성을 인식하고 우리 아이들이 이러한 방식으로 학습할 수 있도록 적극적으로 지원해야 합니다.

유치원생 아이에게 대학 수학을 공부시키는 것처럼 과한 학습은 오히려 역효과를 낼 수 있습니다. 하지만 공부에 의지가 있는 중학생 아이에게 고등 수학을 미리 알려 주는 것은 도움이 된다고 생각합니다. 예습은 학생들이 학업 성과를 향상시키고 입시 경쟁에서 더 나은 위치를 확보하는 데 큰 도움이 될 것입니다. 이러한 접근 방식은 학생들의 미래에 긍정적인 영향을 미칠 것이며 교육적 성취를 위한 중요한 발판이 될 것입니다.

아침 공부 vs. 저녁 공부

같은 시간이라면 아침 일찍 일어나서 공부를 하는 것이 효율적이다 - 하우영

저는 아침 일찍 일어나서 공부를 하는 것을 더 선호합니다. 물론 밤에도 공부를 하지만, 평소 잠자리에 드는 시간을 꼭 지키고 공부량이 더 필요할 때는 아침에 일어나서 공부를 합니다. 같은 시간을 공부한다고 할 때, 밤늦게까지 하는 공부는 아침에 하는 공부보다 효율적이지 못했습니다.

저녁 시간에는 하루 동안의 학교 및 방과 후 활동으로 인해 학생들이 대부분 신체적, 정신적으로 피로감이 누적돼 학습 효율이 떨어질 수 있습니다. 반면, 아침에 일어나면 하루 중 가장 정신이 맑아서 복잡하고 어려운 주제를 공부하거나 창의적인 사고를 필요로 하는 과제를 해결하기 쉽습니다.

아침은 하루 중 외부 방해 요소가 상대적으로 적은 시간입니다. 대부분의 사람들이 아직 활동을 시작하지 않았기 때문에 조용하고 평온한 환경이 조성돼 공부에 집중하기 좋습니다.

또한 평소보다 일찍 일어나면 하루에 해야 하는 일들을 여유 있게 시작할 수 있고 미리 세웠던 공부 계획대로 진행할 수 있어 스트레스가 덜하기 때문에 하루를 보람찬 마음으로 시작할 수 있습니다. 이는 하루 종일 지속되는 성취감과 긍정적인 태도를 불러일으키며 전반적인 학습 동기에 긍정적인 영향을 미칩니다. 하지만 아침 공부에 익숙하지 않은 학생들은 아침에 일어나기가 쉽지 않을 수 있습니다. 알람 시계만으로 일어나기가 힘든 학생들이라면 적응이 될 때까지 부모님의 도움을 받아 기상 시간을 당길 수 있습니다.

아침 시간에 공부를 하는 것이 좋다 - 장슬기/장나라

아침 시간에 공부를 하는 것은 좋은 습관이라고 생각합니다. 시간을 효율적으로 활용할 수 있기 때문입니다. 잘 자고 나서 상쾌한 상태로 아침에 공부를 시작하는 것은 매우 효과적입니다. 반면, 하루를 보내고 나서 저녁에 지친 상태로 어려운 공부를 하는 것은 비효율적입니다.

예를 들어, 지친 상태에서 새로운 수학 개념을 익히거나 복잡한 문제를 푸는 것은 매우 힘들고 오류를 범하기도 쉽습니다. 따라서 수학, 국어, 영어, 탐구와 같은 순서로 중요한 항목을 정하고 아침 시간에 중요한 과목부터 차례대로 처리하는 것이 좋습니다. 이렇게 하면 저녁 시간에는 비교적 쉬운 공부를 하거나 책을 읽고 운동과 같은 취미 활동을 즐길 수 있습니다. 중요한 일들을 오전에 모두 처리했기 때문에 시간에 쫓기지 않고 여유있게 하루를 마무리할 수 있습니다. 이러한 방식으로 일과를 계획하면 학습의 효율성을 높이고 동시에 취미나 여가 활동에도 충분히 시간을 할애할 수 있어서 전반적인 삶의 질을 향상시킬 수 있습니다.

개인마다 공부에 집중이 잘되는 최적의 시간이 있다 - 김지연

개인마다 공부에 집중이 잘되는 최적의 시간이 있다고 생각합니다. 아침이나 저녁과 같이 일반적인 시간을 강조하기보다는 각자의 생활 패턴과 일정에 부합하는 시간에 학습하는 것이 더 유리하다고 할 수 있습니다. 예를 들면, 어떤 사람들에게는 이른 아침 시간이 가장 효과적일 수 있지만, 다른 사람들에게는 점심 이후가 더 효과적일 수 있습니다. 저 역시 이른 아침보다는 점심 이후에 공부하는 것이 더 효과적이라는 것을 경험했습니다. 그러나 이것이 아침 시간을 헛되이 보내라는 의미는 아닙니다. 중요한 것은 시간을 효율적으로 활용하고 공부를 미루지 않는 것입니다.

공부를 미루고 시간을 낭비하는 것은 비효율적이며 좋지 않은 습관으로 이어질 수 있습니다. 따라서 공부를 조금 늦은 시간에 시작한다고 하더라도 중요한 일을 우선순위에 두고 차근차근 진행하는 것이 바람직하다고 생각합니다. 이런 방식은 자기 주도적 학습 능력을 계발하는 데도 큰 도움이 됩니다. 자신에게 가장 적합한 학습 시간을 찾아내고 그 시간을 최대한 활용함으로써 더욱 집중력 있고 생산적인 학습을 할 수 있기 때문입니다. 결국, 중요한 것은 '시간 관리'와 '우선순위 설정'입니다. 비록 조금 늦게 시작한다 하더라도 중요한 일을 우선순위에 두고 체계적으로 진행하는 것이 중요하며 그래야만 장기적으로 더 큰 학습 효과를 얻을 수 있을 것입니다.

check 아침 시간의 활용의 장점

• 아침은 높은 집중력과 효율성을 담보로 하는 소중한 시간입니다. 천재적인 작가인 어니스트 헤밍웨이(Ernest Hemingway)와 무라카미 하루키(Murakami Haruki)는 그들의 작품을 오전 시간에 창작했으며 오후에는 여유롭게 보내는 생활 습관을 유지해 왔다고 합니다. 이들의 사례는 우리에게 오전에 생산적인 일을 하는 것이 중요하다는 것을 알려 줍니다.

영재고 준비하는 아이는 이렇게 공부합니다

- 학생과 학부모는 이러한 사례를 참고해 언제 공부를 하는 것이 더 효과적인지 고민해 볼 만한 가치가 있습니다. 연구[1],[2]에 따르면, 일어난 후 처음 두 시간 동안은 뇌의 활동이 활발해 학습 능률이 높아집니다. 이러한 뇌 활동의 효율성은 코티솔이라는 스트레스 호르몬의 수준이 낮고 멜라토닌이라는 수면 호르몬의 수준이 감소하기 시작함에 따라 발생합니다. 아침에 일어나면 신체와 정신의 컨디션도 상쾌하며 이 시간에 공부를 하면 더 높은 집중력과 이해력을 발휘할 수 있습니다. 또한 아침에 어려운 과목이나 중요한 과제를 먼저 처리하면 나머지 하루는 상대적으로 여유 있게 보낼 수 있습니다. 이러한 시간 관리는 학생들에게 스트레스를 줄이고 더 나은 학업 성취도를 가져다 줄 수 있습니다.
- 아침 시간의 활용은 학부모에게도 중요합니다. 아침에 자녀의 학습을 돕거나 함께 공부 시간을 갖는 것은 자녀의 학습 효율성을 높이는 데 기여할 수 있습니다. 또한 가족 모두가 함께 아침 시간을 활용하면 가족 간의 소통과 함께 학습 문화를 조성할 수 있어 더욱 의미가 있습니다.
- 오전 시간의 활용은 학생들의 학습 능률을 향상시키고 학부모와 함께 가족의 학습 문화를 만들어 나가는 데 중요한 역할을 할 수 있습니다. 이를 통해 학생들은 더 높은 학업 성취도를 이룰 수 있을 것이며 학부모는 자녀와의 시간을 더욱 의미 있게 보낼 수 있을 것입니다.

수면 시간 줄이기 vs. 수면 시간은 충분히 확보

뒤비쪼기는 오래 가지 못한다. 길고 오래 가자 - 하우영

'뒤비쪼기'는 과학고등학교 학생들 사이에 퍼져 있는 특별한 용어입니다.

---

1) Science alert, Science Says You Should Do Your Most Important Work First Thing in The Morning, 2015.4.30, https://www.sciencealert.com/science-says-you-should-do-your-most-important-work-first-thing-in-the-morning#

2) THE PRODUCTIVE ENGINEER, Hardest or Easiest Work First? What the Research Shows, 2018.10.18, https://theproductiveengineer.net/hardest-or-easiest-work-first-what-the-research-shows/#:~:text=Research shows that people who,difficult task negatively affects productivity

예를 들어, 경남과학고에서는 밤 12시가 되면 소등이 시작되지만, 시험 기간이 다가오면 많은 학생이 공부할 시간이 부족하다고 느낍니다. 이런 상황에서 학생들은 기숙사 여기저기에 책상을 숨겨 두고 밤을 새워 공부합니다. 그들은 이를 '뒤비쪼기'라고 부릅니다. 이러한 방식으로 그들은 핸드폰 불빛을 사용하거나 세탁실과 화장실에서 조용히 공부하며 밤을 보냅니다. 하지만 과학고 학생 사이에 "뒤비쪼기는 1학년 때만 해야 한다"라는 법칙이 있습니다. '뒤비쪼기'를 오랜 기간 하는 학생들은 체력도 저하되고 학기가 끝날 때쯤 병원에 다니거나 사고력이 요구되는 수학과 같은 과목의 시험에서 집중력이 떨어지는 문제를 겪게 되기 때문입니다.

암기 과목은 밤새우며, 사고력은 푹 자며 기르자 - 장슬기/장나라

과목마다 다르기는 하지만, 수면 시간은 되도록 확보하는 것이 좋습니다. 시험 범위까지 공부하지 못했다면 잠을 줄여서라도 공부를 하는 것이 맞다고 생각합니다. 하지만 시험 전날까지 매일 새벽까지 공부를 하는 것은 시험 당일의 컨디션에 큰 영향을 미칩니다.

수학이나 물리 시험의 경우, 평소에는 풀지 못한 문제라도 컨디션에 따라 풀 수 있는 문제가 있기도 합니다. 따라서 사고력을 바탕으로 풀어야 하거나 계산 실수를 할 수 있는 과목 시험의 전날에는 충분한 수면이 꼭 필요하다고 생각합니다. 생물이나 지구과학 같은 과목은 시험 전날 새벽까지 공부를 하는 것이 낫다고 생각합니다. 실제로 한국과학영재학교의 경우에는 생물 시험 전날 밤을 새서 공부하는 'Biology Night'라는 문화가 있습니다.

수면 부족은 성적 하락의 길, 충분한 잠으로 지속 가능한 공부를 보장하자 - 김지연

저희 아이들의 사례를 바탕으로 말씀드리겠습니다. 저는 늘 공부는 하루,

영재고 준비하는 아이는 이렇게 공부합니다

이틀하고 말 것이 아니라 장기전이기 때문에 적당한 수면 시간은 확보해야 한다는 것을 강조했습니다. 아이들이 수면 시간이 줄어들면 늦잠도 자고 평소 좋아하던 과목의 공부를 할 때도 피곤해하는 것을 봤습니다.

실제로 담임 선생님께 수업 시간에 집중을 하지 못한다는 이야기를 들었을 때 수면 시간에 대해 진지하게 대처하자고 생각하기도 했습니다. 수면이 부족할 경우, 중요한 시험 기간에 몸살이 나거나 집에서 자습을 할 때도 졸고 있는 시간이 많았습니다. 하지만 신기하게도 최소 6시간 이상의 수면 시간을 확보한 후에는 매우 바쁜 일정을 소화하면서도 늘 좋은 성적을 유지하고 있습니다.

수면은 공부법의 열쇠: 효율적인 학습을 위해 충분한 수면이 필요하다

수면은 학생들의 학업 성과와 정서적 안정에 매우 중요한 요소로 작용한다고 알려져 있습니다. 특히, 영재 학생들의 경우, 수면 문제가 있으면 학업적·정서적 적응에 어려움을 겪을 가능성이 높다는 연구가 있습니다.[3] 또한 수면은 학생들의 학습, 기억, 기억 유지 및 창의적 문제 해결 능력에 긍정적인 영향을 미칩니다. 실제로 수면이 부족한 학생들은 야간에 공부하는 것이 좋지 않다는 것이 밝혀져 있습니다. MIT 학생들을 대상으로 한 연구에서도 충분한 수면 시간을 확보한 학생들이 더 좋은 성적을 거뒀다는 결과가 있었습니다.[4]

한 연구에서는 수면이 학습에 어떻게 도움이 되는지를 조사했는데, 학습 시간 사이의 수면이 학습 능률을 향상시킨다는 것을 발견했습니다.[5] 특히, 수면을 취한 후에 다시 학습할 때 기억을 더 잘 정리할 수 있고 학습이 더 효과적이라는 결과를 얻었습니다. 하버드 의대는 "수면은 단순히 학업 성적을 개선하는 데만 중요한 것이 아

3) National Library of Medicine, Sleep Characteristics and Socio-Emotional Functioning of Gifted Children, 2022.9., https://pubmed.ncbi.nlm.nih.gov/34455874/#:~:text=Two,as%20well%20as%20adjustment%20difficulties

4) Perelman School of Medicine, The Impact of Sleep on Learning and Memory, 2020.12.21., https://www.med.upenn.edu/csi/the-impact-of-sleep-on-learning-and-memory.html#:~:text=In%20the%20last%2020%20years%2C,contribute%20to%20better%20test%20scores

5) Psychology Today, How Sleep Enhances Studying, 2016.11.7., https://www.psychologytoday.com/us/blog/ulterior-motives/201611/how-sleep-enhances-studying

니라 더 건강하고 긍정적인 정신 상태를 유지하는 데도 중요하다"라고 발표하기도 했습니다. 수면은 인체의 면역 기능, 신진 대사, 기억, 학습 등에 중요한 역할을 하는 것으로 밝혀졌습니다.[6] 이렇게 학생들이 더 많은 시간을 공부하는 것 못지않게 충분한 수면 시간을 확보하는 것이 중요합니다. 그래서 우리는 수면의 중요성을 알고 그에 따라 공부 계획을 세우는 것이 필요합니다.

문제집 한 권을 여러 번 vs. 문제집을 여러 권

한 권의 문제집을 풀더라도 '나만의 문제집 풀이법'으로 여러 번 풀자 - 하우영

내신 공부에 있어 '문제집 한 권을 여러 번 보는 것'이 더 효과적일 수 있습니다. 이 방법은 개념을 깊이 있게 이해하고 문제 해결 능력을 키우는 데 도움이 됩니다. 물론, 각 학생의 학습 스타일과 선호도에 따라 최적의 방법은 달라질 수 있습니다. 문제집 여러 권을 풀며 다양한 문제를 접함으로써 다양한 유형에 익숙해질 수 있습니다. 하지만 너무 많은 문제집을 푸는 것은 학생에게 부담이 될 수 있으며 모든 문제를 깊이 있게 이해하기 어렵게 만들 수 있습니다. 그래서 한 권의 문제집을 깊이 있게 공부함으로써 개념을 완전히 이해하고 문제를 해결하는 데 필요한 기술을 배울 수 있습니다. 특히, 시험이 다가올수록 학생들은 새로운 문제를 풀면서 불안감을 느끼기보다 풀었던 문제들의 채점 결과를 바탕으로 유형을 정리하고 다시 풀면서 자신감을 가질 수 있습니다(아래의 check 참고).

---

6) Havard Medical School Division Of Sleep Medicine, Why Sleep Matters: Benefits of Sleep, 2021.10.1., https://sleep.hms.harvard.edu/education-tr인공지능ning/public-education/sleep-and-health-education-program/sleep-health-education-41#:~:text=In%20studies%20of%20humans%20and,our%20health%2C%20safety%2C%20and%20longevity

1. 문제집의 문제를 풀고 나면 문제 아래에 O, △, X를 표시합니다.

문제 아래 기호	의미
O	알고 있는 내용을 바탕으로 문제를 잘 알고 풀었다.
△	문제에 대한 답을 골랐지만 애매하다. 확신이 없다.
X	문제에 대한 답을 고르지 못했다. 모르겠다. 찍었다.

2. 풀었던 문제를 채점하고 '1'에서 표시한 기호와 채점 결과에 따라 스스로 공부합
니다(학생들은 틀린 것만 다시 풀어 보지만, 문제를 어떻게 풀었는지에 따라 공부
법이 달라져야 합니다).

문제 아래 기호	채점결과	공부법
O	O (정답)	완전히 내용을 이해하고 있는 문제입니다. 복습을 하지 않아도 됩니다.
	X (오답)	(완벽 이해 필요) 오개념으로 잘못 이해하고 있거나 실수를 하는 문제 유형입니다. 이 부분의 개념을 다시 찾아보고 새로 이해할 수 있도록 합니다. 실수를 했다면 똑같은 상황에서 같은 답을 선택할 수 있으므로 꼭 다시 풀어 보고 이와 같은 유형을 틀리지 않도록 합니다.
△	O (정답)	(완벽 이해 필요) 문제를 맞았는지, 틀렸는지가 중요하지 않습니다. 문제가 비슷한 유형으로 출제되면 틀릴 수도 있는 내용입니다. 문제를 처음 봤을 때 어떤 부분이 애매했는지를 알고 곧바로 개념을 다시 공부해서 비슷한 개념으로 문제가 출제됐을 때 틀리지 않도록 합니다.
	X (오답)	
X	O (정답)	(어떻게 문제를 풀었는지 떠올려 보기) 내용을 잘 몰랐지만 자신만의 방법으로 최적의 답을 고른 상황입니다. 이 부분의 개념을 다시 처음부터 완벽하게 공부를 합니다. 그리고 모르는 문제였지만 이런 유형의 답을 고를 수 있는 '자신만의 팁이나 노하우'가 있을 수도 있습니다. 문제를 어떻게 해결했는지를 떠올려 보고 '올바른 해결 방법'이라면 다음에 또 활용할 수 있습니다.
	X (오답)	(관련된 내용을 처음부터 다시 공부하기) 이 문제와 관련된 내용을 처음부터 다시 꼼꼼하게 공부해야 합니다. 이 문제를 다시 풀었을 때 풀 수 있을 정도로 공부를 해 보고 비슷한 유형의 문제를 찾아서 풀어 보거나 스스로 문제를 내고 풀어 볼 수 있습니다.

학습에 있어 반복은 매우 중요한 역할을 합니다. 한 권의 문제집을 여러 번 반복해서 푸는 것은 장기 기억에 학습 내용을 더 잘 저장하는 데 도움을 줍니다. 반복 학습은 정보를 장기 기억으로 전환하는 데 도움이 되며 이는 시험 대비에 있어 매우 중요합니다. 그리고 여러 권의 문제집을 푸는 것보다 한 권을 여러 번 보는 것은 시간을 더 효율적으로 관리할 수 있게 합니다. 공부량이 많아지면서 시간이 절대적으로 부족한 학생들이 새로운 문제집에 적응하는 데 소요되는 시간을 줄이고 핵심 내용에 더 집중할 수 있습니다.

문제집 한 권을 선택해 심화 문제에 도전하기 - 장슬기/장나라

문제집 한 권을 여러 번 반복해서 보는 방법이 가장 중요하다고 생각합니다. 저는 개념 학습 시에 교과서를 완벽하게 이해할 수 있을 만큼 여러 번 반복해서 읽고 정리합니다. 이후에는 교과서의 연습(Exercise) 문제를 풀면서 개념을 익힙니다. 개념이 완전히 익숙해진 후에는 교과서의 부교재를 최소 3번 이상 반복해서 풀어 봅니다. 다양한 문제 유형을 익히고 연습하고자 할 때는 모의고사를 풀어 봅니다. 모의고사에서는 대부분의 문제 유형을 접할 수 있기 때문에 여러 번 반복해서 풀다 보면 자연스럽게 익숙해집니다. 수학적 사고력을 기르기 위해서는 여러 문제집을 풀어 보는 것보다는 모의고사의 킬러 문제와 같은 심화 문제에 도전하는 과정이 중요하다고 생각합니다.

저는 심화 문제를 풀 때는 시간과 문제 수에 구애받지 않고 이해할 때까지 고민합니다. 때로는 하루에 문제를 단 2개밖에 풀지 못할 때도 있었지만, 이런 과정에서 사고력이 많이 성장했다고 느꼈습니다. 대부분의 문제집들은 문제의 숫자만 바꿔 제시한다고 생각하므로 개념서 하나를 선택해 완벽하게 이해하는 것이 좋다고 생각합니다.

영재고 준비하는 아이는 이렇게 공부합니다

모르는 문제나 어려웠던 문제를 중심으로 한 오답 정리가 중요하다 - 김지연

저는 문제집 한 권을 여러 번 반복해서 보는 것의 중요성을 강조하고 싶습니다. 그러나 이미 쉽게 풀었거나 여러 번 풀어 익숙해진 문제를 계속 푸는 것은 큰 의미가 없습니다. 따라서 모르는 문제나 어려웠던 문제를 중심으로 오답을 정리하는 것이 중요하다고 생각합니다.

아이들은 문제집 한 권을 완료하면 쉽게 다음 문제집으로 넘어가려고 하는 경향이 있습니다. 그러나 한 번 본다고 해서 모든 것을 완벽히 이해하고 내 것으로 만드는 것은 아닙니다. 또한 같은 문제집을 다시 볼 때 새로운 인사이트를 얻을 수 있습니다. 그래서 한 문제집을 끝내자마자 다음 문제집으로 넘어가는 것은 겉핥기식 학습이고 효과적이지도 않다고 생각합니다. 한 문제집을 여러 번 볼 때마다 완전히 이해하고 자신의 것으로 만든 후 심화 문제를 풀거나 다른 유형의 문제를 찾아보는 것이 좋습니다. 또한 문제집을 반복해서 보는 과정에서 오답을 정리하며 '내가 왜 틀렸는지?', '왜 어려웠는지?'라는 의문을 가져 보는 것은 생각을 성장시키는 데 큰 도움이 됩니다.

매일 조금씩 휴식 vs. 몰아서 휴식

공부의 연속성을 위해 시험 기간에는 간단한 산책이나 낮잠으로 휴식을 대체하자 - 하우영

학생들이 공부를 할 때 '매일 잠깐씩 휴식하는 것'이 '하루에 몰아서 휴식하는 것'보다 효과적입니다. 이렇게 하면 학습의 질을 높이고 장기적으로 학습 효율을 개선하는 데 도움이 됩니다. 매일 잠깐씩 휴식을 취하는 것은 학습의 연속성을 유지하는 데 도움이 됩니다. 긴 시간 동안 몰아서 휴식을 취하면 학습의 흐름이 깨지고 자제력이 약한 학생들은 다시 공부에 집중하는 데 어려움을 겪을 수 있습니다. 특히, 시험 기간과 같이 체력이 요구되는 상황에서는 하루 종일 친구들과 함께 놀러 나가는 것처럼 큰 체력 소모를 하는 휴식보다는 가벼운 휴식이 더 효과적입니다. 30분 정도의 낮잠이나 식사 후 산책은 학습에 대한 부담을 줄이고 에너지를 재충전하는 데 도움이 될 수 있습니다. 이렇게 '휴식'은 공부에 방해가 되지 않고 오히려 공부를 돕는 방향으로 이뤄져야 합니다. 매일 '잠깐씩 휴식'을 취하는 것은 학습에 대한 집중력을 높이고 정신적·체력적 피로를 줄이는 데 도움이 됩니다.

갈수록 중요해지는 휴식 시간, 매일 조금씩의 재충전이 필요하다 - 장슬기 / 장나라

저는 고등학교에 진학하고 나서야 휴식과 공부의 균형이 중요하다는 것을 깨달았습니다. 공부는 습관이 중요하기 때문에 매일 조금씩이라도 하는 것이 좋습니다. 그래서 저는 매일 정해진 시간에 공부하는 습관과 함께 짧게라도 휴식 시간을 가집니다. 하루에 한 시간 정도는 친구들과 수다를 떨거나 낮잠을 자면 휴식으로 공부할 때 집중력이 생기는 것을 느꼈습니다. 이런 작은 휴식 시간은 제가 다음 공부를 하기 위한 에너지를 줘서 꽤 도움이 됩니다.

중학교 때는 평일에만 공부를 하고 주말에는 통째로 놀기도 했습니다. 길게 쉬면 재충전이 될 것이라고 믿었는데 실제로는 토요일, 일요일이 지나고 월요일이 돼도 놀고 싶은 마음만 커져서 공부에 집중하기 어려웠습니다. 이 경험을 통해 휴식을 몰아서 하면 오히려 공부로 돌아오기가 힘들다는 것을 깨달았습니다. 다른 학생들도 매일 공부를 하는 습관과 함께 휴식도 함께 취하는 균형 잡힌 생활 습관을 갖는 것이 좋겠습니다.

공부는 장기전, 매일 조금씩 휴식을 취하는 것이 효과적이다 - 김지연

자녀 교육에서 휴식의 중요성은 체력 관리와 직결됩니다. 제 자녀들에게도 이를 강조하며 매일 조금씩 휴식을 취하는 것이 장기적으로 더 효과적이라는 것을 알려 줬습니다. 몰아서 휴식을 취하면 공부를 몰아서 하려는 경향이 생겨 오히려 체력적으로 더 지치게 되기 때문입니다.

실제로 제 자녀가 주말에만 쉬려고 했을 때 월요일에 학습에 다시 몰입하는 데 어려움을 겪었습니다. 저는 바둑 기사 이창호와 이세돌의 예를 들어 아이들에게 설명했습니다. 이들은 긴 시간 동안 진행되는 바둑 경기에서 체력이 뒷받침됐기 때문에 좋은 성과를 이룰 수 있었습니다. 이 이야기를 통해 자녀들에게 체력을 위해 휴식을 잘 취하는 것이 얼마나 중요한지를 일깨워 줬습니다.

매일 하교 후 낮잠을 자거나 산책을 하는 등의 짧은 휴식을 취하면 다음 날 학교에 가는 것이 수월해졌다고 합니다. 방학 기간에도 이런 균형 잡힌 습관을 유지하도록 지도했고 이는 학교 생활에 잘 적응하고 공부의 연속성을 유지하는 데 큰 도움이 됐습니다.

공부는 마라톤과 같습니다. 마라톤에서 중간중간 적절히 페이스를 조절하고 에너지를 분배하는 것처럼 공부도 꾸준히 지속해야 합니다. 주말에만 휴식을 취하게 하면 자녀는 주중 내내 지친 상태로 공부를 하게 되고 이는 공부의 흐름을 방해하며 집중력을 떨어뜨립니다. 이러한 교훈은 자녀들이 학습할 때도 장기적인 시야를 갖고 중간에 낙담하지 않도록 하고 체력 관리의 중요성을 인식하게 만드는 데 큰 역할을 했습니다. 아이들이 이러한 균형을 이해하고 실천할 수 있도록 도와주는 것이 부모의 역할이라고 믿습니다.

공부와 휴식의 관계

휴식은 우리의 일상에서 체력과 정신력을 유지하는 데 필수적인 역할을 합니다. 과학적 연구에 따르면, 지속적인 노동 후에 뇌가 피로를 느끼는 것은 자연스러운 현상이며 이는 우리의 집중력과 생산성에 부정적인 영향을 미칩니다.[7] 그러나 짧은 휴식을 통해 뇌는 활력을 되찾고 이는 우리가 장기간 동안 효율적으로 활동할 수 있게 도와줍니다.

체력 유지는 마치 정원을 가꾸는 것과 같습니다. 정원에 물을 주듯이 우리 몸과 마음에도 규칙적인 휴식을 제공해야 합니다. 짧은 산책, 명상, 스트레칭은 우리 몸이 장시간의 활동에 대비하도록 준비시키며 근육의 긴장을 풀고 혈액 순환을 촉진해 체력을 회복시키는 데 도움을 줍니다.

가끔은 하루 종일 휴식을 취하는 것도 중요합니다. 이는 우리가 평소에 누적된 스트레스와 피로를 해소하는 데 필수적인 역할을 합니다. 장기간의 스트레스는 만성적인 건강 문제로 이어질 수 있으며 이를 예방하기 위해서는 정기적인 휴식이 필요합니다. 하지만 이러한 긴 휴식은 일상에서는 예외적인 경우에 한해 적용돼야 하며 일상적인 휴식은 매일 조금씩 취하는 것이 바람직합니다.

일상에서 규칙적인 휴식을 취하는 것은 우리의 체력을 유지하고 장기간 지치지 않게 하는 데 중요합니다. 이는 과학적으로 입증된 바이며 우리의 건강한 생활 방식에 꼭 필요한 습관입니다. 하루 종일 휴식을 취하는 것도 필요하지만, 일상에서는 매일 조금씩 휴식을 취하는 것이 더욱 권장됩니다.[8]

스마트폰과 SNS 활동은 필요하다 vs. 금지해야 한다

디지털 리터러시가 강조되는 세대! 스마트폰과 SNS 활동도 능력이다 - 하우영

학생들의 스마트폰 사용과 SNS 활동을 금지하는 것보다는 이를 효과적으로 사용하는 방법을 가르치는 것이 더 중요합니다. 이는 학생들이 살아갈 디지

---

7) Helvig A, Wade S, Hunter-Eades L. Rest and the associated benefits in restorative sleep: a concept analysis. J Adv Nurs. 2016 Jan;72(1):62-72. doi: 10.1111/jan.12807. Epub 2015 Sep 15. PMID: 26370516.

8) Psychology Today, The Importance of Rest- The impact of sleep deprivation is often severe, as well as underestimated, 2015. 7. 6, https://www.psychologytoday.com/us/blog/finding-your-voice/201507/the-importance-rest

털 시대에 필요한 기술을 습득하고 긍정적인 방식으로 기술을 활용하는 데 도움이 됩니다. 현대 사회에서는 디지털 리터러시, 즉 디지털 정보를 이해하고 활용하는 능력이 매우 중요합니다. 많은 학교에서 학생들에게 스마트 단말기가 보급되고 있으며 이를 통한 디지털 교육이 강조되고 있습니다.

제가 근무하고 있는 한국교육방송공사(EBS)에서도 교육부의 지원을 받아 학교 수업을 위한 '디지털 리터러시' 콘텐츠를 꾸준히 제작하고 있습니다. 스마트폰과 같은 기기는 학습 자료 검색, 교육 앱 활용, 온라인 강의 수강 등 다양한 교육적 목적으로 활용될 수 있습니다. 중요한 것은 스마트 기기의 중독을 예방하고 계획적으로 사용하는 방법을 가르치는 것입니다.

SNS 활동은 학생들이 자신의 꿈과 관련된 내용을 포스팅하고 정보를 공유하는 플랫폼으로 활용될 수 있습니다. 학부모가 양방향 SNS의 사용이 걱정된다면 블로그 포스팅과 같이 글을 정리하는 형태의 SNS 활동이 좋은 대안이 될 수 있습니다. 이는 학생들이 자신의 생각을 체계적으로 정리하고 글쓰기 능력을 향상시키는 데 도움이 됩니다. 예를 들어, 과학에 관심이 많은 저희 동아리의 한 학생은 자신의 프로젝트 실험 결과나 발명 활동을 블로그에 포스팅함으로써 지식을 정리하고 공유하는 경험을 하고 있습니다.

스마트폰과 SNS 활동을 못하면 중요한 교육 정보를 놓칠 수 있다 - 장슬기/장나라

스마트폰과 SNS 사용은 필요하다고 생각합니다. 시간을 잘 관리해 목적 있게 사용한다면 공부에도 많은 도움이 됩니다. 최근에는 많은 프로젝트나 대회 정보가 온라인으로 공유되기 때문에 이를 활용하지 않으면 중요한 정보를 놓치고 참여의 기회마저 잃을 수 있습니다. 또한 저희 반에서는 SNS 그룹 채팅을 통해 모르는 문제에 대해 상의하고 있으며 언제, 어디서나 답을 얻을 수 있어서 매우 유용합니다.

혼자서 책을 찾아보는 것보다 다른 친구들과 '내가 왜 이 문제를 풀지 못했을까?'에 대한 고민을 하는 것이 훨씬 도움이 됩니다. 친구들끼리 이야기하는 시간이 늘어 사이가 좋아지는 것도 장점인 것 같습니다. 시험 기간에는 화상 회의 프로그램을 통해 온라인 독서실을 운영해서 친구들과 서로 격려하면서 힘든 시기를 극복하기도 합니다.

물론 휴식 시간에는 스마트폰으로 놀기도 하지만, 그 시간을 너무 낭비하지 않으려 노력하고 있으며 공부에 방해가 되는 콘텐츠는 피하려고 합니다. 예를 들어, 인스타그램을 습관적으로 들락날락하거나 예쁜 사진을 올리기 위해 시간을 너무 쓰는 것은 시간뿐 아니라 내 내면도 갉아먹게 될 것 같아서 주의하는 편입니다. 그렇지만 스마트폰이나 SNS가 없으면 친구들과의 소통이 어렵기 때문에 이를 효과적으로 관리하고 적절히 활용하는 것이 중요합니다.

스마트폰은 사용하더라도 SNS 활동은 자제가 필요하다 - 김지연

이제는 스마트폰, 아이패드, 노트북과 같은 기기가 우리 아이들의 학습 활동에 있어 더 이상 대체할 수 없는 도구가 됐다고 생각합니다. 특히, 검색 활동을 통해 필요한 정보를 찾아보고 챗GPT와 같은 최신 인공지능 기술을 활용해 더욱 폭넓은 지식을 얻고 이해하는 능력을 기르는 데 도움이 됩니다. 예를 들어, 수학 문제를 풀다가 막히는 부분이 있을 때 챗GPT에게 질문을 하면 실시간으로 도움을 받을 수 있습니다.

이러한 상호 작용은 아이들이 필요한 정보를 스스로 찾아내고 분석하며 비판적으로 생각하는 '디지털 리터러시'를 자연스럽게 기를 수 있습니다. 교과서나 학교 수업에서는 다루지 않는 다양한 방법과 접근법을 배울 수 있어서 많은 도움이 된다고 생각합니다. 물론, 인공지능의 답변을 그대로 받아 쓰는 것이 아니라 그것을 기반으로 자신의 생각을 확장하고 비판적으로 분석하는 과정을 거쳐야 합니다.

그리고 이제는 책을 많이 들고 다닐 필요도 없어져서 걱정이 덜어졌습니다. 이처럼 저희 자녀가 스마트폰과 아이패드를 사용하며 느낀 변화는 매우 긍정적입니다. 하지만 SNS의 활용에는 그다지 긍정적인 견해를 갖고 있지는 않습니다. 온라인에서 친구와의 상호 작용도 중요하겠지요. 온라인에서의 상호 작용은 자녀가 사회적 감각을 키우고 친구들과의 다양한 관계를 맺는 데는 분명 도움이 될 것입니다. 하지만 적절한 규제와 지도가 부족하면 SNS상에서 발생하는 청소년들만의 감정적인 문제가 발생하기 쉽고 이를 모두 통제하기 어렵기 때문에 꼭 사용할 필요는 없다고 생각합니다. SNS에 재미를 붙이면 그만큼 낭비하는 시간도 생길 테고 말이죠. 하지만 너무 재미에 빠지면 시간을 허비할 수도 있고 감정적인 문제도 생길 수 있어서 걱정입니다. 그래서 SNS를 굳이 써야 한다고 생각하지는 않습니다. 아이들이 인터넷을 통해 친구들과 잘 지내는 방법도 배워야 하지만, 그것에 너무 몰두하지 않도록 지켜보는 것도 중요하다고 봅니다.

TIP

스마트폰과 SNS 활동이 공부에 미치는 영향

스마트폰과 SNS가 학습에 미치는 영향은 사용 방식에 따라 크게 달라집니다. 이들 도구는 교육 자료에 쉽게 접근할 수 있도록 하고 온라인에서 지식을 나누고 함께 공부할 수 있는 환경을 조성한다는 점에서 학습에 긍정적인 영향을 미칠 수 있습니다. 연구에 따르면, 정보 탐색 능력과 디지털 교육 플랫폼 활용이 학습 효율성을 향상시킨다고 합니다. 또한 SNS는 학습자들 간의 소통을 원활하게 하고 학습 커뮤니티를 형성하는 데 도움을 줄 수 있습니다.

그러나 스마트폰과 SNS를 지나치게 사용하면 주의력이 분산되고 학습 시간이 줄어들 수 있습니다. 우리가 흔히 이야기하는[9], [10] '유튜브 쇼츠로 전두엽이 녹는다'라는 말처럼 지속적인 알림과 과도한 SNS 사용은 집중력을 저하시키고 학업 성취에 부정적인 영향을 미칠 수 있습니다. 전두엽은 충동을 조절하고 자제력을 발휘하는 데 중요한 역할을 하며 작업 기억을 유지하고 처리하는 데 관여하기 때문입니다.

이처럼 스마트폰과 SNS는 사용자의 자기 조절 능력과 사용 목적에 기반해 학습 도구로서의 가치가 달라질 수 있습니다.[11] 교육적인 목적에 맞춰 적절히 사용한다면 이들은 유익한 학습 도구가 될 수 있습니다. 하지만 사용을 적절히 제한하고 관리하지 않으면 학습에 방해가 되는 요소가 될 수 있습니다. 따라서 학습에 긍정적인 효과를 얻기 위해서는 사용자의 의식적인 노력과 체계적인 학습 관리 전략이 중요합니다.

시험 기간에도 습관대로 독서 vs. 시험 공부가 먼저

시험 기간에 독서는 사치이다. 독서는 시험 끝나고 즐기자! - 하우영

독서는 필요합니다. 특히, 학생들이 특기로 계발 중인 분야의 독서는 진로에도 많은 도움이 됩니다. 하지만 독서는 시험이 끝난 후에도 언제든 할 수 있지만 내신 성적은 다시 되돌릴 수 없습니다. 학교에서 시험 기간이 되면 간혹 공부를 좋아하지 않는 학생들은 친구들이 모두 중요한 시험 공부를 할 때 독서를 하는 경우가 있습니다. 원하는 고등학교나 대학교에 진학하기 위한 1단계 서류 평가에서 특정 교과 성적의 학업 성취도가 미달돼 후회하는 학생도 여럿 봤습니다.

시험 기간에는 시험 준비를 해야 합니다. 꼭 독서를 하고 싶다면 시험 준비를

9) BOTTOM SCIENCE, Are Shorts Harming Your Br인공지능n? The Truth About Short-Form Video Addiction, https://www.bottomscience.com/are-shorts-harming-your-br인공지능n-the-truth-about-short-form-video-addiction/

10) Ye J-H, Wu Y-T, Wu Y-F, Chen M-Y and Ye J-N (2022) Effects of Short Video Addiction on the Motivation and Well-Being of Chinese Vocational College Students. Front. Public Health 10:847672. doi: 10.3389/fpubh.2022.847672https://www.frontiersin.org/articles/10.3389/fpubh.2022.847672/full

11) MICHIGAN STATE UNIVERSITY, How teachers can use social media to improve learning this fall, 2020.6.23, https://msutoday.msu.edu/news/2020/how-teachers-can-use-social-media-to-improve-learning-this-fall

영재고 준비하는 아이는 이렇게 공부합니다

미리 시작해서 계획을 세우고 '하루 10분 독서'를 하거나 하루에 배정된 시험 공부를 마치고 자기 전 10분 독서 정도는 괜찮습니다. 하지만 하루에 배정된 공부량을 채우지 않고 즉흥적으로 '독서'를 하는 것은 현명하지 못합니다.

앞서 이야기했지만, 내신 시험 기간(45일 정도)은 시험 공부에 오롯이 몰입해서 최선을 다해야 나중에 후회하지 않습니다. 시험 기간에는 집중력을 높여 시험 공부를 위한 학습 효율을 극대화하는 것이 필요합니다. 이를 위해 다른 활동보다는 시험과 관련된 학습에 더 많은 시간을 할애하는 것이 도움이 됩니다.

시험 기간에는 독서를 할 시간이 없다. 시간 낭비이다 - 장슬기 / 장나라

시험 기간에 독서를 계속한다는 것은 고등학생에게는 현실적으로 매우 어려운 일입니다. 저희 학교의 커리큘럼은 이미 매우 빡빡하며 시험 기간이 되면 그 압박은 더욱 심해집니다. 학교에서 배우는 내용이 대부분 심화적인 내용이라 이해하기 어렵기도 하고 진도도 빠른 편이라 학교 공부를 이해하고 복습하기에도 시간이 모자랍니다. 이 와중에 시간을 쪼개 모의고사 문제를 풀어 보기도 합니다.

특히, 수학과 물리는 개념을 이해하고 문제를 풀어 보는 데 상당한 시간이 필요합니다. 학교에서도 학생들을 사정을 고려해 노트북 제출 시간과 소등 시간을 새벽까지 늘려 줍니다. 시험 3일 전부터는 기숙사 출입도 자유입니다. 시험 전까지의 시간을 최대한 활용하기 위한 것인데, 그래서 책을 읽는 것은 시험 뒤로 미뤄도 괜찮다고 생각합니다. 그 시간을 공부에 투자하고 여유 있을 때 책을 읽는 것이 책을 제대로 읽는 데도 도움이 된다고 생각합니다.

시험 기간의 독서는 바람직하지 않다 - 김지연

시험 기간에도 독서를 꾸준히 하는 습관은 분명 칭찬할 만합니다. 아이가 책을 좋아하는 것은 기쁜 일입니다. 그러나 시간 관리는 아이들에게 쉽지 않은 과제입니다. 특히, 시험 기간에는 학습에 우선순위를 둘 수밖에 없는 것이 현실입니다. 영재고등학교와 같은 곳에서는 공부해야 할 양이 방대해 항상 시간이 부족합니다. 이런 상황에서 책을 읽는 것은 실질적으로 어렵습니다.

제 자녀의 경우를 보면, 중학교 때 시험 기간이 다가올수록 불안해하며 그 불안함을 달래기 위해 평소에는 손대지 않던 소설책에 몰두하는 모습을 보였습니다. 공부에 대한 부담을 피하고자 독서로 도피하는 것은 일시적으로 마음을 진정시킬 수는 있지만, 결국 시험 직전에 공부를 몰아서 해야 하는 상황으로 이어집니다. 이는 벼락치기 공부로 이어져 시험 성적에 부정적인 영향을 미칠 수 있습니다. 이 습관이 고등학교에 이르러도 계속된다면 성적 관리는 더욱 어려워질 것입니다.

시험 기간에 독서, 산책, 운동, 영화 보기, 음악 듣기 등의 휴식을 취하는 것은 좋지만, 시간을 적당히 활용하고 자제하는 습관도 아울러 길러 주는 것이 관건입니다. 그러나 공부해야 할 시간까지 할애하는 독서는 바람직하지 않습니다. 시험 기간에는 학습에 집중하고 독서는 여가 시간에 적절히 배분하는 것이 중요합니다.

> **TIP**
>
> ### 시험 기간 학생들의 독서 습관에 대한 연구
>
> 시험 기간에 학생들이 독서 습관을 유지하는 것이 좋은지, 시험이 끝난 후에 책을 읽는 것이 좋은지에 대한 논의는 교육학과 심리학 연구에서 다양한 의견이 제시되고 있습니다. 과학적 근거에 따르면, 독서는 스트레스를 감소시키고 인지 기능을 향상시키며 집중

력을 높이는 데 도움을 줄 수 있습니다.[12] 이는 시험 기간 동안 학생들이 겪는 압박감과 불안을 완화하는 데 유용할 수 있습니다.

그러나 시험 기간에는 학습에 대한 집중이 필요합니다. 연구에 따르면, 다중 작업 (Multitasking)은 작업 성능을 저하시키고 장기적으로는 학습 능력에 부정적인 영향을 미칠 수 있습니다. 따라서 시험 공부와 독서를 병행하는 것은 학습 효율을 떨어뜨릴 수 있습니다. 실제로 많은 학생이 시험 기간에 유독 책을 많이 읽는 경향이 있습니다. 이는 불안감을 해소하고자 하는 심리적 반응일 수 있으며 일종의 지연 행동(Procrastination)으로 볼 수 있습니다. 즉, 공부에 대한 스트레스를 피하기 위해 독서라는 다른 활동으로 주의를 돌리는 것입니다. 그러나 이는 시험 준비에 필수적인 시간을 빼앗고 결국 학업 성과에 부정적인 결과를 초래할 수 있습니다.

반면, 시험이 끝난 후에 독서를 하는 것은 여러 면에서 이점을 제공합니다. 학생들은 시험의 부담 없이 책을 읽을 수 있으며 이는 지식을 확장하고 창의력을 증진시키며 새로운 관점을 제공할 수 있습니다. 또한 시험 기간 동안 쌓인 스트레스를 해소하고 정서적 균형을 되찾는 데 도움을 줄 수 있습니다.[13]

종합적으로 볼 때, 시험 기간에는 학습에 집중하고 독서는 시험이 끝난 후에 즐기는 것이 학업 성과와 개인의 웰빙 모두에 더 이로운 접근 방식으로 보입니다. 이를 통해 학생들은 시험 준비에 필요한 집중력을 유지하면서도 독서의 긍정적인 효과를 누릴 수 있습니다.

내가 잘하는 분야로 영재교육원 지원 vs. 더 공부하고 싶은 분야로 영재교육원 지원

영재교육원! 우선 내가 가장 잘하고 자신 있는 분야에 지원하자! - 하우영

영재교육원을 처음 지원할 때는 '내가 잘하는 분야'로 지원해서 우선 '합격'하는 것이 중요합니다. 지역별로 지원 조건이 다르지만, 보통 초등학교

---

12) National UNIVERSITY, Reading Improves Memory, Concentration, and Stress, 2015.9.22, https://www.nu.edu/blog/reading-improves-memory-concentration-and-stress/

13) Vogel, S., Schwabe, L. Learning and memory under stress: implications for the classroom. npj Science Learn 1, 16011 (2016). https://doi.org/10.1038/npjscilearn. 2016. 11

3학년 2학기나 초등학교 4학년 2학기에 처음 영재교육원을 지원할 수 있습니다. 예를 들어, A 영재교육원의 초등 발명반에 지원하는 조건이 초등학교 4학년, 초등학교 5학년이라면 초등학교 4학년 때부터 지원해 보지만, 초등학교 5학년 학생들과도 경쟁을 하므로 불합격할 가능성도 있습니다. 능력 차이도 있지만 영재성 검사나 창의적 문제 해결력 검사의 유형을 알지 못해 능력을 발휘하지 못할 수도 있습니다. 따라서 첫 지원일 경우, 우선 '배우고 싶은 분야'보다 '다른 학생보다 잘하는 분야'의 반을 지원해서 합격의 가능성을 높이는 것이 중요합니다. 물론 학생들이 하고 싶은 분야와 잘하는 분야가 같으면 당연히 그 분야를 지원하면 됩니다.

한국교육개발원 GED 시스템으로 온라인 지원, 교사 관찰 및 온라인 추천, 영재성 검사, 창의적 문제 해결력 검사 등이 처음 겪는 과정이므로 첫 해에는 우선 합격을 할 수 있는 영재교육원의 반을 지원하도록 합니다. 실시간 지원 현황을 제공하는 영재교육원일 경우, 이 수치를 참고하거나 전년도 학급별 지원 경쟁률을 참고해서 선택할 수 있습니다. 이렇게 합격을 해서 1년 과정을 수료하고 나면 다음 해에는 합격한 노하우를 바탕으로 계열성을 고려해서 같은 분야의 심화 과정을 지원하거나 더 배워 보고 싶은 다른 분야의 과목을 선택해 지원할 수 있는 선택의 폭을 넓히는 것이 좋습니다.

내가 잘하는 분야에 지원해야 합격할 수 있다 - 장슬기/장나라

영재교육원에 지원할 시즌이 다가오면 항상 선생님, 어머니와 함께 '잘하는 과목'을 선택할지, '잘하고 싶은 과목'을 선택할지에 대해 고민하곤 했습니다. 한 학기 동안 꾸준히 다녀야 하기 때문에 많이 고민이 됐습니다. 저는 하우영 선생님의 말씀을 듣고 일단 처음 영재교육원을 지원할 때는 '제가 잘하는 분야'로 지원했습니다. 하우영 선생님을 만나기 전에 제가 '잘하고 싶은 과목'을 선택해서 떨어졌던 경험이 있었기 때문입니다.

이렇게 처음 영재교육원을 지원할 때는 '내가 잘해서 합격할 수 있는 분야(반)'를 선택해야 합니다. 영재교육원에서의 교육 내용은 대체로 심화 과정으로 이뤄져 있어서 학생들에게는 난이도가 있습니다. 처음 영재교육원에 들어가서는 그 과목에 대한 관심이 없거나 잘하지 못한다면 오히려 부담으로 작용해 영재교육원 공부에 대한 열의를 잃게 만들 수 있습니다.

반면, 자신이 잘하는 분야를 선택한다면 일단 합격도 하고 영재교육원 첫해 적응 시기에 그 과목에 대한 열정으로 인해 자연스럽게 잘 따라갈 수 있고 더 깊게 탐구할 기회가 생긴다고 생각합니다. 이는 이후 자신의 진로를 정하는 데도 큰 도움이 될 것입니다.

저도 평소에 동아리 활동을 하며 즐겨하던 발명 과목을 선택해 발명에 대한 프로젝트를 진행하게 됐고 나중에 한국과학영재학교 장영실 전형으로 지원하는 데도 큰 도움이 됐습니다. 혼자서 발명을 진행할 수도 있지만, 같은 관심사를 가진 친구들과 선생님과 함께 다양한 사고를 나눌 수 있었고 발명에 대한 열정을 유지하는 데도 큰 도움이 됐습니다. 이렇게 첫 해에 영재교육원을 '잘하는 분야'에 합격하고 나면 다음 해에 '제가 더 공부하고 싶은 분야'의 영재교육원을 선택할 수 있는 기회도 주어졌습니다.

영재교육원은 학생이 좋아하고 잘하는 분야에 지원하자 - 김지연

영재교육원에는 학생이 좋아하고 잘하는 분야에 지원해야 합니다. 단순히 부모의 욕심에 '더 공부하고 싶은 분야'를 선택하면 합격하지 못하거나 합격을 해도 학생이 흥미를 못 느낄 수 있습니다. 저는 제 아이가 학교에서 하우영 선생님과 함께하는 과학 발명 동아리 활동의 연장선상에서 영재교육원에서 과학과 수학에 흥미를 갖고 새롭게 탐구하며 다양한 경험을 쌓는 것이 중요하다고 생각했습니다. 특히, 영재교육원에서 만나는 선생님, 친구들과의 상호 작용은 평소와는 다른 학습 경험을 줄 것이라고 생각했습니다. 아이들은 학원에서처럼 학습 진도를 나가고 문제를 푸는 것이 아니라 서로의 아이디어를 공유하며 협력해 문제를 해결하고 발표를 하는 프로젝트 과정을 통해 사회성과 팀워크를 배울 수 있습니다.

이러한 경험으로 '이런 공부도 있구나' 하는 생각을 하게 해 주는 자체가 의미가 있다고 생각합니다. 저는 영재교육원에 가서 새로운 분야의 공부를 하는 것보다 아이가 잘하는 분야의 긍정적인 경험을 중요시했기 때문에 무조건적 아이가 '좋아하고 잘하는 과목'을 선택하도록 지지했습니다. 아이가 좋아하고 잘하는 분야에 더 재미를 느끼고 열정적인 모습을 보고 의미 있는 선택이었다고 생각합니다.

TIP

영재교육원 지원 시 고려해야 할 점(적성 vs. 열정)

영재교육원 지원 시 아이가 좋아하는 과목을 선택하는 경우가 많습니다. 아이의 호기심은 학습의 질을 향상시키고 탐구의 깊이를 더합니다. 이는 마치 아이가 좋아하는 책을 읽을 때 페이지를 넘기는 속도가 빨라지는 것과 같습니다.

반면, 잘하는 과목을 선택하는 것은 자신감을 기반으로 한 효과적인 학습을 가능하게 합니다. 이는 견고한 다리를 건너는 것처럼 아이가 자신 있게 앞으로 나아갈 수 있도록 돕습니다. 잘하는 과목에 대한 이해는 새로운 주제에 대한 접근을 용이하게 만들며 이미 숙련된 영역에서의 성공은 더 도전적인 문제에 맞서게 하는 용기를 줍니다. 예를 들어, 언어에 능한 아이가 문학을 접할 때 이미 익숙한 어휘와 문법 지식을 활용해 새로운 작품을 분석하는 데 강점을 보일 것입니다.

아이가 자신이 좋아하는 과목과 잘하는 과목 중 어느 것을 선택해야 할지 결정할 때 각각의 길이 가진 장점을 신중히 고려해야 합니다. 좋아하는 분야는 지속적인 호기심을 자극하고, 잘하는 분야는 신속한 이해와 자신감을 부여합니다.

영재는 모두 공부를 잘한다 vs. 공부를 못하는 영재도 있다

영재들은 만능엔터테이너가 아닐 수 있다: 시험 점수가 모든 것을 말하지는 않는다 - 하우영

학생과 학부모가 생각하는 공부의 기준은 내신 성적, 등수, 점수일 것입니다. 통상 영재란, '특정 분야에서 뛰어난 재능이나 능력을 가진 사람'을 의미합니다. 이것이 항상 전통적인 학교 시험이나 등수와 직접 연결되는 것은 아닙니다.

예를 들어, 어떤 아이는 수학이나 과학에서 특별한 재능을 보이지만, 학교 시험에서는 평균이거나 평균 이하의 성적을 받을 수 있습니다. 이는 학교 시험이 그 아이의 창의성이나 문제 해결 능력을 완전히 측정하지 못하기 때문일 수 있습니다. 또한 영재는 종종 전통적인 학습 방법에 어려움을 느끼고 자신만의 방식으로 학습을 진행할 수 있습니다.

이런 아이들은 학교 시험 체계에 완전히 적응하지 못할 수도 있어서 시험 점수나 등수가 그들의 진정한 능력을 반영하지 않을 수 있습니다. 학교에서 수학 점수를 100점 받았다고 해서, 수학 공부를 하나도 안 했는데 높은 점수를 받았다고 해서 수학에 영재성 있다고 단정 지으면 안 됩니다. 그대신 앞서 '평범한 아이가 영재가 되는 공식, 10가지만 준비하자'에서 제가 다룬 것처럼 학생들의 경험들을 계획성 있게 설계하고 그것대로 촘촘하게 실행해 나가다 보면 평범했던 학생들이 각 분야에서 영재성을 나타낼 수 있습니다.

학부모는 학생이 학교 시험에서 뛰어난 성적을 얻지 못한다고 해서 걱정할 필요가 없습니다. 중요한 것은 학생들이 자신의 재능을 발견하고 그 재능을 최대한 발휘할 수 있는 환경을 제공하는 것입니다. 각 학생들은 고유한 방식으로 세상을 이해하고 자신만의 방식으로 학습합니다. 따라서 학생들이 시험을 잘 치거나 높은 등수를 갖는 것이 그들의 재능의 전부는 아닙니다. 학생들의 재능을 올바르게 인식하고 그들이 자신의 방식으로 성장할 수 있도록 지원하는 것이 중요합니다.

공부를 못하는 영재도 있다 - 장슬기 / 장나라

공부를 못하는 영재도 있다고 생각합니다. 학교에서의 성적만으로 한 사람의 잠재력이나 영재성을 판단하는 것은 너무나 제한적이라고 생각합니다. 학업 성적이 높다는 것은 분명 중요한 요소 중 하나이지만, 그것으로 모든 것을 판단할 수는 없습니다. 사람마다 각자의 재능과 장점이 있으며 그것은 일반적인 시험만으로 측정할 수 없다고 생각합니다. 예를 들어, 영재고등학교에도 자신이 좋아하는 특정 분야에서만 특출나게 잘하고 다른 과목에서는 힘들어 하는 학생들이 많습니다.

우리는 자녀가 특정 과목을 잘하면 그 과목을 좋아하기 때문에 잘하는 것이라고 생각합니다. 특정 분야에서 두각을 나타내는 것은 자신이 관심과 열정이 그 분야에 집중돼 있기 때문이고 그래서 좋은 성적과 결과가 나오는 것입니다. 지금까지 전체적으로 좋은 성적을 낼 수 있었던 것은 단순히 타고난 재능이 아닌, 꾸준한 노력의 결과라고 볼 수 있습니다. 그래서 저는 영재는 '노력을 해 본 사람'이라고 생각합니다. 노력하면 아인슈타인과 뉴턴만큼은 아니더라도 영재라고 불리기에 충분한 능력을 가질 수 있다고 생각합니다.

공부가 영재의 기준은 아니다 - 김지연

우리는 종종 영재라는 말을 학업 성취와 동일하게 여깁니다. 하지만 이는 영재성의 다양한 측면을 고려하지 않은 좁은 시각이라고 생각합니다. 영

영재고 준비하는 아이는 이렇게 공부합니다

재는 분명 공부에서 뛰어난 성과를 보일 수 있지만, 예술, 음악, 발명과 같은 다른 분야에서도 재능을 발휘하기도 합니다. 어떤 영재는 수학이나 과학에서 특별한 재능을 보이고 다른 영재는 음악 작곡이나 체스, 바둑, 게임과 같은 영역에서 두각을 나타나기도 합니다.

또한 모든 영재가 초·중학교 때 공부를 잘해서 좋은 고등학교를 가는 것이 아니라 성인이 돼서야 자신의 영재성을 발견하고 특별해지기도 합니다. 저는 영재성이 시간이 지남에 따라 변화하고 발전할 수 있다고 믿습니다. 따라서 영재의 기준을 단지 학교 성적만으로 한정 짓는 것은 영재들의 잠재력을 제한하는 일이 될 수도 있습니다.

이러한 이유로 영재라는 틀에 얽매이기보다는 각자의 잠재력을 최대한 발휘할 수 있도록 노력하는 것이 중요하다고 생각합니다. 제 자녀를 예로 들면 타고난 영재라기보다는 '노력형 영재'에 가깝습니다. 초등학교와 중학교 시절부터 발명 활동에 참여하고 창의력 대회에 출전하며 두뇌를 발달시키는 활동을 꾸준히 해 왔습니다. 이런 경험들이 아이의 창의적 사고와 문제 해결 능력을 키우는 데 큰 도움이 됐고 한국과학영재학교에 입학하는 데 결정적인 역할을 했다고 생각합니다.

겨우 초등학생이었던 아이가 스스로 대회에 나가겠다고 매일 학교에 남아 선생님과 과학 보고서를 쓰고 발표 대본을 작성하며 밤에 잠자리에 들어서도 눈을 감고도 대본을 외우던 모습을 보고 깜짝 놀란 적도 있습니다. 이러한 노력 덕분에 아이는 여러 대회에서 큰 성과를 이루고 뿌듯해했습니다. 이런 모습을 보면 영재성은 단순히 지식 습득과 성적이 아니라 지속적인 노력과 훈련에서 비롯되는 '개인의 잠재력'이라는 생각이 듭니다. 그렇기 때문에 초·중학교 때 공부를 못해서, 영재가 아니라서 일찍 포기하기보다는 아이의 잠재력을 발견하고 발전시키는 데 초점을 맞추는 것이 가장 중요하다고 생각합니다.

영재성과 학업 성적

영재성은 단순히 학교에서의 학업 성적으로만 판단할 수 있는 특성이 아닙니다. 역사적으로 많은 천재가 학교 성적과는 별개로 자신의 재능을 발휘했습니다. 가장 대표적인 예로 알버트 아인슈타인(Albert Einstein)을 들 수 있습니다.[14]

그는 학교 시절 두드러진 성적을 내지 못했으며 초기 경력에서도 학계로부터 크게 주목받지 못했습니다. 그러나 아인슈타인은 스위스 특허청에서 근무하며 얻은 경험이 그의 과학적 사고방식에 큰 영향을 미쳤습니다. 특허청에서의 일은 그에게 다양한 기계와 발명품을 분석하고 그 원리를 이해하는 기회를 제공했습니다. 이 과정에서 그는 복잡한 문제를 단순화하고 추상적인 개념을 구체화하는 능력을 키웠습니다. 이는 나중에 그의 혁명적인 물리학 이론을 계발하는 데 결정적인 역할을 했습니다. 특허청에서의 경험은 아인슈타인에게 일상적인 사물에서 벗어나 보다 큰 그림을 볼 수 있는 시야를 제공했고 상대성 이론과 같은 혁신적인 아이디어를 형성하는 데 도움을 줬습니다.

아인슈타인의 사례는 영재성이 반드시 타고난 것만은 아니라는 것을 보여 줍니다.[15] 그의 천재성은 특정한 경험과 그가 경험에서 얻은 교훈 그리고 그가 직면한 문제에 대한 독창적인 접근 방식에서 비롯됐습니다. 또한 그의 끊임없는 탐구와 학습에 대한 열정이 그의 성공을 가능하게 했습니다.

이처럼 영재성은 어떤 경험을 하느냐와 그 경험을 통해 무엇을 배우고 어떻게 적용하느냐에 따라 크게 달라질 수 있습니다. 따라서 영재라는 개념은 고정된 특성이 아니라 개인의 노력과 성장 가능성을 포함하는 더 넓은 범위로 이해돼야 합니다. 학교에서의 성적이 아닌, 개인의 호기심, 창의력, 문제 해결 능력 그리고 무엇보다도 지속적인 노력이 영재성을 형성하는 데 중요한 역할을 한다는 것을 잊지 말아야 합니다.

---

14) History on the Net, Albert Einstein and The Patent Office, 2000-2023, https://www.historyonthenet.com/albert-einstein-and-the-patent-office
15) 홍성욱(2004), 『뉴턴과 아인슈타인』 창비

선행학습은 꼭 필요 vs. 학교 공부만 열심히

대충의 선행학습 말고 철저하고 촘촘한 심화학습을 하자 - 하우영

많은 학생이 선행학습을 하곤 합니다. 예를 들어, 초등학생이 중학교 과정을 미리 배우거나 고등학교 수학을 공부하는 것입니다. 하지만 이런 선행학습은 대부분 기초 학습을 미리 하는 것에 불과합니다.

저 또한 과학고등학교를 준비하면서 초등학교 때부터 고등학교 수학의 정석과 대학 과정의 일반 물리학, 일반 생물학, 일반 화학을 혼자 공부했습니다. 학교에서 배운 내용을 더 심화해서 발췌독을 하거나 독서 수준에서 읽어 보는 공부가 훨씬 더 효과적이었습니다. 주변 친구들의 사례를 종합해 봐도 단순히 책을 먼저 보거나 관련 학원을 다니며 '나도 미리 배우고 있다'라는 마음의 평안함과 만족감을 얻는 경우가 많았습니다. 이처럼 실제로 이해와 깊이 있는 학습이 이뤄지지 않는 경우가 많습니다.

겉핥기식 선행학습은 특히 조심해야 합니다. 예를 들어, A 학생이 2년 후에 배울 수학을 미리 배운다고 해도 그 사이에 배워야 할 수학의 기초적인 내용 이해가 부족하면 선행학습은 깊이 있는 학습이 아니게 됩니다.

이는 마치 책의 몇 페이지를 미리 읽는 것과 같습니다. 전체 이야기를 이해하지 못하고 몇 장면만 보는 것은 오히려 그 책을 대충 읽고 넘어가는 잘못된 독서 습관을 형성합니다. 공부도 이와 마찬가지입니다. 모두들 '선행학습'을 한다고 하니 '선행학습'에 취해 '자기 공부(예습, 복습)나 현재 교육과정 수준에서의 공부'를 하지 않으면 늘 수업만 듣고 공부한 것으로 착각하는 잘못된 공부 습관이 형성됩니다. 이 결과는 나중에 나타납니다.

그래서 학생들은 현재 배우고 있는 내용부터 차근차근 이해해 나가야 합니다. 기초부터 시작해서 기본 그리고 심화학습까지 단계별로 나아가는 것이 중요합니다. 스스로 복습하고 학습한 내용을 충분히 이해하고 숙지하는 것이 학습의 효과를 극대화합니다. 학부모는 어떤 학원에서 어떤 선행학습을 잘하는지 알아보는 것도 중요하지만, 학생이 현재 배우는 내용을 제대로 이해하고, 심화학습으로 앞으로 배울 내용을 준비하고 깊이 있는 지식을 쌓도록 격려하고 지원해 주시는 것이 선행돼야 합니다. 각 학년의 내용을 철저히 학습한 후에 심화학습을 해야 진정한 내공을 가진 영재로 성장할 수 있습니다.

과학고나 영재고에 가려면 선행학습은 필수이다 - 장슬기 / 장나라

학교 수업에 충실히 임해야 하는 것은 기본이지만, 선행학습의 중요성을 느끼지 않을 수 없습니다. 한국과학영재학교에서의 제 경험을 들려드리면, 한국과학영재학교에서서는 일반 고등학교보다 훨씬 심도 깊은 내용을 영어 원문 교재로 다루기 때문에 중학교 때부터 고등학교 과학과 수학을 선행으로 공부한 저조차도 고등학교 수업을 따라가는 데 어려움을 느낄 때가 많았습니다.

수학 II 과목에서 복잡한 증명 문제를 접했을 때 선행학습 덕분에 이미 주제에 대해 알고 있었고 문제를 풀어 본 경험이 있었기 때문에 수업 중에도 문제에 대해 스스로 생각해 보고 선생님의 설명을 더 깊이 이해할 수 있었습니다. 반면, 선행학습이 부족한 친구들은 기본 개념을 파악하는 데 급급해 수업 속도를 따라가기 힘들어 하는 모습을 종종 목격했습니다. 수업 속도를 따라간다고 해도 시험 기간이 되면 시간이 부족해지는 문제가 생길 수도 있습니다.

학교 수업만으로도 우수한 성적을 얻는 것은 가능하지만, 영재고나 과학고에 진학하려는 학생들에게는 선행학습이 필수적입니다. 선행학습은 수업 시간을 더욱 적극적으로 활용하게 하며 복잡한 문제를 스스로 해결하는 능력을 키워 주고 학습에 대한 자신감을 높여 줍니다. 이러한 이유로 선행학습은 필요하다고 생각합니다.

학교 공부가 기본이 되지 않은 선행학습은 의미가 없다 - 김지연

학교 교육은 기본적인 부분이기 때문에 소홀해서는 안 된다고 생각합니다. 그럼에도 불구하고 고등학교에 들어가기 전에는 선행학습이 필수적이라는 것을 부정할 수 없습니다. 이곳의 학생들은 대체로 자신의 관심 분야를 심도 있게 탐구해 올림피아드 수준까지 이르는 경우가 많습니다. 선행학습 없이 아이를 보내면 학기 중에 아이가 겪어야 할 부담이 상당할 수 있습니다.

중학교 시절에는 선행학습으로 진도를 서두르기보다는 기초를 쌓는 것이 더 중요합니다. 튼튼한 기본기는 고등학교 수학과 같은 고난이도 과목을 학습할 때 진가를 발휘합니다. 기초 없는 선행학습은 장기적으로 바람직하지 않습니다. 그러나 중학교 내신을 확보하고 기본기를 다진 후에는 선행학습이 필요합니다.

제 자녀 역시 중학교 1, 2학년 때는 선행학습보다 학교 수업에 집중해 기본기를 다졌습니다. 기본 개념을 확립하고 관련된 심화 문제를 통해 사고력을 키우는 데 집중했습니다. 이러한 기초가 과학영재고등학교 진학 후의 교육과정을 따라가는 데 큰 도움이 됐습니다. 선행학습은 이런 탄탄한 기초 위에 추가되며 아이가 수업에서 뒤처지지 않고 더 적극적으로 참여할 수 있게 해 줍니다. 저는 학부모로서 학교 교육을 적극 지지하고 자녀가 기본기를 확립하는 것을 우선시하고 그 위에 선행학습을 쌓아가도록 지원합니다.

선행학습에 대한 연구

학교 공부에 충실하는 것은 학생의 기본적인 책임입니다. 정규 수업은 필수 지식을 전달하고 사회적 기술을 계발하며 비판적 사고를 촉진하는 중요한 역할을 합니다. 교육 심리학 연구에 따르면, 학교에서의 안정적인 학습 환경과 구조화된 커리큘럼은 학생들의 인지 발달에 필수적이며 이는 학업 성취와 긍정적인 학교 태도와 강하게 연관돼 있습니다.[16]

그럼에도 불구하고 교육 현장에서 선행학습의 중요성은 부정할 수 없습니다. 특히, 과학고나 영재고와 같은 특수 목적 학교를 목표로 하는 학생들에게 선행학습은 학교 수업의 심화된 내용을 더 깊이 이해하고 학업적 성취를 높이는 데 큰 도움이 됩니다. 이는 견고한 학교 공부가 기반이 돼야만 더욱 효과적입니다. 교육 전문가들은 기초 교육이 튼튼할 때 선행학습이 학생들의 학업 성취를 높일 수 있다고 지적합니다.[17]

한글 학습이나 초등학교 교육 단계에 있는 아이들에게 과도한 선행학습은 바람직하지 않을 수 있습니다. OECD의 「교육 한눈에 2019」 보고서에 따르면, 과도한 선행학습은 아동의 학습 동기를 저하시킬 수 있으며 이는 장기적으로 학업 성취에 부정적인 영향을 미칠 수 있습니다.[18] 그러나 학생이 학교에서 배우는 개념을 충분히 이해하고 자신만의 학습 틀을 구축한 상태라면 선행학습은 분명 도움이 됩니다. 이는 학습의 범위를 확장하고 미래를 대비하는 효과적인 방법입니다. 학생들은 자신의 학습 상태를 고려해 공부의 방향과 형태를 신중히 선택하고 자신의 목표와 진로에 맞춰 준비해 나가야 합니다.

---

16) Blatchford, P.(2014). The Class Size Debate: Is Small Better? Educational Psychology, 24(4), 455~472.

17) Johnson, E. S.(2015). Early Advanced Academics: A Head Start on Success. Educational Leadership, 73(1), 42~46.

18) OECD(2019). Education at a Glance 2019: OECD Indicators, OECD Publishing, Paris. DOI: https://doi.org/10.1787/f8d7880d-en.

이성 교제는 학업에 부정적이다 vs. 긍정적이다

학창 시절 이성 교제는 불필요하다 - 하우영

중학교와 고등학교 시기는 영재로 성장하기 위한 꿈과 진로를 생각하는 학생들에게 매우 중요한 시기입니다. 이 시기에 학생들은 다양한 경험을 계획하고 참여하며 자신의 진로를 위한 탐색을 해야 합니다.

평범한 학생이 영재로 성장하기 위해서는 이 시기에 집중력과 학습에 대한 열정을 유지하는 것이 중요합니다. 이성 교제는 종종 학생의 주의를 분산시키고 학업에 필요한 시간과 에너지를 빼앗을 수 있습니다. 요즘 초·중·고 학생들을 보면 연애로 감정적인 어려움을 겪는 경우가 많으며 실제로 학습에 대한 집중력을 잃고 있는 경우가 많습니다. 또한 중·고등학생들은 정서적으로 아직 완전히 성숙하지 않아 이성 교제로 인한 갈등과 스트레스가 학업 성취에 부정적인 영향을 미칠 수 있습니다. 제가 만났던 학생들 중에서는 무던하게 이성 친구와 잘 지내지만, 연애에는 큰 관심이 없는 학생들이 진학도 잘하고 자신의 경험을 스토리로 담는 활동에도 적극적으로 참여했습니다.

초등학교 때부터 이성 교제나 연애에 관심이 많은 학생은 '공부나 진로 경험 계획 및 수행'과 '이성 교제'가 충돌하는 상황에서 고민을 하거나 후자를 선택하는 경우가 많았고 중·고등학교에 가서 꿈이나 진로에 대해 뒤늦게 고민하거나 어려움을 겪는 사례가 많았습니다.

물론, 이성 교제가 모든 학생에게 부정적인 영향을 미치는 것은 아니지만, 학생 시기에는 학습과 개인적 성장에 집중하는 것이 더욱 중요합니다. 학부모는 학생들의 이성 교제에 대해서도 편안하게 이야기를 나누며 학생들이 학업과 자기 발전에 집중할 수 있도록 지원하고 격려해 주는 것이 중요합니다.

바람직한 방식의 이성 교제는 오히려 학업에 도움이 된다 - 장슬기 / 장나라

이성 교제가 학업에 부정적인 영향을 미친다는 것은 편견이라고 생각합니다. 바람직한 방식으로 교제를 한다면 학업에 대한 동기 부여와 열정을 증진시키는 원동력이 될 수 있습니다. 서로에 대한 깊은 이해와 존중을 기반으로 한 관계는 공부에 대한 집중력을 높이는 데 긍정적인 영향을 미칩니다.

예를 들어, 함께 도서관에 가서 공부를 하는 것이나 모르는 것을 알려 주고 운동을 하는 등의 공부와 취미를 공유하면 학업에도 도움이 되고 체력을 유지하는 데도 도움이 될 수 있습니다. 서로 학업 친구 간의 고민을 상담해 주는 것도 스트레스 해소에 큰 도움이 되며 더 나아가 학업에 집중할 수 있게 해 줍니다. 물론 이성 교제에 푹 빠져서 매일 놀기만 하고 심한 감정 소모를 하는 것은 좋지 않지만, 서로에게 도움이 되고 성장할 수 있는 방향이라면 오히려 학교 생활에 도움이 된다고 생각합니다.

이성 교제가 학업에 영향을 미치지만, 아이의 선택에 맡겨야 한다 - 김지연

이성 교제는 학생들의 학업에 영향을 미칠 수 있다고 생각합니다. 중·고등학생 시기는 학업적으로 중요한 전환점이며 아이의 미래를 결정하는 시기입니다. 이성 교제 자체를 부정적으로 보지는 않습니다. 실제로 감정적인 상호 작용을 통해 사회성과 감정 처리 능력을 성장시킬 수 있는 중요한 기회입니다. 그러나 이성 교제에 지나치게 몰두해 학업에 소홀해질 수 있으므로 적절한 균형이 필요합니다.

바람직한 이성 교제는 학업과의 균형을 잘 유지하는 것을 의미합니다. 학생들이 자기 관리를 통해 학업에 필요한 시간을 확보하고 건강한 인간 관계를 통해 감정적으로 성장할 수 있어야 합니다. 하지만 학생들은 감정적으로 상당한 시간과 에너지를 소비하게 되고 때로는 절제하지 못하고 노는 데 시간을

영재고 준비하는 아이는 이렇게 공부합니다

더 쓰기 마련입니다. 이는 스트레스를 유발할 수 있고 공부에 소홀해지기 쉽습니다. 그렇기 때문에 아이가 이성 교제를 할 때 부모로서 말리는 것이 아니라 자녀가 중요한 단계에서 올바른 판단을 내릴 수 있도록 지원하는 것입니다. 이성 교제를 통해 책임감을 배우고 타인을 존중하는 법을 깨달으며 무엇보다 자신의 생활을 성실하게 유지하도록 격려해야 합니다. 자녀들이 학업과 교우 관계 모두에서 성장할 수 있는 환경을 조성해 주는 것이 바람직한 부모의 역할입니다.

TIP

이성 교제의 양면성

이성 교제는 학생들의 학업에 긍정적인 영향을 미치기도 하고 한편으로는 중요한 시험 기간에 이성 친구와의 감정적인 문제나 활동이 학업에 집중해야 할 시간과 에너지를 빼앗아 성적에 부정적인 영향을 미치기도 합니다. 이성 교제에 따른 갈등과 스트레스는 학생들의 정신 건강을 해치고 이는 곧 성적 저하로 이어집니다.

그러나 다른 관점에서 보면 이성 교제는 학생들에게 감정적인 지지와 사회적 기술을 향상시키는 기회를 제공합니다. 건강한 관계는 자신감을 높이고 학업에 대한 동기를 부여해 학생들이 서로의 학습을 도와주며 함께 성장하는 협력적 환경을 조성할 수 있습니다.

이성 교제가 학업에 방해가 되지 않기 위해서는 학생들이 서로의 학업을 존중하고 지원하는 것이 중요합니다. 이를 위해 함께 도서관에서 공부하거나 학습 목표를 공유하고 서로를 도와주며 적절한 시간 관리를 통해 학업과 개인 생활을 균형 있고 조화롭게 하는 것이 필요합니다. 이성 교제를 통해 서로의 성장과 개인적인 목표 달성을 격려하는 긍정적인 관계는 학업 성취에 지장을 주지 않고 오히려 도움이 될 수 있는 바람직한 모습입니다.

부모님이 공부에 참견하는 것이 좋다 vs. 무관심한 것이 좋다

부모님이 많은 관심을 갖고 공부에 참견할수록 좋다. 대신 충분한 고민 끝에! 일관되게! 현명하게! - 하우영

동아리 아이들과 함께 '프로그램 체험 프로그램 부스'를 운영하거나 대회에 참여하기 위해서 학부모에게 의사를 묻는 상담 전화를 하면 "아이한테 물어보니 하기 싫다네요"라는 답변을 하는 학부모가 많습니다. 그리고 몇 달 후나 1년 후 또는 영재교육원이나 고등학교 입시를 준비하는 시기가 오면 학생과 학부모 모두 "선생님께서 그때 이야기하셨을 때, 꼭 했어야 하는데…"라면서 후회하는 경우가 많습니다. 물론, 참여 여부를 선택하는 것은 자유이지만, 제가 아쉬운 것은 '충분한 고민을 하지 않았다는 점'과 '중요한 경험과 관련한 결정을 학생들의 순간의 선택에 의존한다는 점'이었습니다. 초등학생, 중학생들은 보통 노는 것을 즐기고 시간을 내서 하는 선택은 대부분 하기 싫어하는 경향이 있습니다. 그 선택과 관련한 충분한 이야기를 나누거나 설득하는 과정 없이 "아이한테 물어보니 하기 싫다네요"와 같이 기회를 놓치는 것은 아쉬운 선택입니다. 현명한 부모님과 지도 교사라면 학생과 함께 진로나 경험에 대한 계획을 세우고 어린 시절에는 어느 정도의 가이드라인을 세워 둡니다. 그리고 마치 학생이 스스로 선택을 하는 것처럼 학생들도 거부감 없이 따라올 수 있게 설득하는 것이 필요합니다.

이렇게 부모님의 교육에 대한 관심과 참여는 아이가 영재로 성장하는 데 중요한 역할을 합니다. 이때 중요한 것은 부모님이 학생의 교육과 진로에 대해 신중하게 고민하고 결정을 내리는 것입니다. 부모님은 학생의 교육 방향에 대해 충분히 연구하고 다양한 정보를 수집해야 합니다. 이는 적합한 학습 방법과 진로를 찾는 데 도움이 됩니다. 특히, 최근에는 학습 자료, 입시 요강, 대회 및 행사 계획서 등과 같은 자료들이 온라인상으로 충분히 공유되기 때문에 가정에서 학부모와 학생이 쉽게 찾을 수 있습니다.

또 한 가지 주의해야 할 점은 학생 앞에서 교육이나 진로와 관련된 문제에 대해 부모님(아버지, 어머니)의 의견이 일치하지 않거나 오락가락하는 것은 피해야 한다는 것입니다. 이런 상황은 학생에게 혼란을 줄 수 있고 학습에 대한 동기를 저하시킬 수 있습니다. 부모님은 학생 앞에서 일관된 태도와 의견을 보여 줘야 하며 학생의 의견도 존중해야 합니다. 예를 들어, '수학 인강을 들을지, 말지'를 결정하는 과정에서 아버지는 "인강을 듣지 않아도 된다"라고 하고 어머니는 "인강을 들어야 한다"라고 하면 대부분의 학생은 아버지의 의견을 따르려고 할 것입니다. 교육과 진로에 대해서는 아버지와 어머니가 미리 합의를 한 후에 학생과 이야기를 하면 합리적인 선택을 할 수 있습니다.

학생의 교육에 관해 결정을 내릴 때는 학생을 오랫동안 지켜봐 온 선생님의 의견을 참고하는 것이 좋습니다. 이는 학생의 강점과 약점을 더 잘 이해하고 학생에게 가장 적합한 학습 방향을 설정하는 데 도움이 됩니다.

부모님의 지나친 교육에 대한 참견은 부담이다 - 장슬기/장나라

부모님의 지나친 참견이 때로는 부담이 될 수 있다고 생각합니다. 이런 상황은 공부에 대한 압박으로 이어지고 공부에 대한 열정마저 잃게 만들 수 있습니다. 반면, 스스로 공부에 대한 동기를 찾고 자기 미래에 대해 책임을 지는 것이 당연하다고 생각합니다. 물론, 스스로 학습하지 않는 상황이라면 부모님의 개입이 필요할 것입니다. 하지만 이미 잘하고 있는데도 과도한 참견을 한다면 공부가 하기 싫어질 것입니다. 스스로 공부에 대한 목표를 세우고 그 목표를 향해 열심히 나아가는 모습을 보이면 부모님도 참견을 줄일 것입니다. 자율적으로 공부하는 태도가 부모님과의 불필요한 스트레스 없이 서로의 신뢰를 쌓는 방법이라고 생각합니다.

부모님의 교육에 대한 관심은 필요충분조건이다 - 김지연

부모님의 지속적이고 적극적인 관심은 자녀에게 필수적입니다. 자녀가 스스로 공부를 계획하고 실행하는 데 어려움을 겪을 때 참견이 아닌 격려와 지원이 필요합니다. 부모님의 무관심은 자녀가 중요한 학습 기회를 놓치거나 학업적으로 힘든 시기에 적절한 지원을 받지 못하게 할 수 있으며 학업 외적인 부분에서도 부정적인 영향을 미칠 수 있습니다. 나쁜 친구들과 어울려 다니며 잘못된 길로 빠지지 않도록 부모님의 세심한 관심이 필요합니다.

한국과학영재학교에서는 일반적인 고등학교와 수업 시스템이 달라, 2학년 때부터는 대학처럼 필수 과목과 심화 과목을 골라서 듣습니다. 하지만 진로와 직결되는 전공을 선택하는 일은 매우 고민되는 일이고 전공에 따라 어느 과목을 선택하는 것이 유리하고 도움이 될지에 대한 정보도 혼자서 알기 어렵습니다. 그래서 부모님과 함께 고민하고 여러 정보를 탐색해 원하는 시간표를 작성할 있었습니다. 이런 상황에서 '스스로 정하겠지'라는 생각으로 무관심했더라면 더 좋은 선택지를 놓쳤을지도 모릅니다.

물론 자녀 스스로 학습하는 것이 이상적이지만, 아직 청소년이기 때문에 부모님의 도움이 필요한 순간이 많습니다. 부모님은 너무 많은 참견으로 자녀를 압박하기보다는 다양한 선택지를 제시하고 그 길을 스스로 선택할 수 있도록 안내하는 역할을 하는 것이 가장 이상적인 것 같습니다. 무엇보다 자녀와 가깝게 지내며 아이가 필요할 때 언제든지 도움을 요청할 수 있는 관계가 중요합니다.

영재고 준비하는 아이는 이렇게 공부합니다

부모의 참견이 학습에 미치는 영향에 관한 연구

스탠퍼드 대학의 제레나 오브라도비치(Jelena Obradović) 연구진의 연구에 따르면, 부모가 자녀의 활동에 자주 개입해 지시나 제안을 하는 것은 자녀가 행동 및 감정 조절에 어려움을 겪게 하고 충동 조절과 주의 전환과 같은 집행 기능을 필요로 하는 과제에서 더 나쁜 성과를 보일 수 있다고 합니다.

펜실베이니아 대학에서 발표한 또 다른 연구에 따르면, 특정한 육아 스타일이 아이들의 무정한(냉담한) 특성과 공격성의 발달을 유발할 수 있다고 합니다. 이러한 연구 결과를 종합해 보면 부모의 과도한 개입은 자녀의 자기 조절 능력을 저해하고 스트레스를 증가시켜 부모-자녀 관계를 손상시킬 수 있지만, 관심 부족이나 방치는 아이들을 반사회적 행동으로 이끌 수 있습니다. 따라서 부모가 지나치게 개입하지 않으면서도 지원과 안내를 제공하는 균형 잡힌 접근 방식이 추천되며 이는 자녀가 자기 주도적으로 학습할 수 있는 능력을 키우는 데 도움이 될 것입니다.

영재교육원, 영재학교, 과학고 준비에 관련된 다양한
질문에 대한 답을 교사, 학생, 학부모의 입장에서 각각 정리해서
'평범한 아이가 영재가 되는 공부법과 관련된 질문들'이라는
제목으로 소개하려고 합니다.
이 책의 3장에서는 저와 리틀 뉴턴(Little Newton) 아이들
그리고 학부모님들의 소중한 경험과 노하우를 바탕으로
어떻게 준비해야 하는지에 대해 알려드립니다.

제 3 장

평범한 아이가
영재가 되는
공부법과
관련된 질문들

> 제2장 '평범한 아이가 영재가 되는 구체적인 공부법 노하우!'에서는 학생과 학부모가 궁금해하는 노트 필기법, 암기법, 공부 계획을 세우는 방법, 문제집을 고르는 방법에 대해 설명했습니다. 공부와 관련된 여러 가지 선택 사항에서의 조언도 함께 살펴봤습니다. 제3장에서는 '평범한 아이가 영재가 되는 공부법과 관련된 질문들'에 대해 알려드리겠습니다.
>
> 전국의 초등학생, 중학생, 고등학생과 그 부모님에게 '어떻게 하면 평범한 아이가 영재가 될 수 있을까?'라는 주제로 설문조사를 실시했습니다. 그 결과, '영재교육원, 과학고, 영재학교에 대한 질문', '각종 대회, 행사 참여에 관한 질문' 등 다양한 분야의 질문이 조사됐고 그중에서 가장 많이 물어 본 질문을 엄선해서 이 책에 담았습니다. 특히, 학창 시절부터 영재교육을 받고 과학고를 졸업한 후 영재교육원 교사로 활동 중인 필자와 영재학교에 재학 중인 '슬기', 대한민국 영재들의 네트워크를 가진 대한민국인재상을 수상한 '나라', 영재학교 자녀를 둔 학부모 '김지연 어머니'의 조언을 각각 학생, 선생님, 학부모의 입장에서 골고루 담았습니다. 영재교육원, 과학고, 영재학교에 대해 궁금했던 질문에 대한 답변을 읽어 보고 여러분의 고민을 해결해 보기 바랍니다.

영재교육원, 영재학교, 과학고를 준비하며 궁금했던 질문들!

영재교육원을 준비하며 궁금했던 질문들

① 스스로 영재라고 생각하나요?

스스로를 영재라고 생각하는 자존감과 과제 집착력이 필요하다 - 하우영

"우리 아이는 영재가 아니에요(학부모)."

"선생님, 저는 영재가 아니에요(학생)."

학생이 수학에 흥미가 있어 보여서 '수학영재교육원'에 지원을 권유했을 때 흔히 볼 수 있는 학부모와 학생의 답변입니다. 저는 어릴 때부터 스스로를 영재라고 생각했습니다. 영재가 아니라도 영재가 될 수 있다는 생각을 갖고 어릴 때부터 적극적으로 과학, 수학 관련 행사나 대회에 도전했습니다. 그 결과, 우리나라에 영재교육이 도입되고 처음 시도 교육청 단위 영재교육원(영재교실)이 설립되던 시기에 2000학년도 경상남도 중학생 수학 과학 영재교실(현재 영재교육원)에 선발돼 영재교육을 받았습니다. 경상남도 전체 중학생 중에 20명을 선발해 매주 주말과 방학에 수학, 과학 교육을 시켜주는 교육 프로그램이었습니다. 그리고 교사가 된 이후에도 저희 반 학급

아이들에게 모두가 각각의 분야에서 영재가 될 수 있는 싹을 갖고 있다고 이야기합니다. 이런 말을 들으면 모든 학생이 자신이 관심 있는 분야에서 높은 자존감을 갖고 자신이 무엇이든 할 수 있다고 믿습니다.

이런 자존감은 새로운 도전을 두려워하지 않게 만들고 어려움을 극복하는 데 도움이 됩니다. 예를 들어, 어려운 수학 문제를 만났을 때 자존감이 높은 아이는 '나는 할 수 있다'라고 생각하고 계속 도전하며 문제를 해결하지만, 자존감이 낮은 아이는 쉽게 포기합니다. 특히, 어떻게든 성장할 수 있는 싹을 갖춘 초등학교 때부터 학생들이 무얼하든 그 분야의 영재처럼 잘할 수 있다는 자존감을 북돋아 줘야 합니다.

"시간이 늦었어, 그건 안 해도 되니까 얼른 자(학부모)."

과학 프로젝트나 과제를 마무리하기 위해 밤 늦게까지 작업하는 학생에게 흔히 하는 학부모의 답변입니다. 사실 스스로를 영재라고 생각하는 자존감과 동시에 어릴 때부터 포기하지 않는 습관을 들이는 것이 중요합니다. 어릴 때부터 '포기'가 '습관'이 된 학생들을 많이 볼 수 있습니다.

예를 들어, "자, 이 암석에 있는 조개 화석의 가장 긴 길이를 측정해 보자"와 같은 프로젝트 미션을 과제로 내 준 적이 있는데 어떤 친구는 밤 늦게까지 미션을 성실히 수행을 해오고 어떤 친구는 부모님이 빨리 자라고 야단 치셔서 과제를 할 수가 없었다고 이야기 합니다. 물론 매일 밤 늦게까지 과제를 하는 것은 문제지만, 이렇게 학교에서 꼭 해야 할 프로젝트 미션을 해야 하는 상황이거나 개인적으로 목표로 정한 공부를 해야 하는 상황에서 '포기'를 하게 만드는 것은 좋지 않은 교육법입니다. 과제를 책임감 있게 완수하는 데 도움을 주거나 하루 이틀 정도는 늦은 밤까지 몰입하도록 기회를 주는 것이 좋습니다. 포기가 습관화돼서 공부나 프로젝트를 완수하지 못하는 학생이 많습니다. 이런 습관은 중요한 공부나 큰 시험에서 어려운 문제를 접했을 때 '포기'를 해버리는 악영향을 줄 수 있습니다.

어릴 때부터 공부나 과제에 대한 과제 집착력을 갖게 하는 것이 중요합니다. '과제 집착력'은 목표를 달성하기 위해 끈기 있게 노력하는 능력을 말합니다. 예를 들어, 과학 프로젝트에서 성공하기 위해 실험을 여러 번 반복하는 아이는 과제에 대한 집착력이 있는 것입니다. 이런 아이들은 실패를 두려워하지 않고 문제 해결을 위해 지속적으로 노력합니다. 학생들이 어려운 과제를 해결하거나 어려운 공부를 하고 있을 때 "이제 그냥 불끄고 자!", "힘들면 안 해도 돼"와 같이 '포기'를 장려하는 말을 하기보다는 자신감을 가질 수 있도록 긍정적인 피드백을 주고 목표 달성을 위해 끈기 있게 노력하는 태도를 갖도록 하는 것이 중요합니다. 이러한 태도는 아이들이 영재로 성장하는 데 필수적인 요소입니다.

'나는 참 대단하다'라는 생각을 갖고 꿈을 위해 노력하자 - 장슬기 / 장나라

저는 항상 겸손해야 한다고 배웠기 때문에 스스로 영재라고 생각하지는 않습니다. 하지만 저 스스로 대단하다고 칭찬하기는 합니다. 저는 한국과학영재학교를 목표로 많은 노력을 해 왔고 지금도 꿈을 위해 노력하고 있기 때문입니다. 한국과학영재학교에 와서는 저보다 훨씬 수학과 과학을 재미있어하고 잘하는 친구들을 만났습니다. 그리고 학교 시스템에도 적응이 잘 안 돼서 친구들과 선배들에게 물어보지 않고는 무엇 하나 하기가 힘들었습니다.

하지만 개의치 않고 모르는 개념, 모르는 문제, 수업 시간표 짜는 방법 등을 여기저기 물어보며 이곳에서 성장하기 위해 끊임 없이 노력했습니다. 처음에는 내가 물어보거나 조언을 구하는 입장이었지만, 이제는 제가 다른 친구들에게 알려 주는 입장이 되었습니다. 이것 역시 제 노력의 결과라고 생각합니다.

제 자녀가 영재인지 여부는 저에게 중요하지 않습니다. 중요한 것은 아이가 자신의 능력을 최대한 발휘하고 자신이 좋아하는 것에 열정을 가지며 그 과정에서 행복을 느끼는 것입니다. 제 아이는 한국과학영재학교에 다니면서 놀라운 성장을 보여 줬습니다. 처음에는 새로운 환경에 적응하는 데 어려움을 겪었지만, 이를 극복하기 위해 끊임없이 노력했습니다. 모르는 것을 물어 보고 배운 것을 다른 친구들에게 알려 주는 모습에서 자신감과 성숙함을 봤습니다. 이러한 끈기와 열정은 어떤 영재보다 소중한 자질입니다.

물론, 과학과 수학에서 뛰어난 재능을 가진 아이들 사이에서 두각을 나타내지 못할 수도 있지만, 아이의 노력은 그 누구보다도 대견합니다. 제 아이가 영재이기보다는 아이가 가진 독특한 재능과 끊임없는 노력으로 자신의 길을 개척해 나가는 것이 더욱 자랑스럽습니다.

② 영재교육원을 꼭 다녀야 하나요?

국가에서 관리하는 영재교육, 영재교육원을 꼭 수료하자 - 하우영

2023년 3월, 교육부에서 제5차 영재교육진흥종합계획(2023~2027년)을 발표했습니다. 이 계획에 따르면, 최근 영재교육 수혜자 비율이 감소하고 있는 추세를 반등시키고 영재교육의 재도약을 위해 개별 학생의 특성에 맞춘 교육을 제공해 우수한 인재를 양성하는 데 중점을 두고 있습니다. 영재의 개념이 제한적이다 보니 '호기심이 많은 학생', '재능이 많은 학생', '숨은 인재'와 같이 영재의 개념을 다양화하고 영재성에 따라 체계적인 지원을 하며 각 학생의 개별적인 잠재력과 특성을 고려한 맞춤형 교육을 통해 더 많은 학생이 자신의 재능을 발견하고 그 재능을 최대한 발휘할 수 있도록 돕는 것을 목표로 하고 있습니다. 이렇게 더 많은 학생의 재능을 발견하게 하기 위해 우

리나라 중앙 부처(교육부, 과학기술정보통신부, 문화체육관광부에서 운영·승인), 시도 교육청, 단위 학교, 대학 부설로 다양한 영재교육원을 운영 중입니다. 그리고 각 분야의 영재학교를 설립하고 자율성을 더해 영재교육을 받은 학생들이 지속 가능한 교육을 받을 수 있도록 노력하고 있습니다. 이렇게 국가적·사회적 차원에서 관리와 지원을 해 주는 '영재교육원'은 당연히 도전해야 합니다.

이런 다양한 종류의 영재교육원은 일반 학교 교육에서는 다루지 않는 심화된 교육과 다양한 학습 기회를 제공합니다. 4차 산업혁명 시대를 주도할 소프트웨어 및 인공지능 분야에 대한 교육을 강화해 학생들이 미래 사회의 중요한 역량을 갖출 수 있도록 합니다. 또한 예술 및 인문·사회 분야의 다양화를 통해 학생들이 자신의 관심사와 재능에 맞는 교육을 받을 수 있도록 지원합니다.

이러한 영재교육원의 교육 프로그램은 방과 후 주말, 방학 중 수업을 통해 학생들이 자신의 관심 분야에서 깊이 있는 지식을 습득하고 문제 해결 능력을 계발하는 데 큰 도움이 됩니다. 따라서 학생과 학부모는 학생의 재능과 수준에 맞는 영재교육원을 선택해 자신의 잠재력을 꽃피울 수 있도록 지원해 주는 것이 중요합니다. 이는 학생들이 자신의 재능과 관심사를 발견하고 그 분야에서 뛰어난 인재로 성장하는 데 큰 도움이 됩니다.

영재교육원의 경험이 많은 도움이 됐다 - 장슬기/장나라

영재교육원에 꾸준히 다닌 경험은 저에게 많은 도움이 됐다고 생각합니다. 동아리 활동과 더불어 영재교육원 수료 경험은 학생부에 기록도 되고 '대학'이나 '과학고 영재학교'를 지원할 때 작성하는 '자기 소개서', '역량 기술서'에도 활용할 수 있습니다. 영재교육원에서 했던 프로젝트 학습, 실험 연구, 팀 활동은 저를 소개하는 자료로 쓸 수 있습니다. 특히, 초·중학교 영재교육원에서는 단순히 공부할 때처럼 이론을 배우거나 문제를 푸는 것이 아닌, 체험 프로그램으로 몸으로 느끼고 경험하는 것이 대부분이었습니다.

혼자 하는 것이 아니라 친구들과 협동하는 활동이 많고 정해진 답을 하나만 구하는 것이 아니라 여러 가지를 구해야 하는 창의적 문제 해결 방식을 배울 수 있었습니다. 특히, 나와 비슷한 분야에 관심이 있고 열정적인 친구들과 함께 프로젝트를 진행하면서 얻은 리더십, 협동심과 네트워크는 지금도 도움이 됩니다. 초등학교 시절로 돌아간다면 당연히 영재교육원을 선택할 것입니다. 그곳에서의 경험이 제 호기심을 채우고 시야를 넓히는 데 도움이 됐기 때문입니다. 또한 같은 꿈을 꾸는 친구들과의 네트워크는 공부뿐 아니라 여러 면에서 큰 도움이 되고 있습니다. 수학, 과학, 정보, 발명에 열정이 있고 문제를 해결하는 데 관심이 많은 학생에게 영재교육원을 추천합니다.

영재교육원은 선택이 아니라 필수이다 - 김지연

영재교육원은 필수적으로 다녀야 합니다. 영재교육원은 우리 아이의 능력을 키우기 위해 국가에서 제공하는 혜택이라고 생각합니다. 이런 혜택을 활용하지 않는 것은 큰 손해입니다. 특히, 영재교육원의 강사님들은 자체 선발 과정으로 선발된 '교수님', '선생님'이므로 양질의 교육을 받을 수 있습니다. 영재교육원을 지원하지 않는 주변 부모님들을 보면 '우리 아이는 토요일 아침에 학원 가야 해', '영재교육원은 성적에 들어가지 않아'라고 이야기합니다. 영재교육원을 직접 경험해 보면 우리 아이들에게 정말 많은 혜택을 준다는 것을 알게 됩니다. 토요일 아침은 아이들이 늦잠을 자기 마련인데, 매주 오전에 등교해서 아이들이 좋아하는 분야를 배울 수 있었습니다. 그리고 수업뿐 아니라 학생들이 1년 동안 강사 선생님과 함께하는 '프로젝트 학습'이나 틈틈이 운영되는 '학생 학부모 전문가 특강'도 큰 도움이 됐습니다. 또한 학부모를 초청해 진행하는 '프로젝트 성과 발표회'나 방학 중에 참여하는 '집중 체험 프로그램', '과학 발명 체험 시설 견학' 등 다양한 프로그램들이 있어서 한 번이라도 영재교육원을 수료시킨 부모라면 영재교육원을 추천합니다.

TIP

영재교육원은 필수인가?

영재교육원의 필수성 여부는 학생 개인의 필요와 목표에 따라 달라집니다. 영재교육원은 학생들에게 표준 교육과정에서 벗어난 깊이 있는 학습과 창의적 사고를 계발할 기회를 제공합니다. 이는 특히 과학, 기술, 엔지니어링, 수학(STEM) 분야에서 두드러집니다. 여러 연구에 따르면, 영재교육원에서의 경험은 학생들의 문제 해결 능력, 비판적 사고 그리고 창의성을 향상시키는 데 도움이 됩니다.[19] 영재교육 프로그램에 참여한 학생들은 창의적 문제 해결 능력에서 비참여 학생들보다 높은 성과를 보입니다. 또한 이러한 프로그램은 학생들의 자기 주도적 학습과 동기 부여에도 긍정적인 영향을 미칩니다.

하지만 영재교육의 효과는 어떻게 활용하느냐에 달려 있습니다. 학생들이 주어진 자원과 기회를 적극적으로 활용하고 자신의 관심사와 목표에 맞춰 교육과정을 탐색할 때 가장 큰 이득을 얻을 수 있습니다. 예를 들어, 영재교육원에서 제공하는 고급 수학이나 과학 과정을 통해 대학 수준의 학문적 엄격함을 경험하고 연구 프로젝트나 경진 대회 참가를 통해 실용적인 기술을 습득할 수 있습니다.

그러나 모든 학생에게 영재교육원이 필수적이라고 단언할 수는 없습니다. 학생의 학습 스타일, 흥미 그리고 장래 목표에 따라 다른 교육 경로가 더 적합할 수 있습니다. 영재교육원은 특정한 학생들에게 이상적인 환경을 제공할 수 있지만, 모든 학생에게 최선의 선택이 되는 것은 아닙니다. 결국, 영재교육원의 가치는 그곳에서의 경험을 학생이 어떻게 활용하느냐에 달려 있으며 이는 각 학생의 개별적인 상황과 목표에 맞게 조정돼야 합니다.

---

19) 조현수, 한기순(2020). 초등 영재교육 프로그램 효과에 관한 메타 분석: 영재교육진흥종합계획 시기(2003~2019)를 중심으로. 영재교육연구, 30(3), 277-303, 10.9722/JGTE.2020. 30. 3. 277

③ 영재교육원 입학을 준비할 때 가장 중요한 것은?

영재교육원 시험의 합격 여부는 중요하지 않다. 일단 도전하자! - 하우영

학생들이 영재교육원 입학 시험과 같은 큰 시험을 치르는 과정 자체가 중요한 학습 경험이 될 수 있습니다. 학부모가 종종 걱정하는 것처럼 '아이가 시험에 떨어지면 충격을 받지 않을까?' 또는 '시험 부담이 크지 않을까?'와 생각은 이해할 수 있지만, 이러한 경험은 학생들에게 더 큰 가치를 줄 수 있습니다. 영재교육원 입학 전형 시험은 한국교육개발원 GED 시스템을 통해 시도 교육청 단위로 치러지는 매우 체계적인 평가 과정입니다.

학생들은 공부 계획을 세우고 수험표를 출력하며 고사장에서 시험을 치르는 등의 과정을 통해 큰 시험에 대비하는 법을 배웁니다. 이런 과정은 아이들이 자신감을 갖고 시험에 임하는 데 도움이 됩니다.

실패의 경험도 중요합니다. 시험에서 떨어지더라도 이 과정에서 회복 탄력성과 다시 일어서는 법을 배웁니다. 이는 대학수학능력시험과 같은 더 큰 시험에 직면했을 때 불안감을 극복하고 도전하는 데 도움이 됩니다.

학부모는 합격 여부에만 집착하기보다 학생의 성장에 어떻게 도움이 되는지를 생각해야 합니다. 학생이 관심 있는 분야의 시험에 도전해 보게 하고 이 과정을 통해 아이가 배우고 성장하는 것을 격려해야 합니다. 큰 시험의 준비 과정은 학생들에게 중요한 학습 기회가 됩니다. 시험 준비는 자기주도적으로 학습하는 법을 배우고 실패를 경험하며 학생들이 미래에 직면할 다양한 도전을 극복하는 데 중요한 기초가 됩니다.

영재교육원에서 열심히 활동할 마음가짐이 중요하다 - 장슬기 / 장나라

영재교육원을 준비하는 과정에서 가장 중요한 것은 학습 활동에 열심히 임하는 것이라고 생각합니다. 영재교육원의 활동이 어렵고 힘들기 때문만은 아닙니다. 영재교육원의 수업은 주로 토요일에 이뤄지는데, 사실 평일에 바쁘고 열심히 지내면 주말에는 쉬고 싶기 마련입니다. 그래서 바쁜 일정 속에서도 주말을 학습에 투자할 준비가 돼 있어야 한다고 생각합니다.

토요일 아침의 늦잠을 포기하는 것은 정말 쉽지 않습니다. 하지만 영재교육원은 내가 호기심을 가진 것에 대해 탐구해 보고 창의적인 활동을 할 수 있습니다. 이 과정에서 리더십과 팀워크를 배우는 등 여러 면에서 성장할 수 있는 기회이기 때문에 기쁜 마음으로 참여하는 것이 좋습니다.

영재교육원 입학 준비를 할 때 가장 중요한 것은 마음가짐이다 - 김지연

영재교육원 입학 준비를 할 때 가장 중요한 것은 '마음가짐'이라고 생각합니다. 아이가 재미있어 하는 분야를 스스로 선택할 수 있게 해 줘야 한다고 생각합니다. "수학을 하는 것이 좋다고 하니 수학으로 지원하자"라며 억지로 보내는 것은 도움도 안 될 뿐 아니라 영재교육원과 같은 활동에 참여하기 싫어하는 결과를 낳을 수 있기 때문입니다.

또한 아이에게 과한 부담을 주지 않아야 합니다. 영재교육원 시험에서 떨어지면 위축될 수 있기 때문에 그 시험이 아이의 영재성과 노력을 모두 평가하는 것이 아니라는 것을 생각해야 합니다. 자기 소개서에 여러 항목을 많이 적으려고 짧게 이것저것 쓰는 것보다 흥미 있게 탐구한 것에 대해 깊고 자세하게 쓰는 것이 자기를 소개하기에 더 적합하다고 생각합니다. 어떤 아이가 붙고 떨어지는지 판단할 수는 없지만, 개인적으로는 아이 스스로가 공부나 책, 창의적인 활동에 관심이 있는 경우에 합격한다고 생각합니다.

④ 영재교육원과 관련된 정보를 찾는 방법

영재교육원 관련 정보는 한국교육개발원 GED 누리집에서 찾아보자 - 하우영

한국교육개발원의 GED(Gifted Education Database, https://ged.kedi. re.kr/) 누리집은 영재교육원에 대한 다양한 정보를 제공하는 플랫폼입니다. 이 웹사이트를 이용하면 여러 영재교육원에 대해 알 수 있고 가장 적합한 곳을 찾는 데도 도움을 받을 수 있습니다.

GED 누리집에 들어가면 영재교육에 관련된 정책 및 자료들을 검색할 수 있습니다. 예를 들어, 학생들이 지원할 수 있는 영재교육원을 검색하려고 한다면 [선발] 탭 - [선발 시스템]에 접속합니다.

▲ GED 누리집 메인 화면(https://ged.kedi.re.kr/)

▲ GED 누리집의 '선발 시스템' 화면

GED 시스템의 '선발 시스템' 화면에서 [선발 공고 더 보기]를 클릭하면 학생들의 교육 연도 기관 유형, 소재 시도 지역교육청, 교육 영역, 대상 학년을 필터링해서 검색할 수 있습니다. 검색해서 나온 각 영재교육원의 모집 요강 및 계획, 지원 서류 파일들을 다운로드할 수도 있기 때문에 학생에게 적합한 영재교육원을 선택하고 준비하는 데 도움을 받을 수 있습니다. 영재 교육원의 세부 프로그램을 비롯한 행사, 프로젝트 활동 등에 대해 자세히 알고 싶으면 공고 자료에 나와 있는 해당 영재교육원의 홈페이지에 접속하면 됩니다.

▲ GED 누리집의 '선발 공고' 검색 화면

GED 누리집에서의 정보 찾기

1. **영재교육 기관 유형:** 영재학교·과학고 영재학급, 교육청 영재교육원, 대학 영재교육원에 따라 영재교육 기관을 검색할 수 있습니다.

2. **영재교육 영역:** 다양한 분야의 영재교육원이 있습니다. 예를 들어, 과학, 수학, 예술, 인문·사회, 외국어, 발명, 음악, 미술, 체육, 융합 분야 등 각기 다른 전문 분야에 초점을 맞춘 영재교육원이 있습니다.

3. **지역별 영재교육원:** 전국의 다양한 지역(소재 시도 지역교육청)에서 운영하는 영재교육원에 대한 정보를 찾을 수 있습니다.

4. **입학 절차 및 요건:** 각 영재교육원의 입학 절차, 요구 조건, 필요한 서류 등에 대한 정보를 확인할 수 있습니다.

영재고 준비하는 아이는 이렇게 공부합니다

동아리 선생님의 추천에서 시작된 영재교육원 - 장슬기/장나라

저의 영재교육원 생활은 하우영 선생님과 엄마의 추천으로 시작됐습니다. 영재교육원은 저에게 독특하고 가치 있는 경험이었습니다. 하지만 당시에는 영재교육원이 무엇인지, 그것이 저에게 어떤 기회를 줄 수 있는지 몰랐습니다. 영재교육원은 초등학생 때부터 다닐 수 있는 기회가 있습니다. 그러나 아이들이 스스로 이런 기회를 찾고 지원하는 것은 거의 불가능한 것 같습니다. 초등학교 고학년이라 하더라도 학교 선생님과 부모님의 도움이 필요합니다.

특정 분야에 관심이 있다면 학교 선생님께 그 분야에 대해 더 배울 수 있는 기회가 있는지 물어보는 것이 좋습니다. 예를 들어, 수학이나 과학에 관심이 있다면 선생님께서는 그에 맞는 영재교육원을 추천해 줄 수 있습니다.

또한 부모님께도 이러한 관심사를 말씀드려 도움을 받을 수 있습니다. 부모님은 자녀가 관심을 갖고 있는 분야에 대해 더 배울 수 있는 기회를 찾아주실 것입니다. 하지만 중학생이나 고등학생이 되면서부터는 스스로 정보를 찾고 노력해야 합니다. 학교 홈페이지나 교육청 홈페이지를 주기적으로 확인해 영재교육원에 대한 정보, 입학 요강, 지원 방법 등을 알아보는 것이 중요합니다. 이렇게 스스로 정보를 찾고 노력하면 자신에게 맞는 교육적인 혜택을 얻을 수 있을 것입니다.

가능한 한 모든 창구를 통해 아이에 대한 정보를 얻자 - 김지연

영재교육원과 같은 특별한 교육 기회를 찾아서 하는 것은 아이의 성장에 도움이 됩니다. 제 경험을 바탕으로 이러한 정보를 어떻게 찾고 이용할 수 있는지 공유하겠습니다. 저는 아이의 초등학교 담임 하우영 선생님을 통해 영재교육원에 대해 자세히 알게 됐습니다. 하우영선생님은 아이가 수학과 과학에 각별한 관심과 능력을 보이는 것을 파악하시고 영재교육원에 추천해 주셨습니다. 이처럼 선생님들은 학생들의 잠재력을 발견하고 적합한 교육 기회를 제공하기 위해 노력하십니다. 이를 통해 학부모는 영재교육원에 대한 정보를 얻을 수 있습니다.

저는 이 정보를 알게 된 후 특별한 교육에 관심이 많은 지인에게도 추천해 줬습니다. 교육과 관련된 온라인 커뮤니티나 학부모 모임에서도 유용한 정보를 얻을 수 있습니다. 이러한 커뮤니티에서는 다른 학부모의 경험담과 조언을 듣고 질문을 통해 필요한 정보를 얻을 수 있습니다.

그러나 저는 개인적으로 학교 홈페이지나 교육청 홈페이지와 같은 공식적인 교육 관련 웹사이트를 주기적으로 확인하는 것이 가장 좋은 방법이라고 생각합니다. 이러한 홈페이지들은 영재교육원에 대한 가장 정확하고 신뢰할 수 있는 정보를 제공합니다. 물론, 지인으로부터 얻은 정보도 유용할 수 있지만, 그 정보의 정확성을 확인하기 위해서는 관련 웹사이트에서 직접 요강과 세부 사항을 확인하는 것이 중요합니다. 이렇게 하면 아이에게 가장 적합한 교육 기회를 찾는 데 큰 도움이 될 것입니다.

결론적으로 영재교육원에 대한 정보를 찾는 방법은 여러 가지가 있습니다. 선생님의 추천, 학교나 교육청 홈페이지 확인, 온라인 커뮤니티나 학부모 모임의 정보 공유 등 다양한 경로를 통해 최신 정보를 얻을 수 있으며 이를 통해 자녀에게 적합한 교육 기회를 제공할 수 있습니다.

⑤ 많은 영재교육원 중 어떤 종류(유형)를 선택해야 하는지?

학생들이 지원할 수 있는 영재교육원의 종류에는 교육청 영재교육원, 대학 영재교육원, 영재학급이 있습니다. - 하우영

우리나라에서 초·중·고 학생들이 영재교육을 받을 수 있는 3가지 방법은 교육청 영재교육원, 대학 영재교육원 그리고 영재학급입니다. 우리나라의 영재교육은 「영재교육진흥법」에 따라 영재학교 - 영재교육원 - 영재학급의 체계로 운영되며 중앙 부처와 시도 교육청이 관할하고 영재교육연구원이 지원하고 있습니다.

첫째, '교육청 영재교육원'은 지역별로 운영되며 학생들에게 다양한 학문 분야에 대한 심화된 교육을 제공합니다. 둘째, '대학 영재교육원'은 대학교에 소속돼 있으며 대학의 자원과 전문가를 활용해 영재교육을 제공합니다. 마지막으로 '영재학급'은 일반 학교 내에 설정된 특별한 학급으로, 해당 학교의 학생들을 위한 맞춤형 교육을 제공합니다.

이렇게 대학 및 시도 교육청, 단위학교에 설치된 영재교육원 및 영재학급은 비전일제 영재교육 기관으로, 사교육 및 선행학습의 효과를 최소화하고 소외 계층의 영재성 발굴 기회를 높이기 위해 교사 관찰 추천제를 도입해 영재교육 대상자를 선발하고 있습니다.

행정 구역별	2023				
	계	영재학교·과학고	교육청 영재교육원	대학 영재교육원	영재학급
전국	1,431	28	251	93	1,059
서울	140	3	26	19	92
부산	66	3	12	3	48
대구	169	2	9	4	154
인천	207	3	13	4	187
광주	30	1	3	4	22
대전	100	2	5	4	89
울산	19	1	2	3	13
세종	28	1	1	6	20
경기	172	2	27	10	133
강원	26	1	18	3	4
충북	66	1	16	6	43
충남	41	1	17	3	20
전북	30	1	20	5	4
전남	30	1	23	4	2
경북	172	2	27	9	134
경남	97	2	27	5	63
제주	38	1	5	1	31

▲ 국가 영재교육 통계 - 전국 시도별/기관 유형별 영재교육 기관 수 통계(통계청 국가통계포털, 2023)

그리고 영재들은 단순히 높은 지적 능력만을 가진 것이 아니라 창의성, 문제 해결력, 호기심, 흥미, 동기, 리더십, 사회성과 같은 다양한 인지적·정의적 특성을 보여 줍니다. 영재교육원에서는 이러한 특성을 종합적으로 평가하기 위해 다양한 선발 도구 검사를 실시하고 있습니다. '학생 영재 행동 특성 관찰 체크리스트(교사가 일상적인 학교 생활에서 학생의 영재성을 관찰하고 평가하는 도구)', '관찰 체크리스트 및 산출물 결과 평가 체크리스트

(학생들이 주어진 과제를 수행하는 과정을 관찰하고 평가하는 도구)', '교사 추천서', '리더십 특성 검사', '창의적 인성 검사', '적성 및 행동 특성 체크리스트(수학, 과학, 정보 과학, 인문·사회, 음악, 미술, 발명)', 'KEDI 영재성 검사', 'KEDI 창의적 문제 해결력 검사', 'KEDI 창의적 문제 해결력 수행 관찰 검사', 'KEDI 심층 면접', '영재 캠프, 교육청 및 영재교육 기관 자체 평가 도구' 등 다양한 선발 도구 검사를 선택, 활용해 종합적으로 평가합니다.

따라서 학생들이 지원할 '영재교육원'을 잘 선택한 후 '모집 요강'을 꼼꼼하게 살펴보고 어떤 선발 도구를, 어떤 비율로 반영해 선발하는지 선발 절차를 잘 이해하도록 합니다.

다양한 영재교육원 형태를 경험해 보자 - 장슬기 / 장나라

저는 시교육청 영재교육원, 전국 단위 차세대기업인영재교육원, 도 단위 영재교육원(과학고) 등을 모두 경험했습니다. 어느 영재교육원이 더 좋다고 할 수 없을 정도로 각각의 영재교육원들의 장점들이 모두 다릅니다. 특히, 매년 프로젝트 활동, 팀 연구, 사사 과정, 특허 출원 등 각 영재교육원에 따라 특색 활동이나 행사가 달라 영재교육원을 수료하면 배우는 것이 많았습니다. 이때 경험한 내용들이 지금 제가 다니고 있는 한국과학영재학교에서도 이뤄져서 적응하는 데 어려움이 없습니다.

하우영 선생님께서 추천해 주신대로 우선 처음에는 시교육청 영재교육원을 합격해서 수료한 후 도 단위나 전국 단위를 지원해 볼 수 있습니다. 물론 전국 단위 영재교육원은 제가 그랬던 것처럼 그 분야의 동아리 활동, 대회 활동, 프로젝트 참여 등의 실적이 필요하므로 미리 선생님, 부모님과 함께 준비를 해야 합니다. 다양한 영재교육원을 매년 계획을 세워 지원하고 수료하는 것이 중요하다고 생각합니다.

　저도 많은 학부모처럼 별 생각 없이 처음에는 막연히 아이가 좋아하는 분야를 선택했습니다. 하우영 선생님을 만나기 전이라서 이 기회에 심화 내용을 배우는 영어나 수학을 경험하면 좋을 것 같아서 시 교육청의 영재교육원을 선택했습니다. 하지만 첫 도전이었던 영재교육원 선발에서 좌절을 겪은 후 아이가 흥미를 잃고 어려워하는 모습을 보면서 부모로서 걱정이 앞섰습니다. 교육청 영재뿐 아니라 대학교 영재, 사이버 교육 영재, 특허청 영재 등 다양한 형태가 있다는 것을 알았더라면 지원을 했을 텐데….' 하는 아쉬움도 있습니다.

　초등학교 5학년이 되면서 하우영 선생님이 부임하셨고 과학 발명 동아리 활동을 하며 제 아이가 과학 발명에 흥미를 느끼고 있다는 것을 알게 됐습니다. 그리고 선생님과의 상담을 통해 과학, 발명 분야의 다양한 영재교육원이 있다는 것을 알게 됐습니다. 예를 들어, 과학, 발명 분야만 해도 '시도 교육청에서 운영하는 발명 영재반', '대학교에서 운영하는 과학반', '대학교에서 연구 중심으로 운영하는 과학 사사반', '과학고에서 운영하는 영재반', '특허청에서 운영하는 차세대 영재 기업인 교육원' 등 다양한 형태의 영재 기관들이 있었습니다.

　선생님의 안내대로 매년 발명반, 과학반으로 다양한 형태의 영재교육원을 선택해 합격도 하고 수료도 하며 아이가 성장하는 모습을 발견할 수 있었습니다. 이렇게 다양한 분야의 영재교육원이 있으므로 아이의 관심과 능력에 맞는 곳을 골라 영재교육원 수료 타이밍을 신중하게 선택해야 합니다. 영재교육원마다 교육과정과 프로그램이 다르므로 다양한 영재교육원 형태를 경험하는 것이 중요합니다.

⑥ 영재교육원 입학을 준비할 때 주의해야 할 점은?

영재교육원 입학을 준비할 때 주의해야 할 점 BEST 4 - 하우영

영재교육원 준비 과정에서 초등학생, 중학생 및 학부모가 유념해야 할 사항들을 정리해드리겠습니다.

첫째, 영재교육원의 모집 요강은 매우 중요합니다. 지원서 제출 기간, 시험 날짜 및 시간 등 중요한 정보가 포함돼 있으므로 꼼꼼하게 읽고 기한을 놓치지 않도록 주의해야 합니다. 바쁜 일상 속에서 지원 기한을 놓치는 일이 없도록 모집 요강을 확인하고 중요한 일정을 달력에 기록해 두는 것이 좋습니다. 학교의 홈페이지 공지사항이나 안내장으로 소개가 되기도 하지만, 해당 영재교육원의 홈페이지를 미리 접속해 보는 것이 좋습니다. 또한 GED 영재 교육 종합 데이터베이스 같은 플랫폼을 활용해 지난해 요강을 참고하고 새로운 요강이 나오면 즉시 확인하는 것도 중요합니다.

둘째, 학교의 담임 선생님이나 영재교육 담당 선생님과 소통하는 것이 중요합니다. 선생님들께 영재교육원의 선발 과정과 일정을 함께 확인해 주실 수 있고 선생님들께 관찰 체크리스트나 추천서를 미리 준비할 수 있는 시간을 드릴 수도 있습니다.

셋째, 영재교육원 입학을 위한 장기적인 계획을 세우는 것이 중요합니다. 학생이 중학교에 진학할 때까지 매년 어떤 영재교육원에 입학할지 미리 계획하고 다양한 교육 영역(수학, 과학, 예술 등)을 경험할 수 있도록 해야 합니다. 이를 위해 선배나 친구, 학부모의 조언을 구하거나 영재교육 담당 선생님과 상담하는 것이 좋습니다.

마지막으로 영재교육원 선발 시험은 지식의 암기보다는 창의성과 문제 해결 능력을 중시합니다. 따라서 이러한 점에 초점을 맞춰 준비해야 합니다.

일상생활에서 다양한 문제를 해결하거나 창의적인 활동에 참여하는 것이 이러한 능력을 계발하는 데 도움이 됩니다.

영재교육원 입학을 준비하기 위한 마음가짐! - 장슬기 / 장나라

영재교육원 입학 준비 과정에서 가장 중요한 것 중 하나는 바로 '마음가짐' 입니다. 많은 학생이 처음으로 영재교육원에 대해 듣게 되면 '이곳은 특별하고 똑똑한 아이들만 가는 곳이 아닐까?'라는 생각에 긴장하곤 합니다. '나는 영재도 아닌데 과연 영재교육원에 갈 자격이 있을까?'라는 의문이 들기도 합니다. 하지만 영재교육원은 타고난 영재들만을 위한 곳이 아니라 수학, 과학에 관심과 열정이 있는 모든 학생을 위한 곳입니다. 영재라는 단어가 주는 압박감보다는 자신이 좋아하는 분야에서 새로운 것을 배우고 도전하는 기회라고 생각하는 것이 좋습니다. 영재라는 단어에 압박을 느끼면 자기 소개서 준비, 시험과 면접에서 심한 스트레스를 받을 수 있습니다. 따라서 너무 심각하게 생각하기보다는 즐겁고 긍정적인 마음가짐으로 임하는 것이 중요합니다.

또한 영재교육원에서 떨어진다고 해서 너무 절망하거나 우울해하지 않는 것도 중요합니다. 영재교육원에 입학하면 다양한 경험을 통해 성장할 수 있지만, 참여하지 않는다고 해서 성장의 기회가 전혀 없는 것은 아닙니다. 시험과 면접을 치르는 경험 자체가 이미 큰 성장이며 관심사를 발전시키기 위해 노력한 경험은 이미 큰 도움이 됐을 것입니다. 영재교육원 준비를 자신의 역량을 발전시키는 과정이라고 생각하는 것이 중요합니다.

영재교육원 선발 시험과 면접을 집중적으로 준비하자 - 김지연

영재교육원 선발 시험과 면접에 대비하는 것이 필요합니다. 영재교육원 시험은 일반 학교 시험과 다르고 창의력과 사고력을 중점적으로 평가하는 유형의 문제가 출제됩니다. 아이가 시험장에서 처음 보는 문제 유형에 당황하지 않도록 미리 접해 보는 것이 좋습니다. 내신 시험처럼 준비하기보다는 다양한 문제를 경험해 본다는 생각으로 준비해도 충분합니다.

또한 면접이 처음이거나 긴장을 하는 아이의 경우에는 가벼운 질문들을 미리 준비해 집에서 연습하는 것이 도움이 될 것입니다. 아이에게 면접이 생각처럼 어려운 것이 아니고 내 생각을 잘 말하기만 하면 된다는 것을 알려 주는 것이 중요합니다.

영재교육원을 다니며 궁금했던 질문들

① 영재교육원은 1년만 해도(한 번만 해도)되나요?

영재교육원은 계속 수료하자 - 하우영

영재교육원에 1~2년만 참여하는 것보다 4~5년 정도 지속적으로 수료하는 것이 더 유익합니다. 학생들이 자신의 잠재력과 능력을 체계적으로 계발할 수 있는 충분한 시간을 제공하는 동시에 그 시간을 증명하는 자료로 활용될 수 있기 때문입니다. 초등학교 때 시작해 중학교 때까지 영재교육원에 참여한 학생은 그 기간 동안 자신의 관심 분야에 대한 깊이 있는 지식과 정보를 쌓을 수 있습니다. 영재교육원은 시도 교육청과 대학의 뛰어난 선생님들과 교수님들의 수업을 들을 수 있는 기회를 제공하므로 매년 다른 선생님과 교수님들께 다양한 주제로 배울 수 있습니다. 이렇게 학생들은 자신이 선택한 분야에서 매년 최신 트렌드가 반영된 양질의 공부를 할 수 있으므로 지속적으로 수료하는 것이 좋습니다.

저는 영재교육원에 1년만 참여하는 것이 큰 도움이 되지 않는다고 생각합니다. 저와 저희 '리틀 뉴턴' 동아리 친구들은 초등학교 때부터 매년 영재교육원에 지원하고 수료합니다. 하우영 선생님께서 '1년에 1개 영재교육원 수료'를 늘 강조하셨기 때문입니다. 그리고 개인적으로 매년 영재교육원을 수료하다 보니, 꾸준히 해야만 배운 내용을 자신의 것으로 만들고 그것을 다양한 상황에 응용하는 능력을 키울 수 있다는 것을 경험했습니다.

물론 1년 동안의 참여도 새로운 활동과 창의적인 경험을 많이 할 수 있습니다. 하지만 그 경험들은 배운 것을 완전히 소화하고 깊이 있게 생각할 수 있는 수준까지 도달하는 데는 부족합니다.

예를 들어, 어려운 수학 문제를 푸는 방법을 배울 때 처음에는 단순히 방법을 이해하는 것에 그칩니다. 하지만 지속적인 학습을 통해 배운 방법을 다양한 문제에 적용하고 그 과정에서 더 깊은 이해를 얻게 됩니다. 이런 과정은 단순한 지식의 습득을 넘어 문제 해결 능력과 창의적 사고력의 발전으로 이어집니다. 그래서 영재교육원에서의 교육으로 사고 수준을 성장시키기 위해서는 꾸준히 참여하는 것이 도움이 된다고 생각합니다.

영재교육원은 지속적으로 수료해야 한다 - 김지연

저희 아이들은 하우영 선생님을 처음 만났던 초등학교 때부터 앞으로 5년간 어떤 영재교육원을 진학하고 지원해야 할지 계획을 미리 세워 뒀습니다. 그만큼 영재교육원에 꾸준히 참여하는 것이 매우 중요하다는 것을 알고 있었고 그대로 실천했습니다. 이는 영재교육원뿐 아니라 모든 분야에서 성장하는 데 필수적인 요소입니다.

영재교육원에 다시 다니면 지난 학기나 지난 해에 배웠던 내용을 다시 학습한다고 여겨 단 한 번의 경험으로 충분하다고 생각할 수 있습니다. 그러나 부모의 입장에서는 꾸준한 참여를 통해 아이들이 무의식적으로 새로운 지식을 습득하고 사고의 폭이 넓어지는 것을 느꼈습니다.

영재교육원에 한 번만 참여하는 것도 분명 특별한 경험이 될 수 있습니다. 하지만 이를 일상적인 학습의 일부로 만들 때 더 큰 학습 효과와 개인적 성장이 이뤄집니다.

꾸준한 참여는 단순히 새로운 지식을 얻는 것을 넘어 그 지식을 심화시키고 다양한 상황에 응용하는 능력을 키우는 데 도움을 줍니다. 예를 들어, 수학이나 과학 분야에서의 꾸준한 학습은 기본 개념의 완전한 이해는 물론, 복잡한 문제 해결 능력을 향상시킵니다.

또한 영재교육원의 다양한 프로그램과 활동은 아이들이 자신의 관심사를 탐색하고 창의적인 사고를 발전시킵니다. 이러한 경험은 학생들이 더 넓은 시야를 갖고 세상을 바라보게 하며 다양한 관점에서 문제를 분석하고 해결하는 능력을 기르는 데 중요한 역할을 합니다. 이는 단기간에 이룰 수 있는 성과가 아니고 지속적인 노력과 참여를 통해 이뤄집니다. 이런 학습이 지속되다 보면 아이들과 일상에서 자연스럽게 수학과 과학 분야에 대한 이야기를 하게 됩니다.

아이가 먼저 '이런 과학 이야기를 알아?' 하고 묻기도 하고 '이건 어떤 원리로 작동하는 것일까?' 하며 일상에서 수학과 과학을 찾게 됩니다. 지속적으로 학습하다 보면 이런 현상들은 우리의 일상에 자연스럽게 파고들고 어느새 '우리 아이가 과학 이야기를 하네?' 하며 깨닫게 됩니다.

② 영재교육원의 장점 3가지를 꼽는다면?

영재교육원 1기 졸업생 / 영재 강사로서 느끼는 영재교육원의 장점 3가지 - 하우영

첫째, 영재교육원에서는 양질의 수업을 무료로 들을 수 있습니다. 특히, 영재교육원의 수업 시간은 주말, 방과 후라서 학생들이 낭비하고 있던 자투리 시간을 배움에 활용할 수 있습니다. 영재교육원의 교원 또한 엄격한 선발 과정을 통해 선발되므로 검증된 강사에게 해당 과목의 수업을 들을 수 있습니다. 더욱이 영재교육원은 중앙 부처와 시도 교육청이 관할하고 영재교육연구원이 지원하는 공인된 기관입니다.

둘째, 영재교육원 프로그램의 백미는 '프로젝트 수업'입니다. 학기 초에 영재교육원 강사 1명과 학생 4~5명으로 프로젝트팀을 조직해 실생활 속의 프로젝트 주제를 정해 팀 프로젝트 활동을 진행합니다. 이렇게 팀을 이뤄 창의적으로 문제를 해결하면서 프로젝트의 진행 과정을 경험하고 협업 능력과 자기 주도적 학습 능력을 배울 수 있습니다.

셋째, 영재교육원은 각 지역에서 같은 관심사를 가진 학생들과 학부모와의 네트워크를 형성하는 장이기도 합니다. 이러한 네트워크는 학생들에게 공통의 관심사를 가진 친구들과 상호 학습과 협력할 수 있는 기회를 제공하고 학부모에게는 자녀 교육에 관한 정보와 경험을 공유할 수 있는 기회를 제공합니다.

이 밖에도 프로젝트 산출물 발표, 진로 특강, 명사 및 전문가 특강, 선배와의 만남, 방학 체험 프로그램, 독서 교육, 교육 기부 봉사 활동 등 영재교육원에 따라 특색 있는 교육을 실시하고 있으므로 종류와 유형을 잘 선택해 영재교육원에 참여해야 합니다.

최근까지 영재교육원을 수료한 학생으로서 느낀 영재교육원의 장점 3가지 - 장슬기 / 장나라

영재교육원의 장점은 다음과 같습니다.

첫째, 같은 관심사를 가진 친구들과의 커뮤니티가 생기는 것입니다. 저는 수학과 과학에 대한 열정이 많은데, 영재교육원에서 같은 취미와 흥미를 가진 친구들을 만날 수 있었습니다. 이러한 친구들과 함께 공부하고 토론하면서 서로 지식을 나누고 대회 참여나 프로젝트 수행 시 팀을 이루기에도 좋습니다.

둘째, 영재교육원 준비 과정은 고등학교 입시 연습과 비슷합니다. 이 과정에서 자기 소개서 작성, 시험 준비, 면접 등을 경험합니다. 초등학교와 중학교에서는 이런 경험을 하기 어렵기 때문에 영재교육원은 이러한 준비를 미리 할 수 있는 좋은 기회입니다. 처음 자기 소개서를 쓸 때는 쓸 말이 없었습니다. 그런데 연습하다 보니 나 자신을 효과적으로 어필하는 방법을 배우고 시험과 면접에 대한 긴장감을 줄이는 방법도 익힐 수 있습니다.

마지막으로, 영재교육원은 다양한 경험을 할 수 있습니다. 이것이 영재교육원의 가장 대표적인 장점 같습니다. 일반 학교에서 접하기 어려운 실험과 프로젝트를 직접 해 볼 수 있는 기회가 많습니다. 창의적으로 생각하고 실제 문제 해결 능력을 키우고 사고력을 키우는 데 큰 도움이 됩니다. 특히, 실험을 통해 이론적 지식을 실제로 적용해 보고 프로젝트를 진행하면서 배운 것을 실천하면서 많이 성장했다고 느낍니다.

학부모의 입장에서 바라본 영재교육원의 장점 3가지 - 김지연

제가 생각하는 영재교육원의 장점은 다음과 같습니다.

첫째, 아이가 토요일 오전을 알차게 활용할 수 있다는 점입니다. 대부분의 아이들은 토요일 아침을 늦잠을 자거나 노는 데 사용합니다. 하지만 영재교육원에 다니면서 이 시간을 훨씬 더 의미 있고 생산적으로 사용하게 됐습니다. 아침 일찍 일어나 자신이 좋아하는 공부를 하러 가는 것을 즐기게 됐고 아이는 이 과정에서 뿌듯함을 느끼기도 했습니다.

둘째, 다양한 활동을 할 수 있다는 것입니다. 이곳에서는 집에서 경험하기 어려운 여러 과학 실험과 문제 해결 과제에 참여하게 됩니다. 처음 영재교육원에 다녔을 때 아이의 반응이 아직도 생생합니다. 동물의 인체를 해부하는 실험을 해 보고 오늘 실험이 어땠는지, 결과는 어땠는지, 과정에서 무엇이 힘들고 재미있었는지를 이야기하는 모습을 보고 영재교육원에 보내기를 참 잘했다고 생각했습니다.

마지막으로 아이가 다른 외부 활동과 대회에 적극적으로 참여하게 하는 계기가 된다는 것입니다. 영재교육원에서의 심화된 문제 풀이, 실험, 발표, 프로젝트 수행 등은 아이에게 자신감을 심어 줬습니다. 이러한 자신감은 다른 활동에도 긍정적인 영향을 미쳐 다양한 분야에서 더욱 활발하게 참여하게 됐습니다. 이 모든 경험은 아이의 전반적인 학습 태도와 능력에 긍정적인 영향을 미치며 아이의 성장에 큰 도움을 주고 있습니다.

③ 프로젝트 학습, 나에게 도움이 되려면 어떻게 참여해야 하나요?

팀 프로젝트 학습 참여는 나를 더 빛나게 하는 과정이다 - 하우영

1년에 한 번, 영재교육원 학생들은 팀을 조직해서 멘토 선생님과 함께 프로젝트를 진행합니다. 이 팀 프로젝트 참여를 통해 학생들은 학창 시절에 의미 있는 활동에 참여하고 이를 자신의 발전과 학습 과정에 활용할 수 있습니다. 팀 프로젝트를 통해 얻을 수 있는 이점과 참여 방법은 다음과 같습니다.

먼저 주제를 잘 선택합니다. 연구자들이 어떤 논문을 쓰고, 어떤 특허를

갖고 있는지가 중요하듯이 학창 시절에 어떤 의미 있는 프로젝트 활동에 잘 참여했는지를 기록해서 어필할 수 있습니다. 따라서 누구나 공감할 만한 사회적·지역적 이슈를 담고 있고 과학·수학적 원리를 프로젝트 탐구 과정에 녹일 수 있는 주제를 선정하는 것이 중요합니다.

팀장 역할을 맡거나 적극적으로 프로젝트에 참여하는 것은 리더십 능력을 발휘하고 팀원을 이끄는 경험을 제공합니다. 멘토 선생님의 지도 아래 프로젝트 계획을 수립하고 실행하는 과정은 학생들에게 자기 주도적 학습 능력을 키울 수 있는 좋은 기회입니다. 프로젝트 계획서와 보고서를 작성할 때도 선생님을 도와 주도적으로 작성해 보면 탐구 계획 수립, 탐구 과정 결과 정리를 비롯한 보고서 작성법을 익힐 수 있습니다. 프로젝트 내용을 잘 숙지하면 과학, 기술, 공학, 수학, 예술 등 다양한 분야를 아우르는 폭넓고 깊이 있는 공부를 할 수도 있습니다. 팀 프로젝트의 결과를 성과 발표회에서 발표하는 것은 자신감과 자신의 아이디어를 발표하는 능력을 향상시킬 수도 있습니다.

마지막으로 프로젝트 과정에서의 참여 사진, 프로젝트 영상, 프로젝트 계획서 및 최종 보고서 문서 파일을 보관하는 것은 구술 면접, 역량 기술서, 자기 소개서에 자신의 경험을 자세히 서술하는 데 도움이 됩니다.

적극적으로 참여하는 프로젝트 학습이 의미가 있다 - 장슬기 / 장나라

적극적으로 참여하는 것이 중요하다고 생각합니다. 어딜 가든 단순히 버스에 올라타거나 숟가락만 얹는 친구들이 있습니다. 이런 태도로 영재교육원에서 1년, 2년, 3년을 보내면 별다른 성과를 얻지 못할 것입니다. 팀원과 함께 주제를 정하고 자료를 찾고 정리해 발표 자료를 만들고 발표하는 전 과정에 적극적으로 참여해야 합니다. 리더 역할을 맡는 것도 성장의 기회라고 생각합니다. 팀의 리더가 돼 이끌어 보는 경험은 리더십을 키워 줄 뿐 아니라 자신감, 책임감, 문제 해결 능력을 키우는 데도 큰 도움이 됩니다.

저는 하우영 선생님과 '리틀 뉴턴' 활동을 하면서 팀 활동의 중요성을 깨달았기 때문에 습관처럼 팀장이 돼 경험을 쌓았고 이 과정에서 많은 것을 배웠습니다. 리더로서 팀원 간의 의견을 조율하고 각자의 장점을 최대한 활용할 수 있도록 도왔습니다. 또한 어려운 상황에서 적절한 해결책을 제시하고 모두가 동기 부여를 받을 수 있도록 격려했습니다. 이런 경험 덕분에 창의력뿐 아니라 다른 면에서도 성장할 수 있었습니다. 여러 대회나 학교에서 활동할 때도 자신감 있게 팀을 이끌어갈 수 있는 사람이 됐다고 자신할 수 있습니다.

팀 단위 문제를 해결해가며 배우는 좋은 기회이다 - 김지연

제 아이의 경우에는 그룹 활동이나 발표와 같은 팀 프로젝트가 많았습니다. 팀 활동에서는 결과물을 만들어 내는 것도 중요하지만, 친구들과 문제를 조율하고 의논하고 이끌어 나가는 사회적인 배움도 중요하다고 생각합니다. 이런 경험은 아이들에게 '작은 사회 생활'을 체험할 수 있는 기회입니다. 서로 다른 생각을 가진 친구들과의 소통, 문제 해결, 공통 목표를 향한 협력 등은 앞으로의 인생에 큰 도움이 될 것입니다.

따라서 아이가 팀 프로젝트에서 친구 관계에 따른 크고 작은 문제를 겪을 때 인생의 선배로서 조언을 제공하는 것이 중요합니다. 예를 들어, 때때로 아이들은 팀 내에서 의견 충돌이나 불화로 갈등을 겪을 수 있습니다. 이러한 상황에서 아이들이 올바른 방향을 찾고 스스로 팀의 문제를 해결할 수 있는 능력을 키우는 것이 바로 이 프로젝트 학습에서 아이가 얻을 수 있는 교훈이라고 생각합니다.

영재고 준비하는 아이는 이렇게 공부합니다

④ 다음 해에 진학할 영재교육원의 반을 선택할 때 기준은 무엇인가요?

영재교육원의 프로젝트 주제도 이어져야 합니다. 영재교육원을 선택하는 기준 - 하우영

영재교육원의 학급 위계나 계열을 보고 '전공 과정'을 선택할 수 있습니다. 영재교육원에 따라 같은 교육원 내에서라도 '과학반-과학 심화반', '수학반-수학 심화반', '초등 발명반-중등 발명반'처럼 위계를 두거나 '정보 심화 과정-정보 사사 과정'처럼 교육과정 운영 방식의 차별화를 두고 지원할 수 있습니다. 학생들이 관심을 갖고 있는 분야에서 '심화'되거나 '교육과정 운영 방식'이 다른 '전공 과정'을 지원할 수도 있습니다.

시도 교육청이나 대학의 영재교육원 운영 방침에 따라 같은 분야로 '전공 과정'을 여러 개 운영하지 않을 경우, '융합 과정'을 지원할 수 있습니다. 예를 들어, 영재교육원에 따라 '초등 수학 과학 융합반', '중등 과학 발명 융합반', '초등 심화 융합반'처럼 융합 프로그램을 운영하는 경우도 많습니다.

만약, 영재교육원의 '전공 과정' 올해 수료하기로 한 학급 외에 관련 있는 학급이 없을 경우, 전혀 다른 분야라도 학생의 관심사를 반영해 프로젝트를 진행해 나가도록 합니다. 예를 들어, 초등학교 5학년 학생이 정보(소프트웨어·인공지능) 분야에 관심이 많아서 올해 '초등 정보반'을 수료할 예정인데, 영재교육원에는 초등 창의 국어반만 있다고 할 경우, 초등 창의 국어반을 지원하되, 프로젝트 주제를 '생성형 인공지능을 활용한 토박이말 찾기 프로젝트'로 정해 경험의 흐름을 이어 나갈 수 있습니다.

하고 싶고 배움이 필요한 것을 선택하자 - 장슬기 / 장나라

제가 영재교육원의 반을 선택한 기준은 '하고 싶은 것'과 '배움이 필요한 것'입니다. 영재교육원은 매주 토요일 아침에 참여할 의지가 있어야 하는데,

내가 진심으로 흥미를 느끼지 않는 분야라면 참여하기 어렵습니다. 따라서 가장 관심이 많은 분야의 반을 선택하는 것이 중요합니다. 영재교육원에 따라서는 다음 학기에 동일한 반에 지속적으로 참여할 수 없는 경우도 있기 때문에 흥미 있는 반에 다시 들어갈 수 없을 때가 있습니다. 이때는 배움이 피료하다고 생각되는 반을 선택합니다. 처음에는 어려움을 겪을 수도 있지만, 그 과정을 통해 많은 성장을 경험할 수 있습니다.

반면, '이 반에서 배우는 것이 쉬울 것 같다'와 같은 생각으로 흥미와 관심이 없는 반에 들어가게 되면 시간 낭비만 할 수 있습니다. 그리고 '내 친구는 저 반에 간다던데…' 와 같은 이유로 반을 선택하는 것은 내가 성장하는데 큰 도움이 안 될 수 있습니다. 친구와 즐겁게 다니는 것이 좋은 면도 있지만, 제게는 영재교육원에서 새로 사귄 친구들과 어울리며 프로젝트를 하는 경험이 많은 도움이 됐습니다. 하우영 선생님처럼 영재교육원을 잘 아시는 멘토에게 조언을 구하는 것도 좋은 방법입니다.

반 선택은 선생님의 지도를 조언을 바탕으로 아이의 능력을 객관적으로 판단하자! - 김지연

저는 아이가 영재교육원에 지원할 때 담임 선생님이면서 동아리 선생님이신 하우영 선생님의 지도를 받았습니다. 선생님께서 영재교육원을 1기로 수료하셨고 영재교육 경력이 많으셔서 반 선택에 많은 도움을 주셨습니다. 영재교육원 지원 시 선생님의 추천서가 꼭 필요하므로 학기 초부터 선생님과 이야기를 나누는 것이 필요합니다.

그리고 아이의 능력을 객관적으로 판단하는 것이 필요합니다. '아이가 잘했으면 하는 것'과 '아이가 잘하는 것'은 완전히 다릅니다. 또한 학부모가 생각하는 아이와 학교에서 선생님이 보는 아이는 하늘과 땅 차이입니다. 담임 선생님이나 동아리 선생님처럼 아이를 자주 보고, 잘 알고 있는 선생님과 상담해서 아이의 특기를 알아낸 후, 반을 선택해야 합니다. 물론 자신이 원하는 것을 선택해야 가장 잘 배울 수 있기 때문에 아이에게 그 반을 선택해야 하는 이유를 충분히 이해시켜야 합니다. 이때는 하우영 선생님처럼 아이가 잘 믿고 따르는 선생님께 부탁해도 됩니다.

부모의 강요로 반을 선택하면 그 반에 반발심을 가지거나 흥미를 잃을 수 있기 때문에 멘토처럼 따르는 선생님과 미리 이야기를 해서 함께 반을 선택합니다. 이렇게 영재교육원에 입학하는 경험을 하고 나면 다음 해에는 나름의 경험이 생겨 나중에는 '이 반을 선택하는 것이 가장 효과적일 것 같다'라거나 '이 반에서 이번 학기에 관심 있는 주제를 배울 수 있겠다'라는 생각을 하면서 능숙하게 선택합니다.

영재학교, 과학고를 준비하며 궁금했던 질문들

① 영재고, 과학고에 가려면 선행학습이 얼마나 필요한지?

수학, 과학 대회를 준비하며 경험한 공부, 심화 학습이 된다 - 하우영

제 사례로 설명드리겠습니다. 제가 중학생일 때(2000년~2002년)는 영재고가 없었기 때문에 바로 과학고를 준비했습니다. 과학고를 처음부터 목표로 하기보다 어릴 때부터 과학이 좋았고 관련된 경험을 차곡차곡 쌓아 나가다 보니 당연히 과학고에 진학해야 한다고 생각했습니다. 저는 초등학교 때부터 과학에 관심이 많아서 늘 학교 대표로 과학 대회에 나갔습니다. 5학년 때 자연관찰탐구대회, 6학년 때 실험탐구대회, 중학교 1학년 때 자연관찰탐구대회, 중학교 2학년 때 실험탐구대회에 학교 대표로 시 대회, 도 대회, 전

국 대회를 나갔습니다. 이때 과학 대회 준비는 방과 후 과학실에 모여 과학 교과서와 실험관찰, 교사용 지도서를 읽고 백과사전이나 과학 실험, 자연 탐구와 관련된 책을 읽으며 모르는 것을 친구들이나 선생님한테 물어보는 방식이었습니다. 이때 과학 잡지부터 교양서까지 다양한 과학 도서를 읽은 것이 과학 내공을 튼튼히 할 수 있는 계기가 됐습니다.

중학교 2학년 여름방학 때부터는 '과학경시대회', '과학올림피아드'를 준비했습니다. 제가 다닌 중학교는 과학 교육 시범 중학교였기 때문에 중학교 교과서에 나오는 내용을 모두 '자주 학습 과제' 학습지로 공부하고 교과서에 나오는 실험 모두를 직접 해 보고 '탐구 보고서'를 작성해 피드백을 받는 방식으로 수업이 진행됐습니다.

저는 방과 후에 과학 동아리 친구들과 과학경시대회와 과학올림피아드를 준비하며 중학교 교육과정의 교사용 지도서와 하이톱(High Top) 물리 2, 화학 2, 생물 2, 지구과학 2를 활용해서 공부했습니다. 과학경시대회에서도 중학교 교육과정 내에서의 개념들이 심화된 내용들이 출제되므로 교사용 지도서의 '참고자료'에 제시된 추가 개념들을 하이톱에서 찾아 심화된 부분을 공부했습니다. 그리고 중학교 2학년, 3학년에는 경남과학고등학교에서 운영하는 영재교실(2000년 입학, 현재 영재교육원의 시범 적용 형태) 1기로 입학해 통신 과제와 등교 수업에 참여했습니다.

'통신 과제'란, '영재교실' 홈페이지에서 매주 물리, 화학, 생물, 지구과학, 수학 담당 선생님께서 업로드해 주시는 과제 학습지를 말합니다. 등교 수업이 있기 전에 미리 학습지를 집에서 출력해 해결하고 선생님들께 메일로 제출하는 방식이었습니다. 이때 과제를 해결하고 학습지에서 다루는 내용들을 좀 더 쉽게 이해하기 위해서 하이톱과 일반 물리학, 일반 화학, 일반 생물학을 구입해 필요한 부분을 찾아 읽으며 과제를 해결하고 등교 수업에서 모르는 것을 질문하고 배우며 공부했습니다.

과학고나 영재고에 합격하고 나면 '신입생 사전 교육 프로그램', '새내기 특별 프로그램'을 진행합니다. 과학고는 중학교 3학년 2학기, 영재고는 빠르면 중학교 2학년, 중학교 3학년 1학기부터 합격을 결정 짓기 때문에 이 프로그램에 빨리 참여하게 됩니다. 보통 영어, 수학, 물리, 화학, 생물 교과 진단 평가를 치르고 부족한 부분을 사전에 집중 교육을 실시합니다.

제가 과학고에 합격할 시점에는 고등학교 2학년 1학기에 카이스트나 포항공대로 조기 졸업을 결정 짓는 학생들이 많았습니다. 2~3년 과정을 1년 만에 끝내야 하는 상황을 알고 있던 터라 합격한 시점부터 과학고 신입생 사전 교육 프로그램으로 고등학교 수학(공통 수학, 수학 1)을 집중적으로 공부하고 개인적으로도 고등학교 수학 전 과정과 물리 2, 화학 2, 생물 2, 지구과학 2를 준비했습니다. 그리고 제가 과학고를 다니던 시절에는 학생들이 대부분 과학 한 과목을 집중적으로 공부했습니다. 저는 화학올림피아드(KChO)를 준비하고 있어서 화학 분야는 '화학 2'와 '일반 화학', '유기 화학'을 미리 공부했으며 영어는 영어 자격 시험 위주(TEPS, TOEFL)로 준비하는 것이 유리했습니다.

반복 심화 학습을 바탕으로 한 기본적인 이해! 초등학교 때의 경험이 중요하다 - 장슬기/장나라

수학, 과학 같은 경우, 기본 개념을 이해하고 간단한 문제를 풀 수 있는 정도의 준비가 큰 도움이 됩니다. 모든 개념을 완벽하게 이해하고 심화 문제까지 풀 수 있으면 물론 좋겠지만, 현실적으로 완벽하게 준비하기는 어렵습니다. 그래서 수박 겉핥기식으로 주요 개념에 대한 기본적인 이해만 하고 가도 수업을 따라가는 데 도움이 됩니다.

학교 수업에서 선생님들은 종종 학생들이 '이건 당연히 알고 있겠지?' 하고 설명 없이 넘어가는 경우가 많습니다. 이때 처음 보는 개념이 나오면 당황스러운데, 미리 그 개념을 어느 정도 알고 있으면 수업에서 빠르게 심화 내용으로 넘어가기가 쉽습니다. '이것은 지난 번에 본 개념이네', '이 공식은 이런 상황에 적용하는 것이구나'라고 생각하는 것만으로도 도움이 됩니다.

이러한 방식으로 반복하면 처음에는 어렵게 느껴졌던 것들도 점차 내 것으로 만들 수 있습니다. 처음부터 심화까지 완벽하게 준비하려고 하기보다는 자신이 할 수 있는 만큼 하고 반복하는 것이 좋습니다.

중학교 시절에는 어렵게 느껴졌던 것들도 시간이 지나고 반복하다 보면 쉬워집니다. 초등학교 때 하우영 선생님과 동아리 활동을 하며 스스로 책을 찾고 공부한 내용들이 도움이 되는 경우도 많아았습니다. 특히, 보고서를 작성하거나 '박쥐', '민물고기', '화석'처럼 제가 '리틀 뉴턴' 친구들과 함께 동아리 활동을 하면서 몸으로 배운 내용은 절대 잊혀지지 않습니다. 이렇게 선행학습보다 심화학습을 하는 동아리 활동도 중요하다고 생각합니다.

선행학습만이 정답은 아니다. 비판적이고 창의적인 사고력과 같은 내공을 기르자 - 김지연

한국과학영재학교 같은 특수 목적 고등학교 입학을 준비하는 과정에서 많은 학부모와 학생이 선행학습에 대해 고민할 것입니다. 저 또한 '아이가 미적분, 대학수학까지 진도를 나가지 않은 채로 입학하게 돼 뒤처지면 어떡하나?' 하는 고민을 하기도 했습니다. 하지만 중요한 것은 고등학교 과정을 얼마나 빠르게 선행하는지가 아니라 학생의 기본기와 사고력을 탄탄하게 다지는 데 있습니다. 아이의 기본기가 튼튼하다면 고등학교 과정은 시간이 지나면서 자연스럽게 따라갈 수 있기 때문입니다. 이러한 점에서 고등학교 과정을 서두르기보다

영재고 준비하는 아이는 이렇게 공부합니다

는 그 과정을 철저하게 이해하고 심화하는 데 중점을 두는 것이 더 중요하다고 생각합니다. 그리고 초등학교 시절부터 동아리 활동이나 대회 참여처럼 '체험 중심'의 심화학습이 돼야 합니다.

실제로 영재고 입학 과정에서는 단순히 학원을 많이 다니면서 선행을 많이 한 아이보다 학생의 창의성, 영재성 그리고 비판적이고 창의적인 사고력을 더욱 중시합니다. 영재학교에 다니는 우리 아이와 친구들을 보니, 선행학습을 많이 한 아이들보다 과학, 수학과 관련된 활동을 한 학생들이 능력을 발휘했습니다. 예를 들어, 하우영 선생님과 함께 프로젝트 활동을 하며 '큰 줄납자루', '각시고기', 얼룩새코미꾸리'와 같은 물고기를 직접 눈으로 보며 생김새를 알고 종의 분류를 한 학생과 단순히 '선행학습'으로 어류를 배운 학생의 이해도는 하늘과 땅 차이입니다. 따라서 무조건 선행을 많이 한 아이가 선발된다고 볼 수는 없습니다. 오히려 아이가 따라오지 못하는데 과도한 선행학습을 시키는 것은 아이에게 불리한 선택이 될 수 있습니다.

이러한 이유로 아이의 영재성과 사고력을 키우는 방향으로 교육을 하는 것이 중요합니다. 그 방향은 기본 과정을 철저히 이해하고 그 위에 심화된 내용을 단계별로 꾸준히 학습하는 것이어야 합니다. 그래야만 아이가 단순히 문제만 풀 수 있는 머리가 아니라 깊이 있게 사고하고 배운 것을 다양하게 응용할 수 있는 머리를 갖게 될 것이라고 생각합니다.

② 한 과목만 특출나게 잘하면 갈 수 있는지?

'수학, 과학 내신 관리+대회/행사 참여+3가지 역량(특기)'로 과학고·영재고에 진학할 수 있다 - 하우영

영재고, 과학고에 가기 위해서는 중학교에서 수학, 과학의 내신을 소홀히 해서는 안 됩니다. 학교에 따라 다르지만, '수학, 과학 학업 성취도의 최소 수준'을 정해 놓은 학교도 있습니다. 특히, 중 2, 중 3의 학기별 반영 비율이 다를 수 있으므로 학생들이 목표로 하는 과학고, 영재고에 맞게 입시 전략을 세워야 합니다. 그리고 일부 영재고에서 수학, 물리, 화학, 생물, 지구과학, 정보, 발명 등의 분야로 몰입형 인재를 선발하기도 하므로 수학, 과학의 내신 성적을 유지하면서 한 가지 과목을 특출나게 잘하면 영재고와 과학고에 입학할 수 있습니다. 그리고 소집 면담, 심층 구술, 면접 평가, 창의적 문제 해결력 검사, 영재성 다면 평가 등의 방법으로 수학, 과학 분야의 영재성 및 잠재성을 평가하므로 수학, 과학 공부를 철저히 해 둘 필요가 있습니다.

그리고 수학, 과학 내신 관리와 더불어 수학, 과학 대회 참여나 동아리 활동을 함께해야 합니다. 중학생이 고등학교 수학, 과학 수업을 미리 들었다고 해서 자격증이 생기거나 자기 소개서에 적을 수는 없습니다. 하지만 수학, 과학 대회 참여나 동아리 활동을 하면 대회 준비를 위해 관련 서적을 찾아보고 탐구 과정을 경험할 수 있습니다. 이렇게 하면 자연스럽게 자발적인 동기와 필요에 따라 수학, 과학을 배울 수 있고 경험을 통해 '3가지 역량(특기)'으로 내세울 수도 있습니다. 이러한 활동들은 수학, 과학 공부에도 도움이 되지만, '자기 소개서 역량 기술서 추천서'의 형태로 표현되고 증명될 수도 있으므로 수학, 과학 내신 관리 및 공부와 더불어 대회나 행사에 참여해서 나만의 '3가지 대표 역량(특기)'을 만들어야 합니다.

수학, 과학, 발명과 같은 활동에서 특출난 재능이 있다면 입학할 수 있다 - 장슬기 / 장나라

수학, 과학, 발명과 같은 활동에서 특출난 재능이 있다면 입학할 수는 있다고 생각합니다. 하지만 단순히 문제만 잘 푸는 것보다 자신의 분야에서 문제 해결 능력, 창의성, 사고력, 노력, 인성과 같은 부분도 충분히 보여 줄 수 있어야 한다고 생각합니다. 저는 하우영 선생님과 초등학생 때부터 과학 발명 동아리 '리틀 뉴턴' 활동을 하면서 저절로 내공을 쌓을 수 있었습니다.

특히, 과학고나 영재학교 입학 과정이 단순히 시험에서 끝나는 것이 아니라 합숙 기간을 가지면서 토론을 하는 생소한 활동을 하는데, 이런 데서 발표 능력, 문제 해결력, 창의력 등을 발휘하지 못하면 안 되기 때문입니다. 하지만 특별하게 잘하는 과목이 있으면 입학 후에 그걸 전공으로 삼아 진로를 빨리 정할 수도 있고 다른 과목 공부할 시간을 마련하기도 좋을 것 같습니다.

수학, 과학, 영어에 특출난 재능이 있다면 입학한 후에도 좋다- 김지연

수학이나 과학과 같은 특정 과목에서 특별한 재능을 갖고 있는것은 분명 학업 성취에 큰 도움이 될 것입니다. 예를 들어, 한국과학영재학교 같은 학교에서는 수학을 유독 좋아하는 학생이나 물리학을 깊이 있게 공부한 학생들이 종종 있습니다. 이런 학생들은 자신의 재능을 활용해 특기자 전형이나 선발 시험에서 좋은 성과를 거뒀을 것입니다.

그러나 한 과목에만 능숙한 것은 입학 후에 문제가 생길 수 있습니다. 한국과학영재학교 같은 학교에서는 수학과 과학을 심화적으로 배우는데, 원서 교과서를 사용하기 때문에 영어 능력이 필수입니다. 또한 국어 수업에서도 학생들이 창의적이고 비판적인 사고를 할 수 있도록 토론 수업이나 에세이 작성 등의 활동이 포함돼 있습니다. 따라서 학생들은 다양한 방면에서 균형 잡힌 노력을 기울여야만 졸업할 때 좋은 성과를 얻을 수 있습니다. 물론 자신의 재능을 만들고 유지하기 위해 노력해 본 아이들이기 때문에 다른 과목에서도 노력만 한다면 성적을 고르게 유지할 수 있을 것이라고 생각합니다.

③ 영재고, 과학고를 준비할 때 가장 중요한 것은?

영재고, 과학고 '진학' 자체가 꿈이 아닌지 잘 생각해야 합니다 - 하우영

'영재고'나 '과학고'에 꼭 진학해야 하는지 충분히 생각해야 합니다. 영재고, 과학고 준비나 진학 자체가 꿈이 아닌지 생각해 봐야 합니다. 더 큰 꿈을 이룰 수 있는 좋은 기회를 많이 가질 수 있는 단계라고 생각해야 합니다. 영재고, 과학고 진학 자체가 꿈이었던 꿈을 이루었다고 생각해 학업에 집중하지 못하는 경우가 많습니다. 이처럼 영재고, 과학고 진학의 선택은 누가 대신 책임져 주지 않는 '학생 스스로의 선택'이어야 한다는 것을 명심해야 합니다. 학부모나 선생님의 권유나 강요에 의한 진학은 나중에 후회할 수 있으므로 학부모, 선생님과 충분히 논의한 후에 결정해야 합니다.

그리고 고등학교를 졸업하고 대학교, 대학원 그리고 직업까지 다양한 진로의 로드맵을 설계한 후에 진학을 결정해야 합니다. 영재고, 과학고 진학은 대학, 대학원, 직업 선택에 큰 영향을 미칠 수 있으므로 신중한 선택과 고민이 필요합니다. 사실 이때부터는 '선택의 연속'입니다. 과학고나 영재고에 입학해서도 전공을 정하거나 이수할 과목을 선택해야 합니다. 어떤 과목을 이수했는지, 어떤 과목을 몰입해서 공부했는지에 따라 대학 선택의 폭이 달라질 수 있으므로 영재고나 과학고를 준비하기로 마음먹었다면 진로에 대한 계획도 함께 세워야 합니다.

학교의 내신 성적과 입학 시험 준비를 철저히 준비하자 - 장나라/장슬기

입학 준비 과정에서는 내신 성적과 입학 시험 준비가 가장 중요합니다. 고등학교 입학 과정에서 내신 성적은 기본적인 자격 요건입니다. 학교에서 요구하는 내신 등급을 충족하지 못하면 아무리 다른 분야가 뛰어나더라도

지원 자체가 불가능합니다. 따라서 평소 학교 내신과 생활 기록부를 잘 챙겨 둬야 합니다.

또한 입학 전형 과정에서는 입학 시험과 면접을 준비해야 합니다. 대부분의 학생들이 학원이나 학교 프로그램을 통해 입시 시험을 체계적으로 준비하고 있기 때문에 미리 대비하지 않는다면 경쟁에서 뒤처질 수 있습니다. 면접을 해 본 경험이 없다면 연습을 해 보는 것이 좋습니다. 다른 부분에서 실수를 했더라도 면접에서 나를 잘 표현하면 결과가 좋게 나올 가능성이 높아진다고 생각합니다.

아이에게 가장 적합한 학교와 전형을 선택해서 준비하자 - 김지연

공부적인 측면에서는 단순히 많은 문제를 풀기보다 어려운 문제에 도전하며 생각하는 능력을 기르는 것이 중요하다고 강조합니다. 난이도 높은 문제를 풀면서 학습의 깊이를 더해가는 연습이 필요하다고 생각합니다.

입학 준비 측면에서는 자녀에게 가장 적합한 학교를 선정하는 것이 중요합니다. 여러 학교의 특징을 비교해 보고 그 학교의 입학 요건에 맞춰 준비하는 것이 필요합니다. 학교마다 다양한 전형 방법이 있으므로 자녀가 어떤 전형에 유리할지를 파악하고 부족한 부분을 보완해 다른 전형을 통해 입학할 가능성을 높이는 전략이 필요합니다.

예를 들면, 일반 전형으로 합격할 가능성이 낮다고 생각하면 외부 대회나 경시대회에서 수상해 특별 전형으로 입학할 수도 있습니다. 아이의 이러한 경험은 특별한 재능을 보여 주는 데도 도움이 될 수 있습니다.

학교별로 요구하는 조건이 다를 수 있기 때문에 각 학교의 입학 요강을 면밀히 검토하고 어떤 전형이 유리한지를 미리 파악해 준비하는 것이 중요합니다. 무엇보다 내신을 잘 챙기고 공부적인 측면을 준비해야 지원이 가능하겠지만, 그것만으로는 부족할 수 있습니다. 내 아이의 잠재력을 최대한 발휘할 수 있도록 다양한 방면으로 방법을 찾아보는 것이 부모의 역할인 것 같습니다.

④ 영재고, 과학고 준비와 학교 내신, 균형을 유지하는 방법은?

시험 기간 한 달 반(45일) 확보! 그 밖에는 동아리 활동으로 충전과 균형! - 하우영

제 경험을 이야기해드리겠습니다. 저는 중간고사, 기말고사 한 달 반(45일) 전부터는 무조건 학교 내신을 준비했습니다. 앞서 중간고사, 기말고사 계획 세우기 파트에서 노하우를 전수해드린 것처럼 30일~45일 정도를 기본 준비 기간으로 정하고 일정이 변경될 때마다 계획을 새로 세우면서 내신 공부를 했습니다. 그리고 학교 내신 준비 기간 외에는 매일 학교 수업이 끝나자 마자 학교 과학실(동아리 실)에서 동아리 친구들과 과학 공부를 했습니다. 청소년 과학 탐구대회, 과학 탐구 올림픽 등 각종 과학 대회나 행사들이 많으므로 시험 기간이 아닐 때는 '대회 준비'를 위해 과학 교사용 지도서와 하이톱 시리즈를 읽고 각종 과학 실험을 하며 시간을 보냈습니다. 이런 루틴을 중학교 3년간 365일 내내 실천했습니다. 여름방학, 겨울방학에도 점심 도시락을 준비해서 아침부터 하루종일 친구들과 대회나 행사 준비를 했습니다. 저와 동아리 친구들에게는 과학실의 동아리 활동(대회 및 행사 준비)이 휴식 시간이고 행복한 시간이었습니다.

이런 루틴을 반복하다 보니 사실 영재고, 과학고 준비가 따로 없었습니다. 3년 내내 과학 공부를 했고 학교 내신 전교 1등은 물론, 수학, 과학과 관련한 대회에도 입상하면서 과학고에 쉽게 합격할 수 있었습니다. 정리하면 시험 기간에는 다른 핑계되지 말고 철저하게 학교 내신을 준비해야 합니다. 물론 과학고, 영재고의 전형에 따라 수학, 과학 교과의 성취도만 높아도 되지만, 과학고, 영재고에 진학한 학생들 사례를 보면 전 과목을 열심히 공부

해서 내신을 잘 받는 경우가 많았습니다. 이렇게 시험 기간에는 내신을 준비하고 그 밖의 기간에는 영재교육원이나 과학 발명 동아리 활동을 하며 각종 대회나 행사에 참여하다 보면 자연스럽게 학교 내신과 영재고, 과학고 준비가 균형을 이루게 됩니다.

내신 점수, 입시 준비, 대외활동의 비율을 유지하자 - 장슬기/장나라

저는 내신 점수, 입시 준비 그리고 대외 활동을 각각 8:1:1의 비율로 준비하는 것이 가장 이상적이라고 생각합니다. 내신 점수가 높지 않으면 학교나 대학에서 요구하는 기본적인 입학 자격조차 갖추기 어렵기 때문입니다. 따라서 내신 관리에 집중하는 것이 가장 중요합니다.

내신 성적은 학생의 기본기와 학교생활에 얼마나 충실한지를 나타내는 지표인데, 만약 기본적인 내신 성적이 부족한 상태에서 다른 활동에 과도하게 집중하는 것은 바람직해 보이지 않습니다. 그리고 내신 성적이 좋다면 다른 대외 활동과 입시 준비를 더 잘 활용할 수 있습니다.

입시 준비에서 학교생활기록부(생기부) 관리는 매우 중요하며 자기 소개서 작성, 입학 시험 준비 그리고 면접 연습 등이 필요합니다. 이러한 과정을 열심히 준비해 둬야 자신의 강점과 잠재력을 입시 관계자에게 효과적으로 전달할 수 있습니다. 자기 소개서 한 장과 짧은 면접 대화로 내 능력과 잠재력, 모든 것을 보여 줘야 하기 때문에 최대한 준비해 두는 것이 좋습니다.

또한 학교 생활 외의 활동, 즉 대외 활동에 참여하는 것도 매우 유익합니다. 대외 활동은 학생이 다양한 경험을 쌓고 자신의 역량을 보여 줄 수 있는 좋은 기회이기 때문입니다. 이러한 활동들은 입시에서도 자신을 더 돋보이게 하는 데 도움이 됩니다. 내신 성적이 안정됐을 때 입시 준비와 대외 활동을 병행하는 것이 가장 좋다고 생각합니다.

하우영 선생님과 과학 발명 동아리 활동을 하며 아이들만의 특별한 경험(대회, 캠프, 체험 활동 등)이 보장된 상황에서 내신 점수를 유지하는 것이 가장 중요했습니다. 고등학교에서 요구하는 내신 등급에 도달하지 못하면 지원하는 것 자체가 불가능해지기 때문입니다. 따라서 학생들에게는 무엇보다 내신 관리가 우선시돼야 합니다. 내신 성적이 기대에 미치지 못하는 상황에서 선행학습이나 입시 준비에만 집중하는 것은 바람직하지 않다고 생각합니다.

원하는 학교의 입학 기준에 부합하는 내신 성적을 안정적으로 확보한 후에야 입시 준비에 본격적으로 착수하는 것이 현명한 방법입니다. 이러한 접근 방식은 학생이 학교 공부에 충실하면서도 필요한 경우 선행학습을 추가해 전반적인 학업 능력을 강화할 수 있게 해 줍니다.

이 과정에서 기본적인 학문적 기초를 단단히 다지고 그 위에 입시를 위한 준비를 할 수 있습니다. 이렇게 균형 잡힌 학업 접근 방식은 학생들이 장기적으로 학업에 성공하고 원하는 학교에 진학할 수 있는 토대를 마련해 줄 것입니다.

⑤ 영재고, 과학고 진학에 적합한 학생은 어떤 성향을 지니고 있는지?

과학과 수학을 즐기고 자기 주도적인 학생이 영재고, 과학고 진학에 적합하다 - 하우영

과학과 수학을 즐기고 주변의 영향을 많이 받지 않는 자기 주도적 학습에 익숙한 학생이 영재고, 과학고의 진학에 적합합니다.

먼저 과학과 수학을 즐겨야 합니다. 물론 태생적으로 과학, 수학 공부를 싫어할 수도 있지만, 과학고와 영재고를 꿈꾼다면 자기 최면으로라도 '과학, 수학은 즐겁다'라는 생각을 해야 합니다. '과학, 수학 영재 교육 기관'의 성격

을 띠는 학교들이므로 교육과정 운영 및 행사들이 과학과 수학 교과 중심으로 진행됩니다. 어릴 때부터 자연 현상에 대해 호기심을 갖고 그것을 탐구하는 데 시간을 많이 투자하는 학생은 과학고나 영재고에 잘 어울릴 수 있습니다.

그리고 '주변의 영향을 많이 받지 않는 긍정적인 마인드'를 가진 학생들이 적합합니다. 각 시도에서 내로라하는 학생들이 모이고 대부분 기숙사 생활을 하다 보니 여러 가지 어려움이 생길 수 있습니다. 중학교 때까지 학교나 가정에서처럼 주변에서 받던 관심과 주목이 덜합니다.

특히, 수학, 과학 과목에서는 아주 심화된 내용을 배우기 때문에 긍정적인 마인드로 예습과 복습을 열심히 하며 과학고, 영재고 수업에 적응하는 것이 필요합니다. 중학교에서는 수업 시간에 어떤 내용이든 잘 알고 다른 친구들에게 설명해 주는 경우가 많았다면 영재고나 과학고에서는 수업에 따라 '다른 친구들은 다 알고 이해하는 데 나만 모르는 것 아닐까?' 하는 생각도 자주 들 수 있습니다.

마지막으로 '자기 주도적 학습'에 익숙한 학생들이 영재고, 과학고 진학에 적합합니다. 과학고나 영재고는 기숙사 생활을 하므로 방과 후 시간이나 주말에 스스로 계획을 세워 공부해야 합니다. 학교나 학원에서 제시하는 수업만 듣고 주어진 과제만 해결하는 식으로 수동적이고 의존적으로 공부를 한 학생들은 어려움을 겪습니다. 스스로 자신이 부족한 부분을 찾고 계획을 세워서 공부하는 자기 주도적 공부 습관을 가진 학생들에게는 최적의 학교입니다.

매일 습관적으로 공부하는 것을 즐기는 학생들이 적합하다 - 장슬기/장나라

저는 학교 친구들이 대부분 공부가 습관이고 인성도 좋다는 것을 느낍니다. 한국과학영재학교는 일반 고등학교보다 더 심화된 내용을 배웁니다. 시험 기간에만 몰아서 공부하거나, 수업 시간에만 공부하거나, 학원에서만 공부하는 것으로는 수업 내용을 따라가기 어렵습니다. 한국과학영재학교의 학생 대부분은 이미 이러한 학습 환경에 익숙해져 있습니다. 매일 습관처럼 공부해야 수업 내용을 잘 이해할 수 있고 시험에서도 우수한 성적을 거둘 수 있다고 생각합니다.

또한 한국과학영재학교는 기숙사 학교이기 때문에 대부분의 시간을 다른 친구들과 함께 보내게 됩니다. 인성이 나쁘면 학교 생활이 힘들어질 수 있습니다. 학교 친구들과 3년 동안 같이 사는 것이나 마찬가지라서 서로에 대한 배려와 적극적인 소통을 해야 잘 지낼 수 있습니다.

그리고 한국과학영재학교에서는 친구들과 함께하는 프로젝트 학습이 많이 이뤄집니다. 예를 들어, 연구 기초 세미나 R&E와 같은 팀 기반 연구에서는 마음이 맞는 팀원을 선택하는 것이 중요합니다. 이를 위해서는 나 자신도 좋은 인성을 갖추고 적극적이고 협력적인 태도를 보여야 합니다.

수학과 과학 분야로 진로를 정한 학생들에게 최적의 학교이다 - 김지연

한국과학영재학교와 같은 과학 특성화고등학교는 수학과 과학 분야에 깊은 관심을 가진 학생들에게 매우 적합합니다. 이런 학생들에게 교육 환경도 적합하고 진로를 선택하는 데도 도움이 되기 때문입니다. 이 학교에서는 수학과 과학에 중점을 둔 교육과정을 제공하며 학생들은 2학년이 되면 자신의 전공을 선택하게 됩니다. 이러한 전공은 주로 수학과 과학 관련 분야에 집중돼 있으므로 이 분야에 열정이 있는 학생들에게 이상적인 학습 환경을 제공합니다.

예를 들어, 의사를 꿈꾸는 학생에게는 한국과학영재학교이나 과학고등학교가 반드시 최적의 선택이 아닐 수 있습니다. 과학 특성화고등학교는 과학 분야의 인재 양성을 목적으로 하기 때문에 의대 진학에 일정한 제한을 두고 있습니다. 이러한 제한은 과학 인재들이 의대로 유입되는 것을 방지하기 위한 조치로, 과학고등학교의 기본 목표와 관련이 있습니다.

따라서 한국과학영재학교나 과학고등학교를 선택하기 전에 학생들은 자신의 진로를 미리 고민해 봐야 합니다. 단순히 성적이 우수하고 수학, 과학을 잘한다는 이유만으로 이러한 학교를 선택하는 것보다는 자신의 장래 진로와 목표에 부합하는지를 면밀히 고려해야 합니다. 이는 학생이 장기적인 관점에서 자신의 학습과 진로에 대해 가장 현명하고 효과적인 결정을 내리는 데 도움을 주는 중요한 과정입니다.

⑥ 일반고를 가는 것이 나을 수도 있는 학생은?

모두에게 좋은 학교는 아니다. 이런 학생들은 일반고로 가서 능력을 발휘하자 - 하우영

과학고나 영재고가 좋은 학교이기는 하지만, 학생들의 성향에 따라 일반고에서 자신의 능력을 최대로 발휘할 수 있는 학생들이 있습니다. 과학, 수학 중 어느 한 과목을 특히 어려워하는 학생들은 일반고를 가는 것이 낫습니다. 과학고, 영재고에 진학하면 수학이 물리, 화학, 생물, 지구과학 전 분야에 활용되는 것을 알게 됩니다. '수학'을 못하거나 '수학'이 싫은 학생들은 과학고나 영재고의 교육과정을 따라가는 데 어려움을 겪으므로 '수학은 꼭 즐기는 수준이 될 수 있게, 열심히 공부해야 한다'라는 마음을 먹는 것이 중요합니다.

그리고 집에서 가족의 따뜻한 돌봄과 지원을 받으며 공부를 할 때 더 능력을 발휘하는 학생은 일반고에 진학하는 것을 추천합니다. 적응력이 좋은 학생들도 과학고, 영재고는 타이트한 교육과정과 기숙사 생활로 집에서 다

니며 가족의 응원과 지원을 직접적으로 받을 때와 차이가 있어 어려움을 겪습니다. 주변 환경에 영향을 많이 받거나 예민해서 스트레스를 많이 받는 편이라면 학생들의 성격이나 공부 방법 등을 잘 고려해서 학생들의 능력을 최대한 발휘할 수 있는 고등학교를 선택해야 합니다.

공부 습관을 잡지 못하는 학생들에게 영재학교는 독이다 - 장슬기 / 장나라

공부하는 습관이 형성되어 있지 못한 학생에게는 일반 고등학교가 더 나을 수 있습니다. 특히 한국과학영재학교와 같은 과정은 학습량이 많고 난이도가 높아서 선행학습을 해도 매일 꾸준히 공부하지 않으면 따라가기 어렵습니다. 시험 기간에만 집중적으로 공부하는 습관을 가진 학생들은 중학교 때와 달리, 고등학교의 깊이 있는 수업 내용을 따라가기가 힘들 수 있습니다.

고등학교 과정은 학습량이 많을 뿐 아니라 다양한 프로젝트를 포함하고 있어서 이를 모두 소화하기 위해서는 매일매일, 오랫동안 공부하는 것이 필요합니다. 반면, 일반 고등학교는 학습량과 난이도 면에서 상대적으로 수월할 수 있습니다. 시험 기간에만 집중적으로 공부하는 습관을 가진 학생들에게는 일반고에서의 학업이 더 효율적일 수 있습니다. 학교를 선택할 때 가장 중요한 것은 개인적인 학습 스타일과 목표입니다. 열심히 할 마음이나 각오가 부족하다면 자신에게 맞는 환경을 선택하는 것이 좋습니다. 자신의 진로를 결정할 때도 중요한 영향을 미칠 수 있기 때문에 부모님과 의논해서 자신에게 맞는 학교를 선택하는 것이 바람직하다고 생각합니다.

수학이나 과학 분야가 아닌 진로를 가진 학생들은 영재학교가 부적합하다 - 김지연

수학이나 과학 분야가 아닌 특정한 진로를 명확히 갖고 있는 학생들에게는 일반고 선택이 더 적합할 수 있습니다. 의학 계열, 약학 계열 또는 문과 계열에 관심이 있는 학생들에게는 일반고가 진로와 잘 맞을 수 있으며 이는 상위권으로 성적을 유지하는 것과 대학 진학에도 현명한 전략이 될 수 있습니다. 또한 모든 학생에게 특성화고가 최선의 선택은 아니라고 생각합니다.

아이의 학습 능력, 진로 목표 그리고 개인적인 성향을 고려해 적절한 고등학교를 선택하는 것이 중요합니다. 경쟁이 치열하고 학습 부담이 큰 환경은 모든 학생에게 적합하지 않을 수 있고 기숙사 생활에 적응하지 못하는 학생도 있습니다. 아이의 성향과 학습 스타일, 진로를 고려해 학교 선택을 돕는 것이 부모의 역할인 것 같습니다. 학교에 따라 아이의 학업적인 성공과 성장에 큰 차이가 나기 때문에 무조건 좋고 유명한 고등학교에 보내는 것보다는 아이에게 맞는 학습 환경을 찾아 주는 것이 가장 바람직합니다.

영재학교, 과학고를 다니며 궁금했던 질문들

① 영재고, 과학고의 장점 3가지를 꼽는다면?

영재고, 과학고의 장점 BEST 3! 충분히 활용하자! - 하우영

첫째, 과학고, 영재고는 과학, 수학, 정보, 발명 등 과학 영재들이 능력을 최대한 발휘할 수 있는 수준 높은 교과목 및 프로그램을 개설해 운영합니다. 일반고에서는 경험하지 못할 차별화된 프로그램이 많습니다. 특히, 학생들이 대학 교수, 박사 연구원과 같은 과학 전문가의 도움을 받아 실제 과학 연구에 참여하고 첨단 과학 지식, 과학 연구 방법을 경험하면서 과학 탐구 능력을 향상시키는 R&E 프로그램(Research and Education)이 대표적인 예입

니다. 이 밖에도 국제 학술 대회, 국외 위탁 교육, 교환 학생 프로그램, 국제 공동연구 및 국제 학술 체험 프로그램 등에 참여할 수 있는 다양한 기회가 주어집니다. 학생들이 지원할 수 있는 영재고, 과학고의 홈페이지에 들어가면 자세한 설명을 살펴볼 수 있습니다.

둘째, 미래의 인재, 전문가들과 끈끈한 네트워크를 형성할 수 있습니다. 과학고와 영재고에는 전국 각지에서 온 다양한 배경을 가진 우수한 학생들이 모여 네트워크를 형성합니다. 이러한 환경은 학생들이 학교 생활을 하며 서로 다른 생각과 경험을 공유하고 서로를 격려하며 성장하는 기회를 제공합니다. 그리고 앞서 설명한 대로 대학 교수, 산업계 전문가, 연구자들과의 연계 프로그램 참여를 통해 실제 과학 기술 및 연구 분야의 네트워크를 미리 형성할 수 있습니다. 이는 향후 대학 진학, 진로 선택에 이르기까지 다양한 면에서 도움이 됩니다.

셋째, 이공계 대학 입시에서 경쟁력을 가질 수 있습니다. 과학고, 영재고는 학교에 따라 수학, 과학, 정보 교과 대학 학점을 선취득하는 AP 교육과정, 3학년 카이스트(kaist) 수강 제도인 HP 교육과정(한국과학영재학교), 졸업 연구 카이스트 교수 지도 프로그램인 HRP 프로그램(한국과학영재학교) 등이 있으므로 이공계 또는 카이스트 등 특수 목적대에 진학을 하려는 학생은 영재고, 과학고를 통한 루트가 효과적입니다. 특히, 과학고, 영재학교에서의 특별한 활동과 경험은 학생들의 포트폴리오를 돋보이게 합니다. 국제 및 국내 과학, 수학, 발명 대회, 올림피아드 등에 참여하고, 수상하고, 국제 학술 교류 및 어학 교육 프로그램에 참여해 온 것은 학생들의 수학, 과학 역량을 입증하는 강력한 증거가 됩니다.

다양한 경험을 할 수 있는 영재학교! - 장슬기 / 장나라

한국과학영재학교의 장점은 다양한 경험을 할 수 있다는 것과 특별한 교육과 기회를 얻을 수 있는 것이 가장 큰 장점인 것 같습니다.

첫째, 한국과학영재학교에서는 깊이 있는 연구를 할 수 있습니다. 1학년 때는 창의적 설계와 연구 기초 세미나를 통해 기본적인 연구 기술을 배우고 2학년 때는 R&E 프로그램을 통해 보다 심화된 연구를 진행합니다. 3학년 때는 졸업 논문 작성을 통해 자신의 연구 역량을 집중적으로 발휘할 수 있습니다. 이 과정에서 대학 교수님들과 만나 함께 연구하고 논문을 작성해 보기도 하는데, 이런 경험은 일반고에서는 하기 힘듭니다.

둘째, 한국과학영재학교의 학생들은 서로 많은 도움을 주고받습니다. 학생들은 서로에게 배우고 자극하고 동기 부여를 받습니다. 그리고 선배들에게도 많은 도움을 받습니다. 나와 관심 분야가 같고 함께 공부한 친구들이 많기 때문에 이런 네트워크로 도움을 받기도 좋습니다.

셋째, 한국과학영재학교에서는 심화 교육을 해서 더 깊은 공부를 할 수 있습니다. 제 생각에 일반 고등학교의 심화 과정이 한국과학영재학교의 기본 과정 정도의 난이도입니다. 이런 심화 교육으로 높은 수준의 지식과 생각할 기회를 갖고 미래를 준비할 수 있습니다.

학부모로서 느낀 영재고, 과학고의 장점 3가지 - 김지연

영재고에서는 자녀들이 자신의 관심 분야에서 전문적이고 심화된 교육을 받을 수 있는 환경을 제공합니다.

첫째, 영재고는 학생들이 특정 분야에 깊이 있게 몰입하고 그 분야에서 전문적인 지식과 기술을 습득할 수 있는 심화 과정을 제공합니다. 이는 학생들이 자신의 적성과 관심에 맞춰 집중적으로 학습할 수 있는 기회를 의미합니다.

둘째, 영재고에서는 프로젝트 기반 학습과 연구 과정이 중요한 부분을 차지합니다. 이러한 활동은 학생들에게 문제를 해결하는 경험을 제공하며 이론적 지식을 실제 상황에 적용하는 능력을 길러 줍니다. 또한 이 과정은 학생들의 창의력과 비판적 사고력을 발전시키는 데 중요한 역할을 합니다.

셋째, 영재고는 조기 진학의 기회를 제공해 학생들이 자신의 능력에 맞춰 빠르게 대학 교육을 시작할 수 있게 해 줍니다. 이는 우수한 학생들이 자신의 잠재력을 보다 빠르게 계발하고 꿈에 한 발짝 더 가까이 다가갈 수 있는 기회를 의미합니다.

이와 같은 이유로 영재고등학교는 학생들에게 자신의 열정을 탐구하고 전문적인 지식과 기술을 습득하며 자신의 잠재력을 최대한 발휘할 수 있는 환경을 제공합니다.

② 영재고, 과학고에서 가장 힘들었던 순간

특별한 능력을 가진 친구들이 바로 옆에 있는 곳! 빠른 적응이 필요하다 - 하우영

제가 과학고에 입학한 2000년도에는 영재고가 설립되기 전이며 경남, 부산, 울산 지역에 있는 과학고는 '경남과학고등학교(1983년 설립)' 하나뿐이었습니다. 경남의 각 학교에서 1등을 하던 학생들을 90여 명 선발해 놓은 학교라서 학교의 분위기에 적응해 나가는 첫 한 달이 가장 힘들었던 기억이 납니다. 특히, 저는 머리가 좋은 스타일이 아니라 시간을 많이 투자해서 공부하는 유형의 학생이었습니다. 저는 하루종일 이해해서 암기했지만, 바로 옆에 친구는 눈으로 읽으면서 이해하는 특별한 경험도 할 수 있었습니다. 물론 두 달째부터 금방 적응했지만, 독특한 학교 분위기에 적응 시간이 오래 걸리는 친구들도 있었습니다. 과학고, 영재고에서는 '무던하게', '나의 페이스대로', '차근차근'과 같은 단어를 마음속으로 되새겨야 합니다. 그리고 과

학고, 영재학교에 진학하는 학생들은 대부분 부모님과 미리 구체적인 진로 계획을 세워놓습니다. 힘든 순간을 잘 이겨내려면 과학고, 영재고를 통해 무엇을 얻고, 무엇을 해야 하는지를 계획한 후에 임해야 합니다. 그렇지 않으면 늘 순항만 하던 배가 방향을 잃는 것처럼 난생 처음 아픔을 겪을 수 있습니다.

영어로 된 원서로 수업하는 영재학교, 경쟁이 치열한 분위기가 어려웠다 - 장슬기 / 장나라

고등학교에 입학한 초기에 저는 많은 어려움을 겪었습니다. 특히, 새로운 교과목을 원서로 공부해야 했기 때문에 공부를 어떻게 해야 할지 몰랐습니다. 더욱이 시험과 테스트의 형식도 처음 접해 보는 것이라서 어떻게 대비해야 할지 막막했습니다. 이런 상황에서 공부 방법을 찾아가는 것이 큰 도전이었습니다. 또한 수학과 과학에 뛰어난 학생들만 모여 있어서 더 높은 성적을 얻기 위한 경쟁이 치열했습니다. 저는 선생님, 선배 그리고 친구들에게 적극적으로 도움을 청하며 이러한 어려움을 극복했습니다.

한국과학영재학교의 교육 제도는 일반 고등학교와 많이 달라서 제대로 이해하고 참여하기 위해서는 질문을 많이 하는 것이 필수였습니다. 테스트는 어떻게 치르는지, 어떻게 공부해야 하는지, 어떤 과목을 선택해야 하는지 등에 대한 질문을 통해 모르는 것들을 하나씩 해결해 나갔습니다. 적응하기 힘들고 어색하고 모르는 것이 부끄러워서 물어보는 것을 두려워해서는 성장할 수 없다고 생각합니다. 오히려 모르는데도 열심히 물어보고 해결해 나가고자 하는 자세가 멋있다고 생각합니다. 이렇게 새로운 환경에 적응하고 지식을 쌓아 나가는 과정은 좋은 경험이자 성장 과정이라고 생각합니다.

　기숙사 학교에서의 생활은 중간중간 챙겨야 할 사항들이 많아서 매우 힘들었습니다. 필요한 물건이 생길 때마다 택배를 보내야 했고 프린트를 해야 하거나 집에 있는 책이 필요해져서 직접 전달해 준 적이 많습니다. 학교 제도와 교육과정에 관한 정보를 파악하는 것도 어려웠습니다. 아이가 혼자서 모든 결정을 내리기에는 부담이 커서 저와 함께 이러한 문제들에 대해 고민해야 했습니다.

　1학년 때는 필수 과목을 듣지만, 2학년이 되면서 학생들은 자신의 시간표를 직접 계획해야 하는데, 이때 필요한 필수 이수 점수, 초과해서는 안 되는 점수 한계 그리고 전공에 적합한 심화 과목 선택 등에 대한 구체적인 정보가 부족해 어려움을 겪었습니다. 또한 학생의 전공에 따라 어떤 수업을 듣는 것이 효과적인지에 대한 정보도 찾기 어려웠습니다. 이러한 정보를 함께 찾고 결정하다 보니 학교를 아이와 함께 다니는 것 같기도 했습니다.

③ 공부량이 많아지는 것을 어떻게 대처하는지?

자신만의 끊임없는 '자기 주도 공부법' 개선으로 공부량을 이겨내자 - 하우영

　과학고, 영재고에 입학하면 중학교 때와 다른 엄청난 공부량에 깜짝 놀라게 됩니다. 과학고는 지나친 공부 경쟁을 막기 위해 새벽이 되면 소등을 했습니다. 공부 시간이 부족한 학생들은 당직 사감 선생님을 피해 세탁실, 화장실 등 온갖 공간에서 공부를 합니다. 저 또한 공부 시간이 부족해 화장실이나 교내 벤처 사무실에 미리 책상을 갖다 두고 밤새 공부했던 기억이 납니다. 학교의 수업 시간 외에 공부를 해도 부족한 시간들, 아마 전국의 과학고, 영재고를 다니는 학생들의 공통된 고민일 것입니다. 따라서 효율적인 시간 관리가 필요합니다. 즉, 공부 시간을 잘 계획하고 배분해야 합니다. 예를 들어, 주간 및 일간 공부 계획뿐 아니라 저녁 시간을 촘촘하게 공부 계획을 세워 활용할 수 있습니다.

수업 시간에 수업을 듣는 동시에 이해하고 암기하는 습관을 들이며 모르는 내용은 쉬는 시간이나 저녁 시간에 선생님과 친구들을 통해 빨리 해결하는 것이 효율적인 공부법입니다.

주말 시간을 충분히 활용해야 합니다. 평일에 부족한 공부는 주말에 채웠습니다. 저는 완벽주의가 있어서 중학교 때까지는 모든 교과를 모두 암기했습니다. 예를 들어, 친구들이 "○쪽의 ○째 줄"이라고 말하면 문장을 말하는 수준이었습니다. 하지만 과학고 시절부터는 공부량이 많아 그런 방식으로 공부할 수 없었습니다.

과학고, 영재고에서 공부할 때는 '선택과 집중'이 필요합니다. 암기가 필요한 것은 암기하고 이해가 필요한 것은 이해를 해야 했습니다. 그리고 단원 유형별로 중요하지 않은 단원은 발췌독만 하며 암기하고 핵심 원리가 있는 중요한 단원은 시간을 많이 투자해서 집중적으로 이해하는 등의 선택을 하지 않으면 시험 기간에 시험 범위조차 공부를 다 하지 못합니다. 이렇게 자신만의 자기 주도 공부법을 노하우로 터득해서 공부량이 많아지는 것에 대비해야 합니다. 앞에서 제가 '자기 주도적 학습이 어려운 학생은 과학고나 영재고에 적합하지 않을 수 있다'라고 말한 이유가 바로 여기에 있습니다.

항상 공부하는 습관, 공부를 많이 하는 것이 답이다-장슬기/장나라

공부량이 많아지는 것에 대처하는 방법은 공부를 많이 하는 것입니다. 공부하는 시간을 따로 정해 놓고만 하는 것이 아니라 일상생활에서 항상 공부하는 습관을 가져야 합니다. 예를 들어, 수업 시간에만 집중하거나 매일 3시간씩 공부하는 것으로는 충분하지 않습니다. 특히, 복잡하고 어려운 과목들을 공부할 때는 공부 시간을 최대한 늘리고 집중해야 합니다. 이를 위해서 충분한 휴식과 수면으로 체력을 관리하는 것도 중요합니다. 재충전하는 시간을 가져서 필요할 때 집중력을 발휘하면 공부량이 많아져도 대처할 수 있습니다.

일정과 컨디션을 학부모와 학생이 한 팀으로 관리하자 - 김지연

공부량이 많아지면 아이의 일정과 컨디션을 함께 조절해 주는 것이 중요합니다. 아이가 학습에 필요한 시간을 충분히 확보할 수 있도록 도와주는 한편, 가족의 일정을 조정하거나 아이가 오롯이 공부에 집중할 수 있는 편안한 학습 공간을 마련해 주는 것이 도움이 됩니다. 또한 학원 일정 역시 아이의 학교 생활과 균형을 맞춰 유연하게 조정해 주는 것이 좋습니다. 예를 들어, 시험 기간 동안 아이가 바쁜 경우, 선행학습 중인 학원 일정을 재조정하는 것도 한 방법입니다.

아이가 혼자서 해결하기 어려운 부분이 있다면 혼자서 공부하다가 진도가 나가지 않아 힘들어할 수 있습니다. 이런 부분을 잘 파악해 학원을 효과적으로 활용하면 큰 도움이 됩니다. 아이가 공부로 인해 스트레스와 압박감을 느낄 때, 부모의 이해와 공감 그리고 함께 해결책을 모색해 주는 것이 큰 도움이 됩니다. 정서적으로 안정되고 건강한 상태라면 많은 공부량도 충분히 극복할 수 있습니다.

비록 부모의 위로와 조언이 학습적인 면에서 직접적인 도움이 되지 않을 수도 있지만, 아이의 정서적 지원에는 긍정적인 영향을 미칩니다. 부모의 공감과 지지를 받는 아이는 무엇이든 해낼 수 있습니다.

마지막으로 효율적인 학습을 위해 아이의 생활 습관을 함께 개선하는 것이 중요합니다. 많은 공부량에 대처하기 위해서는 효율적인 학습 방법이 필요한데, 충분한 수면, 적절한 영양 섭취, 적당한 휴식과 운동 없이는 체력적인 한계에 부딪힐 수 있습니다. 공부를 장시간 지속하기 위해서는 건강한 몸이 기본이 돼야 하며 어린 시절부터 과도한 학습으로 인해 체력이 떨어지지 않도록 주의해야 합니다.

④ 경쟁에 지칠 때 마인드 컨트롤하는 방법은?

진로에 대한 구체적인 로드맵 설정, 과학고, 영재고 경쟁에서 버티는 방법 - 하우영

과학고나 영재학교 학생들에게 '경쟁'은 불가피합니다. 학교에서는 '경쟁'보다 '협업', '모두가 성장'과 같은 워딩을 이야기하지만, 정작 학교에 다니는 학생들에게는 중학교 때까지 경험하지 못한 '경쟁'이 피부로 와닿습니다.

'누구는 Pass, 누구는 Fail', '누구는 방학 때 일반 화학을 다 마무리했다더라', '누구는 올림피아드에 입상해서 겨울 캠프에 들어간다더라' 등의 이야기들이 학생이나 학부모 사이에 회자됩니다. 정신 없이 '경쟁'만 신경쓰다 보면 자신의 능력이나 특기와 상관없이 다른 학생의 진로 계획을 모방하다가 '과학고나 영재고에서 누릴 수 있는 좋은 프로그램과 혜택'을 제대로 누릴 수 없게 됩니다.

과학고등학교를 먼저 졸업한 선배로서 그리고 많은 학생을 만나고 어려움을 상담해 주면서 알게 된 '경쟁에 대한 해법'은 바로 '진로에 대한 계획을 세우고 큰 그림을 그리는 것'입니다. 학생이 학부모, 멘토 선생님과 고민해서 구체적인 진로 로드맵(대학, 학과 진로)을 만들어 둬야 합니다. 진학하고 싶은 대학의 최근 '입학 요강'을 보고 '학과', '졸업생 진로'까지 조사해서 '선발 전형'이나 '준비 방법'에 대한 구체적인 계획을 준비해 두고 꾸준히 업데이트해야 합니다.

이런 내용을 학생이 학부모과 함께 계속 이야기를 하면 경쟁에 지칠 때 겪는 실패나 어려움을 자신의 길을 굳건히 걸어갈 수 있습니다. 학생이 경쟁에 너무 몰두하지 않고 자신의 진로 목표에 집중하는 데 도움을 줍니다. 명확한 진로 계획이 있는 학생들은 과학고나 영재고에서 주변의 친구을 경쟁자로 보기보다 '나와 함께 성장하는 동료'로 여길 수 있습니다. 이는 과학고와 영재고의 양질의 프로그램들을 더욱 긍정적으로 경험하게 해 줍니다.

일정한 기준만 넘자. 평가는 P/F 제도이다! - 장슬기 / 장나라

한국과학영재학교 1학년 때는 시험 성적이 등급이 아니라 Pass, Fail로 나옵니다. 만약, Pass하면 넘어가지만, Fail하면 그 과목을 다시 들어야 합니다. 다행히 재수강이 열리면 재시험을 칠 수 있지만, 그렇지 않으면 Fail한 과목의 심화과정을 듣지 못합니다. 고등학교에서의 시험도 처음이기도 했고 남들은 다 Pass하는데 나 혼자만 Fail할까봐 불안했습니다.

저는 언니에게 고민 상담을 했습니다. 언니는 제게 "불안할 때 가장 좋은 해결책은 열심히 하는 것"이라고 말해 줬습니다. 열심히 하면 안 될 가능성이 적어지기 때문에 불안감이 줄어들기 마련입니다. 그리고 불안해하느라 해야 할 것을 못하면 더 불안해지기만 합니다. '열심히 했는데도 안 되면 어쩔 수 없는 것이라고 생각하는 것'이 다음으로 나아가는 데 도움이 된다고 생각합니다. 안 하고 실패하면 반성해야겠지만, 노력했다면 그걸로 됐다고 생각합니다. 한 번 Fail한다고 해서 큰일이 나는 것이 아니고 그다음에 어떻게 나아갈지 고민하는 것이 성장하는 데 더 도움이 됩니다.

경쟁에서 지치는 순간, 그 상황을 단순히 경쟁으로만 보는 것이 아니라 '나를 위한 도전'이라고 생각하는 것이 도움이 된다고 생각합니다. 물론 이러한 관점의 전환은 쉽지 않을 수 있습니다. 왜냐하면 결국 경쟁은 경쟁이기 때문입니다.

우리 아이들은 초등학교부터 중학교, 고등학교에 이르기까지 긴 12년 동안 끊임없는 경쟁 속에서 살아갑니다. 시험과 성적 아이들에게 큰 심적 부담이 될 것입니다. 그래서 중요한 것은 경쟁 상황을 '도전과 축적'이라고 생각하고 긍정적으로 임하는 것입니다. 이런 긍정적인 태도는 아이들이 경쟁에 좌절하지 않고 오히려 그 안에서 자신을 발전시키는 기회로 삼을 수 있게 합니다. 실패조차 경험치가 축적되는 과정으로 여기면 더욱 용기를 갖고 도전에 임할 수 있습니다. 어쩌면 이러한 실패와 도전의 연속 속에서 언젠가 좋은 결과를 얻을 수도 있습니다. 그러면 아이들은 좌절대신 동기 부여를 얻고 자신감을 갖고 어려움에 맞서 싸울 수 있는 힘을 기르게 될 것입니다. 이 과정에서 부모의 역할은 아이를 지지해 주고 노력을 인정해 주는 것입니다. 주변 사람들의 지지와 이해는 아이들이 경쟁 속에서 긍정적인 마음을 유지하고 자신의 한계를 넘어서는 데 큰 도움이 됩니다.

우리를 돋보이게 하는 필요충분조건, 대회, 행사 참여와 관련된 질문들!

대회나 행사를 준비하며 궁금했던 질문들

① 대회 준비나 행사는 많이 참여할수록 좋은지?

대회 준비나 행사 참여는 양보다 질이다. 중요한 것은 계획적인 참여 - 하우영

우리는 종종 많은 대회와 행사에 참여하는 것이 아이들에게 좋다고 생각합니다. 하지만 이는 옳은 방법은 아닙니다. 초등학교부터 고등학교에 이르기까지 자신만의 경험 계획표에 따라 대회와 행사에 참여하는 것이 중요합니다. 대회나 행사에 무작정 많이 참여하는 것보다 자신의 계획에 맞춰 목적을 갖고 선택적으로 참여하는 것이 중요합니다. 저와 함께했던 학생들 중 어떤 학생은 한 해 동안 대회에 집중적으로 참여해 좋은 성과를 얻었지만, 이후 몇 년간은 아무것도 하지 않았습니다. 이러한 단발성 참여는 시간 낭비가 될 수 있습니다. 자신의 계획표를 잘 검토해 시험 기간과 겹치지 않는 대회나 행사를 선택하는 것이 중요합니다.

예를 들어, 중학교 1학년 1학기에 대한민국학생발명전시회에서 입상했지만, 다음 해에는 시험 기간과 겹쳐 참여하지 못했다면 중학교 2학년 때는

체력 소모가 적은 2학기에 비교적 준비하기 쉬운 시도 단위의 발명 대회나 공모전에 참여해 입상하는 것도 좋은 전략입니다. 이처럼 꾸준한 참여와 경험의 축적이 중요합니다. 대회나 행사 참여는 숫자가 아니라 학생의 성장과 발전에 실질적으로 도움이 되는 방향으로 이뤄져야 합니다.

자신의 특기 분야에 집중해 깊이 있는 경험을 쌓자 - 장슬기/장나라

다양한 대회와 행사 참여가 중요하기는 하지만, 무작정 많은 활동에 참여하기보다는 자신의 관심 분야에 집중해 깊이 있는 경험을 쌓는 것이 더 중요합니다. 저희들은 하우영 선생님의 도움을 받아 우리의 특기 분야, 과학과 발명과 관련된 경험을 집중적으로 했습니다. 특히, 고등학교 입시를 준비하고 있는 학생에게는 학교 공부와 병행해 자신의 관심 분야에 맞는 대회나 행사에 참여하는 것이 필요합니다. 그래야만 학업에 지장을 주지 않으면서도 자신의 관심 분야에 대한 역량을 키울 수 있습니다.

발명 대회에서 하나, 글쓰기 대회에서 하나, 그림 그리기 대회에서 하나씩 수상하는 것은 경험을 쌓을 수는 있지만, 내 역량이 무엇인지 제대로 보여 주기 힘듭니다. 꾸준히 발명 창의력 대회, 발명 전시회, 아이디어 경진 대회, 발명 공모전 수기, 과학 행사 참여, 발명 부스 운영 등 특정 분야에 지속적으로 참여하고 경험을 쌓아 나가는 것이 중요합니다. 그래야만 내 분야에서 경력을 쌓아 커리어로 인정받을 수 있습니다. 따라서 자신의 관심 분야를 명확히 하고 그 분야에서 깊이 있는 경험을 쌓으며 성장해 나가는 것이 중요합니다.

대회나 행사에 많이 참여하는 것이 단기적으로는 경험을 쌓는 데 도움이 될 수 있지만, 장기적으로는 아이에게 부담을 줄 수 있습니다. 아이들은 성장하면서 학습해야 할 내용이 점차 많아지고 이로 인해 대회나 행사에 참여하는 것 자체가 어려워질 수 있습니다. 이런 상황에서 여러 활동에 참여하려 하면 다른 중요한 부분에서 소홀해질 수 밖에 없습니다. 따라서 하우영 선생님처럼 학생에게 오랫동안 영향을 준 멘토 선생님의 조언을 받아 '선택'과 '집중'을 할 필요가 있습니다. 아이가 진정으로 관심을 갖고 즐길 수 있는 분야에 집중하는 것이 중요합니다. 관심 분야에 깊이 있게 참여함으로써 아이는 더 의미 있는 학습과 경험을 쌓을 수 있습니다.

이러한 접근은 아이에게 적절한 학습과 대외 활동의 균형을 유지할 수 있게 해 주고 장기적으로 아이의 진로와 연결돼 미래를 설정하는 데 긍정적인 영향을 미칩니다. 따라서 아이의 관심과 취향을 고려해 필요하고 좋아하는 대회와 행사에 적극적으로 참여하는 것이 좋습니다.

② 나에게 더 도움이 되는 대회와 행사를 고르는 방법

중학생이 되면 시간을 효율적으로 사용하는 것이 중요합니다. 이를 위해 학생들은 자신에게 유익한 대회나 체험 행사를 신중하게 선택해야 합니다. 다음은 대회나 행사를 선택할 때 고려해야 할 몇 가지 기준입니다.

첫째, 대회나 행사가 정부 기관, 공공 기관, 교육청 또는 그 직속 기관에 따라 주최되는지 확인해야 합니다. 이러한 기관에서 주최·주관하는 대회나 행사는 신뢰성이 높고 학생들에게 더 유익하므로 대회나 행사의 요강과 계획서를 잘 살펴봐야 합니다.

둘째, 대회나 행사의 규모를 고려해야 합니다. 큰 규모의 대회를 더 우선시합니다. 학교 대회, 시 대회, 도 대회, 전국 대회 순으로 중요도를 판단할 수 있으며 상격(⑩ 교육장상, 교육감상, 교육부장관상, 국무총리상, 대통령상 순으로)을 통해 규모를 알 수도 있습니다.

셋째, 지금까지 참여했던 대회나 행사와 비교해 봐야 합니다. 예를 들어, 주로 개인 부문에 참여했다면 팀 부문이나 동아리 부문에 참여해 보는 것이 좋습니다. 또한 이전에 1등을 한 대회가 있다면 새로운 대회에 도전해 보는 것도 좋습니다. 학생 각자의 '경험 계획표'와 '연도별, 분야별 경험리스트'를 참고하면 이 모든 결정을 쉽게 내릴 수 있습니다. 이러한 경험들이 포트폴리오로 누적되면 학생들은 자신에게 더 유익한 대회와 행사를 선택하는 데 능숙해지고 자신만의 독특한 특기를 발전시키는 재미를 느낄 수도 있습니다.

자신의 입시와 진로 방향에 맞는 대회와 행사를 선택하자! - 장슬기/장나라

자신의 입시와 진로 방향에 맞는 대회와 행사를 선택하는 것이 좋은 방법이라고 생각합니다. 대회와 외부 행사 참여를 통해 자신만의 독특한 스토리를 만들어 나간다고 생각하면 될 것 같습니다. 자기 소개서를 작성한다고 생각하면서 스토리를 만드는 것입니다.

내 관심사에 대한 열정과 역량, 내 특성을 부각시키기 좋은 대회에 참가하는 것이 유리합니다. 비슷한 종목의 대회에 자주 참가하고 대표적인 대회에 꾸준히 참가하면서 더 좋은 성적을 만들어 나가는 것도 중요합니다. 예를 들어, 제 경우에는 하우영 선생님과 초등학교 때부터 과학, 발명 분야의 경험을 해 왔기 때문에 '발명'을 주제로 한 대한민국학생발명전시회에 매년 꾸준히 참가해 성적을 내왔고 다양한 규모의 발명 대회에도 적극적으로 참여했습니다. 이와 함께 발명에 필수적인 '창의력'과 관련된 대회에도 지속적으로 참가했습니다. 이렇게 꾸준한 참여와 성적을 개선한 점으로 내 노력과 열정을 입증하고 긍정적인 인상을 남길 수 있는 스토리를 만들 수 있었습니다. 따라서 대회와 행사 선택을 할 때는 자신의 진로와 입시 목표를 고려해 체계적으로 접근하는 것이 중요합니다.

학생의 상황에 따라 전략적으로 대회에 참여하자 - 김지연

고등학교 입시를 준비하는 자녀를 둔 학부모로서는 대회에 참여하는 전략이 중요하다고 생각합니다. 하우영 선생님께서 강조하는 것처럼 아이가 초등학교 때부터 계획적으로 대회와 행사를 참여하면 큰 고민 없이 전략적으로 접근할 수 있습니다. 물론, 아이가 좋아하는 여러 대회에 나가면서 즐거운 경험을 쌓을 수는 있습니다. 하지만 현실적으로 고등학생이 들일 수 있는 시간과 노력이 한정적이기 때문에 선택과 집중이 필요합니다.

대회의 수상 실적이나 행사 참여 경험이 입시에 도움이 될 수 있기 때문에 어떤 대회에 참여할지 신중하게 골라야 합니다. 입시 전형에 따라 교내 수상만 인정해 주는 경우도 있고 교외 수상을 인정해 주는 경우도 있습니다. 이런 경우에 따라 전략적으로 교내 대회에 우선적으로 참여하고 교외 대회의 경험은 자기 소개서와 같은 역량 기술 항목에서 어필할 수 있습니다.

특기자 전형을 고려한다면, 관련 대회와 행사에 집중해 자녀의 역량을 키우는 것이 중요합니다. 고등학교나 대학 입시를 위해서는 미리 입시 전형을 자세히 알아보고 도움이 되는 대회와 외부 행사를 찾아 집중하는 노력이 필요합니다.

③ 대회와 시험이 겹치면 어떻게 해야 하는지?

현명하게 스케줄을 관리하면 대회나 행사는 절대 시험 기간과 겹치지 않는다 - 하우영

학생들이 대회 참여와 내신 시험 준비 사이에서 균형을 찾는 것은 중요합니다. 만약, 시험 기간이 한 달에서 한 달 반 정도 남았다면(제 기준), 대회나 행사 참여는 잠시 멈추고 내신 시험에 집중하는 것이 좋습니다. 이 기간에는 내신 시험 공부에 집중해야 합니다. 만약, 대회 신청서나 계획서 제출 기한이 시험 기간과 겹친다면 시험 기간 전에 미리 준비해 제출하세요. 이렇게 하면 시험 준비에 방해가 되지 않습니다.

시험이 끝난 후 일주일 정도 여유가 있다면 시험 기간 전에 미리 준비를 시작했다가 시험 기간에는 내신 시험 공부를 하고 시험이 끝난 후 대회나 행사 준비를 다시 시작해도 됩니다. 모든 것은 계획성 있게 일정을 관리하는 것에 달려 있습니다. "대회나 행사 일정을 미리 파악하고 이에 따라 계획을 세우면 대회 참여와 내신 시험 준비를 모두 잘 할 수 있습니다. 대회나 행사에 참여하면 내신 시험을 못봐요"라는 이야기를 많이 하는 학생들을 보면 대회나 행사 참여도 하지 않지만, 내신 성적도 좋지 않은 경우가 많습니다.

결국 내신 시험 성적을 잘 받는 친구들이 1년 계획이나 공부 계획을 치밀하게 잘 세우고 시간 안배를 해서 자신의 특기와 관련된 대회나 행사에 빠지지 않고 참여한다는 말입니다. 저 또한 학창 시절에 시험 기간에는 내신을 하고 그 밖의 시간은 학교 대표로 대회나 행사를 준비하며 시간을 더 알차게 보냈습니다. 제가 운영하는 과학 발명 동아리 '리틀 뉴턴'의 학생들도 이러한 방식으로 2가지를 모두 효율적으로 관리하고 있습니다.

시험과 대회가 동시에 겹치는 상황에서는 시험이 우선이라고 생각합니다. 고등학교 입시를 준비한다면 시험이 우선시되는 것이 당연하기 때문입니다. 특히, 대회 준비에 시간과 에너지가 많이 소요된다면 대회 포기를 고민할 수도 있습니다. 하지만 대회가 너무 어렵지 않거나 중요한 대회인 경우에는 시험과 병행하는 것도 가능하다고 생각합니다. 대부분의 대회는 몇 달 간의 준비 기간을 주고 이 기간 동안 충분히 계획을 세우고 준비할 수 있기 때문입니다.

중요한 것은 시험과 대회를 며칠 전이 아니라 일찍부터 꾸준히 해 미리 준비하는 것입니다. 이렇게 하면 대회 참가가 큰 부담이 되지 않습니다. 물론, 시험 날짜와 대회 날짜가 정확히 겹칠 수도 있습니다. 하지만 일정을 미리 확인하고 시험과 대회 준비를 동시에 계획한다면 원하는 결과를 얻을 수 있을 것입니다. 시간을 잘 관리하면 대회와 시험 기간이 겹치는 것도 잘 헤쳐 나갈 수 있습니다. 또한 시험 기간과 겹쳐 많은 학생이 대회 참가를 포기하는 경우가 있는데, 이는 오히려 좋은 기회가 될 수 있습니다.

저는 하우영 선생님과 함께했던 초등학교 때부터 많은 대회에 참가하면서 대회별로 준비하는 팁이 생겼습니다. 그래서 대회를 저만의 방법으로 준비할 수 있습니다. 초등학교 때 좋은 선생님과 함께 대회나 행사를 많이 경험하는 것이 좋습니다.

대회와 행사 참여는 때가 있다. 계획을 세우자! - 김지연

아이의 목표가 고등학교 입시이든, 대학 입시이든 가장 중요한 것은 내신이기 때문에 시험을 우선적으로 준비해야 합니다. 그러나 대부분의 대회는 적게는 두 달, 많게는 여섯 달까지도 준비 시간이 주어지는 경우가 많습니다. 이 기간 동안 미리 준비할 수 있으므로 시험 기간과 대회 준비 기간이 겹치는 것에 대해 크게 걱정할 필요는 없습니다. 대회 참가는 아이들에게 좋은 경험으로 남습니다. 이런 경험을 통해 다양한 분야에서 능력을 발휘하고 성장합니다. 저희 아이들은 운 좋게 하우영 선생님을 초등학교 시절에 만나 다양한 대회를 경험하고 중학생, 고등학생 때 나갈 대회를 선별해서 참여할 수 있었습니다. 그리고 많은 대회에 나가다 보면 자연스럽게 요령을 터득하게 돼, 대회를 효율적으로 준비를 할 수 있게 됩니다. 비교적 부담이 적은 초등학생 때부터 여러 대회에 참가하면서 요령을 터득하고 경험을 쌓아 두는 것을 추천합니다. 대회 출전이 특별한 일이 아니라 일상이 되면 큰 부담 없이 시험과 대회를 준비할 수 있을 것입니다.

하지만 대회가 처음이라면 준비 과정에서 많은 시간과 노력이 필요할 테니 시험 기간과 겹치면 부담이 될 수 있을 것입니다. 따라서 아이의 상황과 능력에 맞춰 시험 대비와 대회 준비의 균형을 잘 맞추는 것이 중요합니다. 그리고 아이가 과한 부담을 느낀다면 강요하는 것보다는 원하는 것을 더 밀어 주는 것이 좋은 결과를 내는 데 더 좋은 방법이라고 생각합니다.

④ 단체전에서 어떻게 좋은 팀원을 만나는지?

좋은 팀원을 만나기를 기대하지 말고 내가 좋은 팀원이 되자! - 하우영

좋은 팀원을 만나기를 바라기보다는 스스로 좋은 팀원이 돼야 합니다. 이는 공부에 열정적인 학생들에게 특히 중요한 태도입니다. 그리고 가능하면 팀장 역할을 맡아 팀을 이끌어야 합니다. 이 책을 읽는 독자는 '공부에 관심이 많고 자신의 능력과 잠재력을 맘껏 뽐내려는' 학생과 그런 학생을 둔 학부모일 것입니다. 그렇다면 앞으로 초등학교, 중학교, 고등학교, 대학교 그리고 사회에서 어딜가나 팀 활동을 하며 '무임승차(적극적으로 참여하지 않

는)하는 팀원'을 만나는 것이 숙명입니다. 그때마다 스트레스를 받을 것이 아니라 팀장이 돼서 팀원들에게 적합한 역할을 분배하고 의견을 모으는 방법을 배울 수 있습니다. 이는 리더십과 책임감을 키우는 데도 큰 도움이 됩니다. 오늘날에는 개인의 창의성보다 팀 단위의 협업을 통한 창의성이 더 중요해지고 있습니다. 실제로 몇몇 입시에서 '소집단 활동', '팀 단위 활동'으로 평가를 하고 있습니다. 이렇기 때문에 학생들은 개인 부문뿐 아니라 팀 부문의 단체전 활동도 많이 해야 합니다. 지도 교사로서 단체전 대회에 참가하는 학생들을 지도하다 보면 팀 단위의 활동에 어려움을 겪는 학생들이 많습니다.

"선생님 ○○이는 참여를 안 해요, 저도(저희 아이도) 하기 싫어요."

"선생님 □□이와 사이가 좋지 않아서 팀을 같이 못하겠어요. 어차피 제가 잘해도 □□이가 같은 상을 받아가잖아요. 불공평해요, 팀을 바꿔 주세요."

팀 부문의 단체전 지도를 하면 매번 학생과 학부모가 자주 항의하시는 멘트입니다. 그때마다 저는 다음과 같이 대답합니다.

"○○이를 참여하게 만드는 것도 대회의 일부이고 리더십과 책임감을 배울 수 있는 소중한 기회란다."

"더 잘된 거야. □□이와 친해질 수 있는 기회가 되겠네. 팀 부문의 대회는 이런 어려움까지 고려해서 평가를 한단다. 팀장을 해서 □□이와 같은 친구들까지 잘 이끌어 좋은 결과를 거두면 얻는 것이 더 많을 거야."

대회 요강이 발표되면 담임 선생님이나 동아리 선생님께 가서 이 대회에 참가하고 싶다고 이야기하고 팀장을 자청해 팀을 구성할 수 있습니다. 마음이 잘 맞는 친한 친구들끼리 팀을 미리 구성해서 지도 선생님을 찾아가는 방법도 좋습니다.

하지만 수백 번의 팀 부문 지도를 해 본 저의 경험상 자신들이 원하는 팀으로 조직이 돼도 꼭 불만이 생깁니다. 그리고 최근 규모가 큰 대회에서는 팀원을 공식적으로 바꾸는 것에 제한을 두는 경우가 많아서 한 번 팀을 정하면 끝까지 함께해야 합니다.

팀 부문 대회에서는 협동성을 중요하게 평가합니다. 이는 팀원 간의 소통과 문제 해결 능력을 평가하는 것입니다. 따라서 팀 활동은 학생들에게 의견을 모으고 능력을 발휘하며 타인과 협력하는 방법을 배우는 좋은 기회입니다. 제 경험상 개인전보다 팀 단위 대회에 참가할 때 학생들은 더 많이 성장하고 더 많은 내공을 쌓을 수 있었습니다.

자주 팀 대회에 나가면 경험과 노하우가 생긴다 - 장슬기/장나라

하우영 선생님은 개인 대회만큼이나 팀 대회를 중요하게 여깁니다. 선생님은 늘 "처음 만나는 사람들과의 협업, 그 속에서의 창의성을 발휘하는 사람이 돼야 한다"라고 말씀하셨습니다. 그래서 팀으로 대회에 나가는 경우가 많았습니다. 처음에는 팀 활동이 시간도 많이 걸리고 제각각인 팀 친구들 때문에 스트레스를 많이 받았습니다.

물론 좋은 팀원을 꾸려서 꾸준히 함께하는 것이 중요합니다. 좋은 팀을 유지하는 것은 한 번의 대회를 위한 것이 아니라 지속적인 협력으로 좋은 결과를 얻는 데 도움이 되고 새로운 대회에 나갈 때마다 새로운 팀원과 함께하는 것은 비효율적이기 때문입니다.

하지만 두 번, 세 번 전혀 새로운 친구들과 팀 대회에 나가다 보니 친구들을 이해하는 방법이 생기고 팀 활동의 재미와 즐거움이 생기게 됐습니다. 영재교육원이나 영재학교 생활을 하면서도 팀 활동을 할 때 이기적인 태도로 참여를 하지 못하는 친구들과 달리, 저는 처음보는 친구들과도 과제를 쉽게 잘 해결합니다.

저는 하우영 선생님의 지도를 받으며 초등학교 때부터 과학 동아리에서 관심 분야가 같은 친구들과 함께 활동해 왔습니다. 초기에는 의견 충돌과 열정 넘치는 활동으로 인해 좋은 성과를 내지 못하는 경우도 많았지만, 시간이 지남에 따라 팀워크가 자연스럽게 형성됐습니다. 예전에는 두 달 동안 준비해야 했던 대회를 지금은 하루이틀이면 끝낼 정도로 매우 효율적으로 진행하고 있으며 서로 간의 무언의 이해가 있어 소통이 수월해졌습니다.

이처럼 동아리나 학교와 같은 공동체에서 같은 관심사를 가진 친구들과 꾸준히 활동하면 자연스럽게 좋은 팀원이 될 수 있습니다. 분란을 일으키는 팀원도 시간이 지나면서 협력하는 방향으로 변화하는 경우가 많습니다. 다양한 나이대의 팀원들과 함께하는 것도 좋습니다. 선배들은 조언과 팀을 독려하는 데 큰 도움이 되며 후배들과 함께할 때는 리더십과 책임감을 발휘하게 됩니다.

내가 먼저 좋은 리더가 되면 그 팀이 바로 좋은 팀이다! - 김지연

좋은 팀원을 만나는 팁은 바로 '내가 먼저 좋은 리더가 되는 것'입니다. 리더십 있는 사람이 되면 자연스럽게 팀원들이 적극적으로 참여하고 프로젝트의 성공을 위해 노력하게 됩니다. 좋은 리더는 팀원들의 의견을 경청하고 각자의 장점을 인정하며 격려를 아끼지 않습니다. 이러한 환경에서 팀원들은 자신의 능력을 최대한 발휘하려고 노력합니다. 또한 커뮤니케이션 능력도 필요합니다. 명확하고 투명한 의사소통은 팀원들 간의 오해를 줄이고 각자의 역할과 책임을 명확히 함으로써 프로젝트의 효율성을 높일 수 있습니다. 리더로서 팀원들에게 분명한 목표와 방향을 제시하고 그들의 의견과 제안을 존중하며 적극적으로 피드백을 주고받는 것은 팀의 성공을 위해 필수적입니다. 아이가 좋은 팀원을 만나고 효과적인 팀워크를 이루기 위해 리더십 기술을 가르치는 것이 부모가 해 줄 수 있는 역할인 것 같습니다. 어릴 때부터 팀 활동에 참가할 수 있게 격려하고 팀에서 있었던 일들을 들어 주고 함께 고민하고 조언을 아끼지 않는다면 아이는 좋은 리더로서 팀원을 이끌어 나갈 수 있게 될 것입니다.

⑤ 생기부에 외부 대회를 쓸 수 없는데 꼭 외부 대회에 나가야 하는 이유는?

생기부가 전부가 아니다. 여러분의 생각과 증빙 자료에 경험이 묻어난다 - 하우영

과학고, 영재학교의 입시 목적은 '더 뛰어나고 잠재력을 가진 학생'을 뽑는 것입니다. 학생들이 선발되기 위해서는 수학, 과학, 정보 등의 분야에서 가치를 지니고 차별성 있는 인재가 돼야 합니다.

본인도 자신의 잠재력을 뽐내고 차별성 있는 산출물로 증명을 해내야 합니다. 입시에서는 자신의 대회 성과들을 기록하지 못하지만, '내러티브'나 '사회 연계 활동'에 녹아 있기 때문에 자기 소개서, 역량 기술서, 심층 구술 면접에서 충분히 드러날 수 있습니다.

학생들이 살고 있는 시도에는 내신 1등급, 전교 1~10등이 아주 많습니다. 그 학생들과 여러분은 어떤 차별성을 갖고 있는지, '과학고 영재학교'와 '정부 기관'에서는 어떤 학생을 선발할지 생각해 보면 답이 나옵니다. '어떤 학원을 얼마나 다녔다', '어떤 선생님의 어떤 수업을 들었다', '어떤 과목을 선행 학습 끝냈다' 등은 객관적으로 드러낼 수 있는 자료가 아닙니다. 하지만 대회나 행사를 참여하고 그에 따른 6 in 1 공식 자료 - 공문, 신문 기사, 사진,

내러티브, 사회 연계 스토리-를 잘 모아 두면 입시의 자기 소개서, 역량 기술서, 추천서의 증빙 자료로 활용할 수 있습니다. 정부 기관에서 수여하는 각종 표창·상장(대한민국인재상, 과학의 날 우수 과학 어린이 표창, 발명의 날 표창 등) 신청, 장학생·장학금 신청에는 외부 대회나 행사와 경험 증빙 자료가 객관적 지표로 활용됩니다. 자신의 잠재력과 능력을 눈에 보이는 지표와 자료로 꾸준히 증명하고 포트폴리오로 축적해 나가는 습관은 초등학생, 중학생 때부터 꾸준히 생활화해야 합니다.

하우영 선생님의 지도로 대회에 나갔던 경험 덕분에 지금의 내가 있다 - 장슬기/장나라

외부 대회가 필수는 아니라고 생각합니다. 하지만 저에게는 초등학생 때부터 참여했던 외부 대회로 얻은 경험들이 큰 자산이 됐습니다. 여러 대회에 참가하면서 보고서 작성과 발표를 해 본 경험은 탐구 활동과 보고서 작성에 큰 도움이 됩니다. 대중 앞에서 발표하는 것도 이제는 즐거움을 느끼게 됐습니다. 이러한 경험은 대학 입시 준비 과정에서도 큰 도움이 됩니다.

보고서 작성, 연구, 발표 등의 기술은 대학에서의 학업뿐 아니라 미래 직업 생활에도 중요한 역량입니다. 따라서 여유가 된다면 외부 대회에 참가해 이러한 경험을 쌓고 능력을 키우는 것이 좋다고 생각합니다. 저도 처음에는 '대회에서 상을 못받으면 무슨 의미가 있지?', '생기부에 못쓰면 왜 나가지?'라는 생각을 했습니다. 무엇보다 고등학교 입시를 앞두고 있었기에 학업에 대한 부담만으로도 힘들었기 때문입니다. 그래도 하우영 선생님과 동아리 활동을 하면서 꾸준히 대회에 참가했습니다. 이때 깨달은 것은 경험을 얻은 것만으로도 가치 있는 시간이라는 것입니다.

영재고 준비하는 아이는 이렇게 공부합니다

저는 지도 교사이신 하우영 선생님의 의사를 항상 존중했습니다. 대회를 제대로 준비하지 않은 학생의 학부모들은 '그건 시간 낭비야', '상장은 다른 대회로 타면 돼'라고 생각하겠지만, 지도 선생님의 지도를 받으며 '한 번이라도 제대로' 대회에 참여해 보면 수상이 전부가 아니라는 것을 알게 됩니다. 즉, 외부 대회에 참여하는 것이 생기부에 기록하기 위한 목적만은 아닙니다. 물론, 이러한 기록이 입시에 도움이 되는 것은 사실이지만, 대회 준비와 참여를 통해 아이들이 선생님께 배우는 것은 정말 많습니다.

대회에서의 경험과 노하우 그리고 자신감은 아이들의 성장에 큰 도움이됩니다. 대회 준비 과정에서 아이들은 보고서와 작품을 제출하기 위해 많은 노력을 기울여야 합니다. 이 과정에서 시간 관리, 연구 그리고 프로젝트 기획과 같은 중요한 일들을 배웁니다.

사람들 앞에서 발표하는 경험은 아이들에게 자신감을 키워 줍니다. 대회장에서 다른 참가자들의 작품과 노력을 보면서 다양한 아이디어와 창의적인 접근 방식에 대해 배울 수 있으며 이는 아이들의 사고방식을 넓히는 데도움이 됩니다.

결과를 기다리는 과정에서는 기대감을 경험하게 됩니다. 이 모든 경험은 아이를 성장시킵니다. 따라서 생기부에 기록할 수 없는 대회라 하더라도 외부 대회에서 얻는 경험과 가치가 있기 때문에 참가하는 것이 좋습니다.

입시 준비만으로도 시간이 부족하고 여유가 없는 경우에는 외부 대회에 필수적으로 참여할 필요는 없다고 생각합니다. 각 아이와 가정의 상황에 따라 대회 참여가 아이에게 부담이 되지 않는지, 아이의 건강과 정신적인 면에 부담이 되지 않는지 고려하는 것이 중요합니다.

⑥ 대회나 행사 참여에 따른 스트레스나 부담 관리 방법은 어떤 것이 좋은지?

대회나 행사의 결과에 너무 집착하지 말자. 축적의 보람을 느끼자 - 하우영

과학, 수학, 발명 대회나 체험 행사는 학생들에게 중요한 학습 기회이지만, 스트레스와 부담을 가져올 수 있습니다. 다음은 이러한 스트레스와 부담을 극복하는 데 도움이 되는 몇 가지 방법입니다.

먼저 대회나 행사의 결과에 너무 집착하지 않도록 합니다. 대회나 행사에 참여하는 목적은 좋은 결과를 얻는 것이 아니라 학생들이 자신의 경험 계획에 따라 지속적으로 참여하면서 능력을 성장시키는 데 있습니다.

각 대회나 행사 참여는 경험 계획서상의 큰 그림의 일부이며 촘촘하게 경험을 축적하는 과정입니다. 참여가 당장의 눈에 보이는 성과로 이어지지 않더라도 장기적으로는 큰 가치가 있습니다. 이를 통해 더 많은 것을 배우고 학생들은 자신만의 차별성 있는 특기와 경험을 가질 수 있습니다. 그리고 동아리 활동에 적극적으로 참여하면서 친구들, 선후배들과 함께 스트레스를 나눌 수 있습니다.

동아리의 친구들이나 선후배들은 비슷한 경험을 하고 있어서 공감대를 형성할 수 있고 서로 격려하고 지지하는 환경 속에서 스트레스를 관리할 수 있습니다. 대회나 행사 참여를 통해 자신의 강점과 약점을 파악할 수도 있습니다. 스트레스나 부담을 느끼는 상황을 경험하면서 학생들이 자신의 취약점을 알고 미리 대비할 수도 있습니다. 부모님의 지원과 격려도 중요합니다. 부모님은 학생들이 어려움이나 스트레스를 겪을 때 이러한 도전을 긍정적으로 받아들이고 스트레스를 건강하게 관리할 수 있도록 이야기를 나누고 공감해 줘야 합니다.

저는 초등학생 때부터, 중학생, 고등학생이 된 지금까지도 하우영 선생님과 대회를 나갑니다. 대회를 수십번 함께했지만 스트레스를 받은 적이 없습니다. 물론 힘든 때는 있었지만, 하우영 선생님께서 대회나 활동의 목적을 처음부터 충분히 이해시켜 주셨기 때문에 저 자신을 위해서 재미있게 참여할 수 있었습니다. 그 비결은 선생님께서 늘 "이왕 마무리할 것이라면 좋아하고 즐기자"라고 이야기하신 점입니다. 그만큼 좋아하고 즐기는 종목을 선택하는 것이 중요합니다. 그래야 지속 가능하다고 생각하기 때문입니다.

학업과 병행하거나 대회 준비가 힘들면 좋아하는 것이라도 스트레스를 받기 마련인데 하기 싫은 것은 더욱 부담이 될 수 있습니다. 즐거운 것을 찾아도 스트레스 없는 활동은 없기 때문에 준비 과정에서 발생하는 스트레스는 체계적인 준비 방법을 확립해 두는 것이 필요합니다. 종목이 비슷한 대회는 준비 과정도 비슷하기 때문에 대회 준비 비법 같은 나만의 일관된 성공 방법을 마련해 두는 것이 좋습니다. 그러면 효율적이고 부담을 줄이면서 대회를 준비할 수 있습니다. 지도 선생님, 학부모와 1년 동안 참여할 계획을 잘 세워서 효율적으로 참여하면 부담과 스트레스 없이 참여할 수 있습니다.

대회의 결과에 따른 부담감을 줄이는 방법은 '더 열심히 준비하는 것'이라고 생각합니다. 대회의 궁극적인 목표는 수상일 수 있지만, 과정 속에서의 성장을 중요하게 생각한다면 이런 부담을 덜 수 있습니다. 그리고 시간을 똑같이 쓸 것이라면 최선을 다해 후회가 없게 열심히 준비해야 합니다. 대회에 참여한 경험으로 얻은 성장과 교훈으로 나중에는 좋은 결과를 얻을 수 있고 이 과정 자체가 나만의 독특한 스토리가 될 수도 있다는 생각으로 참여했습니다. 그리고 저는 하우영 선생님과 대회에 나가면 늘 대회 당일에 '우리 팀이 1등을 하는 것은 당연하다'라는 생각이 들었습니다. 다른 팀 친구들은 불안해하고 스트레스를 받지만, 저는 더 자신감을 갖고 즐길 수 있었습니다. 누구보다도 즐기면서 열심히 준비했던 경험이 대회 당일 저와 친구들에게 자신감을 만들어 줬습니다. 그리고 어떤 대회를 나가든 선생님과 함께라면 1등을 했습니다.

학부모의 입장에서 스트레스와 부담을 관리해 주자. 지도 선생님을 믿고 따르자 - 김지연

아이들이 대회나 행사에 참여하면서 느끼는 스트레스와 부담을 느끼는 건 당연합니다. 그리고 대회나 행사에 참여할 때 학교 지도 선생님의 의견을 100% 존중해서 '스트레스와 부담 관리'도 '지도 선생님'의 철학에 맞춰 대응해야 합니다. 대회나 행사 참여는 스트레스와 부담이 따르기 마련이므로 과잉 반응을 해서 학생들의 '과제 집착력' 형성을 막아서는 안 됩니다. 어느 정도의 스트레스와 부담이 평범한 아이들을 영재로 만들 수 있다는 것을 명심해야 합니다.

학교에서 받은 스트레스나 부담은 가정에서 가족 단위의 휴식을 통해 덜어 주는 것이 현명할 수 있습니다. 특히 주의해야 하는 점은 학생들에게 "이번 대회를 그냥 넘기자! 이게 마지막 기회도 아니야!"라고 이야기 하며 중간에 포기하게 하는 것입니다. 아이들에게는 미래에 더 많은 기회가 있다고 생각하지만, 매년 우리 아이의 주변을 보면 '한 번 포기하지 않고 끝까지 참여한 아이는 다음 번에도 어려움 없이 쉽게 잘 참여하고', '한 번 중간에 포기한 아이는 내년에도 늘 같은 시점에서 포기'하는 경향이 있었습니다.

스트레스를 받으며 대회에 참여할 때나 아이가 활동에 대해 부정적인 감정을 가질 때 동조해 주는 것보다 지도 선생님의 철학에 따라 학생들이 잘 참여해서 대회를 마무리할 수 있게 에너지와 동기를 재충전할 시간을 충분히 쥐야 합니다.

저는 아이들이 초등학교 때부터 함께한 하우영 선생님의 지도 철학에 맞춰 가정에서 스트레스를 잘 관리해 주는 일에 신경을 많이 썼습니다. 주변에 많은 아이와 학부모들이 지도 선생님의 '교육 철학'을 끝까지 따라가지 못하거나 주변의 여러 이야기에 휘둘러서 아이들의 잠재력이나 능력을 끌어올리지 못한 사례를 많이 볼 수 있습니다. 하우영 선생님과 저희 아이들 그리고 저처럼 '원팀(One Team)'이라는 믿음으로 아이들을 지원해 줄 필요가 있습니다.

지속해야 가치 있는
'누구나 영재가 되는 자기 주도 공부법'

영재가 되는 길은 단순히 한두 해의 반짝임이 아닙니다. 그것은 여러 해에 걸친 지속적인 경험과 노력의 산물입니다. 학생들이 진정한 영재로 성장하기 위해서는 학생 자신의 끊임없는 도전, 선생님의 지도 그리고 학부모의 지원이 필요합니다.

이 책을 통해 평범했던 아이들이 어떻게 지속적인 경험과 도전을 통해 영재로 성장하는지에 대해 알아봤습니다. '올해의 도전'은 '내년의 성장'으로 이어지며, 이러한 경험은 아이들이 더 큰 도전을 꿈꾸게 만듭니다. 반면, 도전을 포기한 아이들은 다음 해에도 도전하지 않게 되고 자신의 낮은 수준에 안주하게 됩니다. 자신의 성공 경험을 바탕으로 지속적으로 도전하는 학생들은 '몰입의 단계'에 도달하며, 이것이 바로 평범한 아이들이 영재로 성장하는 힘입니다.

세상에는 많은 아이가 있고 모든 아이는 특별한 재능과 무한한 가능성을 갖고 태어났습니다. 하지만 이 재능을 꽃피우기 위해 중요한 것은 '칙센트 미하이(Csikszent Mihalyi)'가 이야기한 몰입, 통제, 자신감의 단계를 지속적으로 경험하는 것입니다. 이것이 바로 '평범했던 아이들이 누구나 영재로 성장하는 비결'입니다.

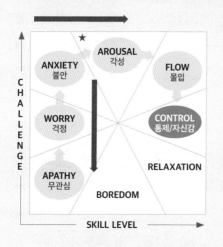

(가) 학생들이 처음 행사나 대회를 경험할 때   (나) 지속적인 목표나 동기를 잃었을 때

제가 '리틀 뉴턴'을 운영하며 만난 아이들의 사례를 통해 위의 칙센트 미하이의 몰입 그래프를 해석해 보겠습니다. 가로축은 학생들의 능력(skill level), 세로축은 목표 수준(challenge)을 의미합니다. 먼저 몰입 그래프 '(가)'를 살펴보겠습니다.

학교에서 학생들을 처음 만나면 보통 능력과 목표가 낮은 무관심 (apathy) 상태입니다. 1년간 여러 가지 동아리 활동(대회, 행사, 체험 활동

등)을 하고 학부모와 소통하며 학생들의 목표 수준을 점차 올려 나갑니다. 처음에는 자신의 숨겨진 능력을 알지 못한 상태라 걱정(worry)도 되고 불안 (anxiety)하기도 합니다. 이때 스트레스와 부담감에 견디지 못하면 학부모 와 학생 모두 자신의 낮은 능력 수준(apathy, 무관심)에 맞게 낮은 목표 수 준으로 되돌아가게 됩니다.

하지만 제가 앞에서 언급한 '6 in 1 공식에 맞춰' 학생들이 여러 가지 경 험을 하며 특기를 만들어 나가면 각성(arousal) 단계를 지나 '몰입(flow), 통 제/자신감(control)'에 도달합니다. 1~2년 정도 저와 함께하다 보면 전국의 굵직한 대회나 행사에서 자신의 이름을 알리면서 자존감을 쌓고 능력도 키 워 나갑니다.

그다음이 문제입니다. 어떤 과제나 대회에서도 능력을 맘껏 발휘하던 학 생들이 '시험 공부'나 '학교 진학'의 문제로 이런 활동을 쉬게 되는 것입니다. 몰입 그래프 '(나)'에서처럼 자신의 특기나 능력을 발휘했던 대회나 행사, 체 험 프로그램에 참여하지 않게 되면 능력 수준에 비해 목표 수준이 낮아져서 느긋함(relaxation), 지루함(boredom), 학습된 무기력을 경험하게 됩니다. 물론 시험 공부나 내신 관리로 '목표 수준'을 높일 수 있지만, 학생들이 관심 을 갖고 능력을 발휘하던 경험을 지속하지 못하면 자신의 재능을 키울 수 없 습니다.

우리 아이들은 특별합니다. 아이들은 매일 학교에서 새로운 지식을 배우 고 친구들과 소중한 추억을 만들며 성장해 나갑니다. 하지만 진정한 성장은 단순히 지식을 습득하거나 시험 성적을 잘 받는 것을 넘어 자신의 재능을 찾고 목표를 향해 꾸준히 나아가고 도전하는 것에서 나옵니다. 이러한 과정에서 아이들은 자신감을 얻고 자신의 능력을 통제하며 결국 몰입의 단계에 이르게 됩니다.

이렇게 목표를 향한 여정에서 중요한 것은 바로 '자신만의 경험 계획표 작성', '경험을 통한 동기 부여', '경험을 특기로 만들기'입니다. 대회 참여, 행사, 영재교육원, 캠프 등 학생들이 재능을 발견할 수 있는 다양한 활동을 통해 아이들은 자신만의 포트폴리오를 만들어 나갈 수 있습니다. 이러한 경험은 단순히 성취의 기록이 아닙니다. 이는 아이들이 스스로 세운 목표에 도달하기 위한 도전과 성장의 증거입니다.

평범했던 아이가 지속적인 경험과 도전으로 영재가 돼가는 사례를 많이 지켜봤습니다. '올해'의 도전은 '내년'의 성장으로 이어집니다. 도전을 경험해 본 아이들은 그 경험을 통해 더 큰 도전을 꿈꾸게 됩니다. 반면, 도전을 포기한 아이들은 다음에도 도전하지 않습니다. 그 기회를 잃고 '자신의 낮은 수준'에 맞는 '낮은 목표 수준'에 머물게 되는 것입니다. 자신의 성공 경험을 바탕으로 지속적인 도전을 한 학생들은 '몰입의 단계'에 머물게 되고 결국 영재로 성장하게 됩니다.

이 과정에서 학생, 선생님, 학부모의 협업은 매우 중요합니다. 학생은 '내 의지대로 된다'라는 마음으로 자기 주도적으로 '경험 계획표'를 세우고 참여해야 하고, 선생님과 부모님은 소통을 통해 아이들에게 동기를 부여하고 아이들의 숨겨진 재능에 맞는 적절한 경험과 도전을 안내해야 합니다. 이것이 바로 지속해야 할 가치가 있는 '평범한 아이가 영재가 되는 비법'입니다.

우리 모두가 이 비법을 알고 있습니다. 이제 우리 아이들이 그 길을 걸어가도록 도와줘야 합니다. 학생들의 '재능 발견과 몰입의 여정'은 바로 지금, 여기에서 시작됩니다. 저와 '리틀 뉴턴'의 경험에서 나온 이야기를 통해 이 책을 읽은 모든 아이가 '자신의 꿈과 관련된 다양한 기회를 잡고 자신의 분야에서 전문가로 성장할 수 있기를 바랍니다.

바로 지금부터, 여러분은 누구나 영재가 될 수 있습니다!

영재고 준비하는 아이는 이렇게 공부합니다